幼稚園教育要領、保育所保育指針
幼保連携型認定こども園教育・
保育要領改訂（定）
に当たって

指導計画にいかしたいPOINT

平成30年4月から、
新しい幼稚園教育要領、
保育所保育指針等が施行されることになりました。
改訂（定）の意図を理解し、
指導計画にいかすにはどう考えたらよいのか、
解説します。

秋田喜代美
学習院大学教授

指導計画にいかしたいPOINT

育みたい「資質・能力」とは何か？

「資質・能力」は小学校と共通する内容なので、以下では学習指導要領と幼稚園教育要領（以下、教育要領）をベースにしていますが、幼児教育を行う施設として、保育所や幼保連携型認定こども園（以下、こども園）においても、「資質・能力としての3要素」は同様に考えます。

資質・能力という言葉

今回の改訂において、学習指導要領、教育要領、幼保連携型認定こども園教育・保育要領（以下、教育・保育要領）とも、

- 子供たちが未来社会を切り拓くための資質・能力を一層確実に育成。その際、子供たちに求められる資質・能力とは何かを社会と共有し、連携する「社会に開かれた教育課程」を重視。
- 知識及び技能の習得と思考力、判断力、表現力等の育成のバランスを重視する現行学習指導要領の枠組みや教育内容を維持した上で、知識の理解の質をさらに高め、確かな学力を育成。
- 先行する特別教科化など道徳教育の充実や体験活動の重視、体育・健康に関する指導の充実により、豊かな心や健やかな体を育成。

が、改訂の基本的な考え方です。資質・能力の3つの柱について偏りなく実現できる

小学校以上

知識及び技能　　　思考力、判断力、表現力等

学びに向かう力、人間性等

※下に示す資質、能力は例示であり、遊びを通しての総合的な指導を通じて育成される。

幼児教育（環境を通して行う教育）

知識及び技能の基礎
（遊びや生活の中で、豊かな体験を通じて、何を感じたり、何に気付いたり、何が分かったり、何ができるようになるのか）
- 基本的な生活習慣や生活に必要な技能の獲得
- 身体感覚の育成
- 規則性、法則性、関連性等の発見
- 様々な気付き、発見の喜び
- 日常生活に必要な言葉の理解
- 多様な動きや芸術表現のための基礎的な技能の獲得　等

思考力、判断力、表現力等の基礎
（遊びや生活の中で、気付いたこと、できるようになったことなども使いながら、どう考えたり、試したり、工夫したり、表現したりするか）
- 試行錯誤、工夫
- 予想、予測、比較、分類、確認
- 他の幼児の考えなどに触れ、新しい考えを生み出す喜びや楽しさ
- 言葉による表現、伝え合い
- 振り返り、次への見通し　・自分なりの表現
- 表現する喜び　等

遊びを通しての総合的な指導

学びに向かう力、人間性等
（心情、意欲、態度が育つ中で、いかによりよい生活を営むか）
- 思いやり　・安定した情緒
- 自信　・相手の気持ちの受容
- 好奇心、探究心　・葛藤、自分への向き合い、折り合い
- 話し合い、目的の共有、協力
- 色・形・音等の美しさや面白さに対する感覚
- 自然現象や社会現象への関心　等

※三つの円の中で例示される資質・能力は、五つの領域の「ねらい及び内容」及び「幼児期の終わりまでに育ってほしい姿」から、主なものを取り出し、便宜的に分けたものである。

※文部科学省「幼児教育部会における審議の取りまとめ」（平成28年8月26日）の図を改編

ようにすることとされています。※

　学習指導要領では「**育成すべき**資質・能力」、教育要領や教育・保育要領、保育所保育指針（以下、保育指針）では、「**育みたい**資質・能力」と、「資質・能力」という語が共通して使用されるようになりました。つまり、各学校段階及び全ての教科等について共通する、育成を目指す資質・能力を明確にしているということです。小学校では最低基準として、どの児童生徒も学習することが求められているために「育成すべき」、幼稚園やこども園、保育所等では、子どもの発達の特性を踏まえていることから「育みたい」資質・能力として位置付けられています。

資質・能力としての3要素

　この「資質・能力」とは、学習指導要領や教育要領等に基づく指導を通して、子どもたちに何を身につけてもらうのかを示す内容のことであり、保育所やこども園においても同様です。

　これからの社会では、電子情報通信技術（ICT）の発展やグローバル化等で、職業の在り方も大きく変化するだろうといわれています。そうした将来を見据えた時に、何が育ってほしいか、学習者としての子どもたちにどのようなことが求められるかという視点から、3つの要素からなる「資質・能力」が考えられています。それが、「**知識及び技能の基礎**」「**思考力、判断力、表現力等の基礎**」「**学びに向かう力、人間性等**」です。前2つは現行の内容の中でも記されていますが、「学びに向かう力、人間性等」が新たに加わっています。

一体的・総合的に育む

　そして、「生きる力の基礎を育むため、3つの資質・能力は、それぞれ別々にではなく、一体的に育むよう努めるものとする」とされています。つまり、総合的に活動を通して育つものとして考える必要があるということです。
(1) 豊かな体験を通じて、感じたり、気付いたり、分かったり、できるようになったりする「知識及び技能の基礎」
(2) 気付いたことや、できるようになったことなどを使い、考えたり、試したり、工夫したり、表現したりする「思考力、判断力、表現力等の基礎」
(3) 心情、意欲、態度が育つ中で、よりよい生活を営もうとする「学びに向かう力、人間性等」

と説明がされています。「学びに向かう力、人間性等」とされているものはいわゆる心情・意欲・態度です。非認知スキルや社会情動的スキルとして、2000年代になってその重要性が特に、指摘されるようになっている内容です。

3要素と「幼児期の終わりまでに育ってほしい姿」

　園での教育において育みたい資質・能力を幼児の生活する姿からとらえたものが、5領域それぞれの「ねらい」ということになります。5領域のねらい及び内容に基づく、活動全体を通して資質・能力が育まれている卒園時の具体的な姿が「幼児期の終わりまでに育ってほしい姿」と呼ばれている10の姿になります。

注）
※文部科学省「幼稚園教育要領、小・中学校学習指導要領等の改訂のポイント」より

注）
今回の改訂（定）では、幼児教育についての記載内容が、幼稚園教育要領、保育所保育指針、幼保連携型認定こども園教育・保育要領において、ほぼ共通になりました。ここでは、保育所保育指針の原文を掲載します。解説の参考としてご覧ください。

（原文）
第1章総則 4 幼児教育を行う施設として共有すべき事項
(1) 育みたい資質・能力
ア 保育所においては、生涯にわたる生きる力の基礎を培うため、1の(2)に示す保育の目標を踏まえ、次に掲げる資質・能力を一体的に育むよう努めるものとする。
(ア) 豊かな体験を通じて、感じたり、気付いたり、分かったり、できるようになったりする「知識及び技能の基礎」
(イ) 気付いたことや、できるようになったことなどを使い、考えたり、試したり、工夫したり、表現したりする「思考力、判断力、表現力等の基礎」
(ウ) 心情、意欲、態度が育つ中で、よりよい生活を営もうとする「学びに向かう力、人間性等」

指導計画にいかしたいPOINT

「幼児期の終わりまでに育ってほしい姿」とは

新たに提示された「10の姿」の成り立ちや意味について、知っておきましょう。

何のために考えられたのか？

　幼児期にふさわしいあそびや生活を、それぞれの子どもが入園時から順に積み重ねていくことによって、**5歳児後半時期に見られる具体的な姿を示す観点**です。幼児期の教育で育みたい資質・能力が、園の生活を通して育まれているかをとらえるためのものといえます。**子どもたち全員が同じように達成しなければならない到達目標とは異なります。**大事なのは、ひとりひとりの発達の特性に応じて、この姿は見られるものであることです。10の姿は、別々に取り出して指導するものではありません。園での暮らしやあそびの中に表れる子どもの姿をより丁寧に見取ることによって、求められる資質・能力の育ちの過程を意識し、発達にふさわしい細やかな支援を行っていくことが必要といえます。

どのようにして作られたか？

　この「10の姿」は、平成22年11月に幼児期の教育と小学校教育の円滑な接続の在り方に関する調査研究協力者会議の「幼児期の教育から小学校教育の円滑な接続の在り方について（報告）」の報告書に記されている「各学校・施設において幼児期の終わりまでに育ってほしい姿をイメージする」として記された12の姿をもとに、10に整理し提出されたものです。

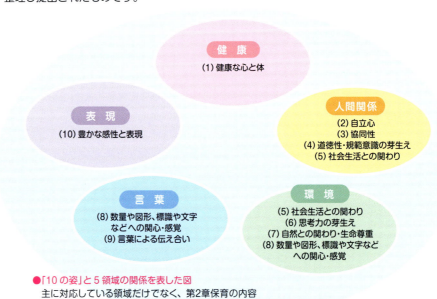

●「10の姿」と5領域の関係を表した図
　主に対応している領域だけでなく、第2章保育の内容「ねらい及び内容」に基づく、活動全体を通して育まれることに留意しましょう。

学習指導要領では育つべき具体的な姿が記されていますが、教育要領や保育指針では「…を味わう」「…を感じる」などの表記だけではわかりにくいという指摘が以前からありました。そこで、より一層の円滑な接続を目指し、今回の改訂（定）で「10の姿」が記されることになりました。**幼児期の教育を通して育った幼児の成長の姿を、小学校教師をはじめ園の関係者以外の人にもわかりやすく伝え、子どもの姿を共有できるようにするために記されているものです。**なぜこの内容が記されているかの背景を知ることで、具体的に園でのエピソードを通して子どもの姿をとらえることができます。「ねらい」を通して、「10の姿」各々がどのように育っているのかを見取り、語り合うことが大事になってきます。

要領や指針を読む時に大事にしたいことは？

「10の姿」として記されている告示文の中には、複数の内容が含まれています。ですので、含まれている鍵となる句や語に注意して子どもの姿をとらえることが大事です。

なお、教育要領や保育指針での5領域のねらいと内容には年齢が記されていません。したがって、5歳児後半の部分を中心に、この中の大事な点を整理して記述したものということができます。

（原文）
第1章総則 4幼児教育を行う施設として共有すべき事項
(2) 幼児期の終わりまでに育ってほしい姿
次に示す「幼児期の終わりまでに育ってほしい姿」は、第2章に示すねらい及び内容に基づく保育活動全体を通して資質・能力が育まれている子どもの小学校就学時の具体的な姿であり、保育士等が指導を行う際に考慮するものである。

(1) 健康な心と体

領域「健康」の内容です。やりたいことをもって充実感をもちあそべているか。そのために伸び伸びと心と体を動かしているか。行動しているだけでなく、見通しをもっているか、この経験の積み重ねを通して、心身の健康や安全を守る意識や習慣が育っているかをとらえてみましょう。

（例）今日は暑いから、保育者に言われなくても自分から気づいて上着を脱ぎ、園庭に行こうとしている姿。

(ア) 健康な心と体
保育所の生活の中で、充実感をもって自分のやりたいことに向かって心と体を十分に働かせ、見通しをもって行動し、自ら健康で安全な生活をつくり出すようになる。

(2) 自立心

領域「人間関係」の内容です。主体的に環境に関わり様々な活動を楽しむことだけではなく、その中でも、しなければならないことがわかって、そのために考えたり工夫したりしている姿、あきらめずにやり遂げ達成感をもった姿があるでしょうか。そうした経験の繰り返しを通して、自信をもって日々行動できている姿があるかを見ましょう。

（例）いつも失敗していたけれど、今日は頑張ってできた！という姿。

(イ) 自立心
身近な環境に主体的に関わり様々な活動を楽しむ中で、しなければならないことを自覚し、自分の力で行うために考えたり、工夫したりしながら、諦めずにやり遂げることで達成感を味わい、自信をもって行動するようになる。

指導計画にいかしたいPOINT

(原文)
(ウ)協同性
友達と関わる中で、互いの思いや考えなどを共有し、共通の目的の実現に向けて、考えたり、工夫したり、協力したりし、充実感をもってやり遂げるようになる。

(エ)道徳性・規範意識の芽生え
友達と様々な体験を重ねる中で、してよいことや悪いことが分かり、自分の行動を振り返ったり、友達の気持ちに共感したりし、相手の立場に立って行動するようになる。また、きまりを守る必要性が分かり、自分の気持ちを調整し、友達と折り合いを付けながら、きまりをつくったり、守ったりするようになる。

(オ)社会生活との関わり
家族を大切にしようとする気持ちをもつとともに、地域の身近な人と触れ合う中で、人との様々な関わり方に気付き、相手の気持ちを考えて関わり、自分が役に立つ喜びを感じ、地域に親しみをもつようになる。また、保育所内外の様々な環境に関わる中で、遊びや生活に必要な情報を取り入れ、情報に基づき判断したり、情報を伝え合ったり、活用したりするなど、情報を役立てながら活動するようになるとともに、公共の施設を大切に利用するなどして、社会とのつながりなどを意識するようになる。

(カ)思考力の芽生え
身近な事象に積極的に関わる中で、物の性質や仕組みなどを感じ取ったり、気付いたりし、考えたり、予想したり、工夫したりするなど、多様な関わりを楽しむようになる。また、友達の様々な考えに触れる中で、自分と異なる考えがあることに気付き、自ら判断したり、考え直したりするなど、新しい考えを生み出す喜びを味わいながら、自分の考えをよりよいものにするようになる。

(3) 協同性

領域「人間関係」に関わる内容です。友達と関わる中で、互いの思いや考えなどを共有できているでしょうか。そこから共通の目的をもって実現に向け、一緒に考えたり工夫したり協力したりする姿があるでしょうか。さらに仲間との協同を通して、充実感をもってやり遂げる姿が育っているでしょうか。

(例)発表会での演じ方をめぐって意見を出し合う姿。

(4) 道徳性・規範意識の芽生え

領域「人間関係」の内容です。してよいことや悪いことが分かって自らの行動を振り返ったり、友達の気持ちに共感したり相手の立場に立った行動の姿が見られるでしょうか。きまりの必要性を理解して自分の気持ちを調整し友達と折り合いをつけることや、さらに、きまりを自分たちで考え守るというような姿が仲間との間で見られるでしょうか。

(例)鬼ごっこで問題発生。子どもたちでルールを決めて話し合っている姿。

(5) 社会生活との関わり

領域「人間関係」や「環境」の内容です。家族を大事にする気持ちとともに、地域の身近な人と触れ合う時に相手の気持ちを考えて関わったり、自分が役に立つ喜びを感じられたりしているでしょうか。それらの経験から、地域に親しみをもったり、地域に関わりながらあそびや生活に必要な情報を取り入れたり、伝え合って活用したりするなどの姿が見られるでしょうか。また、公共の施設利用などを通じて社会とのつながりの意識が育っているでしょうか。

(例)消防士さんが安全について説明してくれ、子どもが仕事をイメージしている姿。

(6) 思考力の芽生え

領域「環境」の内容です。物の性質や仕組みなどを感じて気づいたり、考えて予想したり、工夫したりする姿があるでしょうか。その中で友達の様々な考えに触れ、違う考えに気づいて、自ら判断したり考え直したり、新しい考えを生み出す喜びを感じたり、自分の考えをさらによくしようとする姿があるでしょうか。

(例)もっとこうしたらよく転がるのではないかと、ビー玉転がしの坂の角度を見ながら、仲間とともに考えている姿。

(7) 自然との関わり・生命尊重

領域「環境」の内容です。自然に触れる感動体験を通して自然の変化などを感じ、好奇心や探究心をもってそれを言葉などで表現する姿です。そして自然への愛情や畏敬の念、生命の不思議さや尊さに気づくことで、命あるものへのいたわりや大事にする気持ちをもってかかわる姿を見ることができるでしょうか。

(例) 保育室で飼っている、ウサギの排泄の世話などを嫌がらずにして慈しんでいる姿。

（原文）
(キ) 自然との関わり・生命尊重
自然に触れて感動する体験を通して、自然の変化などを感じ取り、好奇心や探究心をもって考え言葉などで表現しながら、身近な事象への関心が高まるとともに、自然への愛情や畏敬の念をもつようになる。また、身近な動植物に心を動かされる中で、生命の不思議さや尊さに気付き、身近な動植物への接し方を考え、命あるものとしていたわり、大切にする気持ちをもって関わるようになる。

(8) 数量や図形、標識や文字などへの関心・感覚

領域「環境」や「言葉」の内容です。標識や文字などの役割に気づき、必要感から数量や図形などを活用し興味や関心、感覚をもつ姿が生活の中で見られるでしょうか。

(例) お店屋さんごっこで、看板に数字やロゴで表現し、やり取りをしている姿。

(ク) 数量や図形、標識や文字などへの関心・感覚
遊びや生活の中で、数量や図形、標識や文字などに親しむ体験を重ねたり、標識や文字の役割に気付いたりし、自らの必要感に基づきこれらを活用し、興味や関心、感覚をもつようになる。

(9) 言葉による伝え合い

領域「言葉」の内容です。保育者や友達と心を通わせ絵本などを楽しみ、そこでの豊かな言葉や表現を身につけて言葉で伝えたり、相手の話に耳を傾け合い、言葉による伝え合いを楽しむ姿が見られるでしょうか。

(例) 2、3人で1冊の絵本を一緒に見ながら、感想を言い合っている姿。

(ケ) 言葉による伝え合い
保育士等や友達と心を通わせる中で、絵本や物語などに親しみながら、豊かな言葉や表現を身に付け、経験したことや考えたことなどを言葉で伝えたり、相手の話を注意して聞いたりし、言葉による伝え合いを楽しむようになる。

(10) 豊かな感性と表現

主に領域「表現」の内容です。心を動かす出来事に出合い、感性を働かせたり、また様々な素材の特徴や表現の仕方などに気づき、感じたことや考えたことを自ら表現したり、あるいは友達と表現する過程を楽しむ姿が見られるでしょうか。

(例) 友達が作ったものを見て感動し、作った子も言ってもらって喜んでいる姿。

(コ) 豊かな感性と表現
心を動かす出来事などに触れ感性を働かせる中で、様々な素材の特徴や表現の仕方などに気付き、感じたことや考えたことを自分で表現したり、友達同士で表現する過程を楽しんだりし、表現する喜びを味わい、意欲をもつようになる。

指導計画にいかしたいPOINT

3 カリキュラム・マネジメントについて

今回の改訂(定)では、自分(や園)の保育を振り返り、評価・改善していくことが強く求められています。

カリキュラム・マネジメントとは

　園では、教育要領や保育指針、教育・保育要領に基づき、園の教育(保育)目標・目的に応じて、教育(保育)課程を作成していました。したがって、今回の改訂(定)において、各園では教育(保育)課程を見直し、新たに提示された「10の姿」を踏まえて、カリキュラムを再編成することになります。これまでの実施状況や、実践してみて、ねらいとした事柄が子どもたちの現状と照らし合わせてどうであったかを評価し、その評価に基づいて改善を図ることが求められます。

　その教育課程等の編成、実施、評価、改善のサイクルを、組織としてたどることによって、保育・教育内容のさらなる質の向上が図られます。また、園長や主任だけではなく、職員間での共有もとても大切です。「カリキュラム」だけではなく、「カリキュラムをマネジメント」するということは、この力動的なサイクルを示す言葉です。その主体は、各園や保育者です。トップダウンに、国から改訂(定)が求められているのではなく、自律的に各園がマネジメントを行うことが大事になるわけです。

カリキュラム編成のポイント

　園のある地域によって、生活条件や環境、文化も違います。教育課程等を編成する際は、幼児の心身の発達への見通しをもち、その地域や園の実態を踏まえて、近隣の地域資源などの活用も考慮しながら行うことになります。その時には、入園から卒園までの長期的な視野をもって、子どもがどのように発達するのか、そのためには、どのような経験や指導が必要なのかを考えていくわけです。つまり、園の特徴や園児の育ちの姿などをもとにして編成をすること、さらに編成後も力動的に評価をしては改善をするマネジメントを行うことが大事になるわけです。

　園によって教育課程等の改善方法は異なりますが、評価のための資料を収集して、そこから整理した問題点を検討して、その背景や原因を職員皆で共有し、さらに改善案を考え、次のサイクルへと実施していくという流れになります。日々の日誌や記録などがこのための資料となり、保護者や第三者からの意見や評価もまた重要なものとなります。

注)
保育指針の中では、このカリキュラム・マネジメントという言葉は使用されていません。いわゆる学校教育法上の教育課程とは異なるためです。しかし、保育における全体的な計画においても、今回の保育指針の中では、編成、実施、評価からさらに具体的な改善へという循環性が明確に記されています。
教育要領の第1章総則第6幼稚園運営上の留意事項に、「1 各幼稚園においては、園長の方針の下に、園務分掌に基づき教職員が適切に役割を分担しつつ、相互に連携しながら、教育課程や指導の改善を図るものとする。また、各幼稚園が行う学校評価については、教育課程の編成、実施、改善が教育活動や幼稚園運営の中核となることを踏まえ、カリキュラム・マネジメントと関連付けながら実施するよう留意するものとする」とあります。

保育のPDCA

発達が見える!

5歳児の指導計画と保育資料

第2版

Gakken

歳児の保育環境

5歳児がのびのびと楽しく活動できる保育環境とは、どのようなものでしょうか。

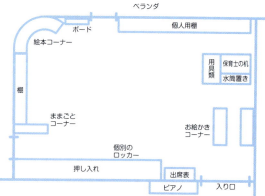

川原保育所 佐賀県

自ら環境にかかわり創意工夫や試行錯誤を重ね、友達とあそびを発展させていけるような環境づくりを心がけている。
目的に応じた素材を選んだり、言葉の認識や数量などへの感覚が深まるような工夫もしている。

`保育室`

`運動会を意識して（9月）`
日常的に見れるよう、ボードには、自分の目標やそれに向かって話し合ったことなどを書いている。

ままごとコーナー
子どもが自分たちで分類し、使いやすくしている。ままごとあそびの広がりで作った家を使い、あそびが始まる。家は畳めるようにもなっている。押し入れのスペースも利用。

絵本コーナー 日当たりがよく暖かいので、人気の場所。いすの背を利用して、本を飾ってある。

お絵かきコーナー 友達と話しながらでも、集中してひとりでも取り組めるような環境に。

共同で使う用具類
個人の棚のそばにある。そのときに必要な材料を中心に置いている。

入り口
ホワイトボード表示。「こんなことがあったんだ」と、親子の会話や保育者に話しかけるきっかけになっている。

毎日出席シールをはることで、文字や数に興味や関心をもてるようにしている。

身支度のスペース 個人用ロッカーとかばん掛け。スペースが広いので準備しやすい。

積み木コーナー 身支度のスペースの裏側にある。10数人で集まって1つの物を作る姿が見られることも。

絵本コーナー
積み木コーナーの向かいにある。
コーナーとして区切りをつけたいときは、ついたてを置く。

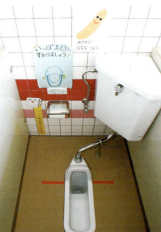
和式トイレを上手に使えるように、わかりやすい掲示をしている。

トイレ
日の光が入って明るい。入り口は「うんち」の絵をはり、うんちに興味がもてるように。
ついたてをおいて、ここでも着替えやすい工夫をしている。

トイレ用のスリッパを並べやすいように、ビニールテープで印をつけている。

ホール 佐賀大学の留学生の子どもが多く通うこともあり、ホールだけでなく階段の踊り場などにも、世界の国旗を日常的に飾り、あいさつを書いた紙をはって、国際色豊かな取り組みを行っている。

子育てサロン

ホール奥（ ホール 写真の右）にある。ここで打ち合わせをしたり、作品を作ったり、紙芝居をしたりする。また、ほぼ毎日、公民館などに出向いて、子育て相談、育児相談、育児情報の提供などを行っている。

宮前幼稚園 神奈川県

5歳児は6クラスある大型園。5歳児らしく、主体性をもって取り組む活動の様子を保育室内に展示。長期的に行っている米作りの活動は、それぞれのクラスの視点でまとめられている。

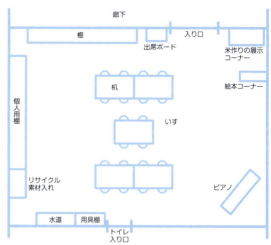

保育室

米作りの展示コーナー
図鑑や本物の稲、子どもたちが行ってきた稲作の活動の様子を展示。

`絵本コーナー` 展示コーナーの向かいにある。

`作品の掲示` 棚の上は、「さくひんてん」として、日常的に子どもの作品を飾る。天井からも絵を飾る。

`時間の表示` 見通しをもって行動できるように「おかたづけのじかん」を表示。

`共同の用具入れ` 横には、好きな長さの毛糸を引き出しやすい工夫が。

`リサイクル素材入れ` 子どもが自由に使える。

`出席ボード` 入り口の横にある。

`広々とした廊下` ここで、電車ごっこや戦いごっこをしたり、奥のままごとコーナーでままごとをしたりする姿が見られる。

化粧コーナー
女の子に人気のドレッサー。
主に5歳児が使っているが、3、4歳児もやってくる。

ままごとコーナー
階段下を利用しているので、隠れがや戦いごっこの基地として使われることも。全園児があそんでいる。

ネット遊具
2階からつながっていて、上から降りたり下から上ったりしてあそぶ。
全園児があそんでいる。

園の敷地内にある田んぼ
5歳児は、田んぼでもち米を育てている。
写真は9月。園庭（写真左）でも稲を干している。
12月には、収穫した米でもちつきをする。1人が2個ずつくらい食べられる量になる。

はじめに 「第2版」刊行に当たって

　平成30年度より新幼稚園教育要領、新保育所保育指針、新幼保連携型認定こども園教育・保育要領へと改訂(定)がなされることになりました。本著初版は2013年2月の刊行以来、ありがたいことに多くの園の保育者の方々に使っていただくことができました。そこでその内容をそのままいかしながらも、今回の改訂(定)で重要な点である、資質能力の考え方や、幼児期の終わりまでに育ってほしい10の姿について解説し、実際に指導計画の中で、それが各園においてどのように位置づいているのかがわかるような新たな付記等も行いました。

　教育課程や全体的な計画等は、子どもの健やかな見通しを示す地図です。そしてその地図は、子どもたちの育ちの実態に応じて見直される必要があります。改訂(定)を契機に、さらに新要領や新指針に即しての見直しをして、幼児教育・保育の質向上につなげていただきたいと切に願っています。子どもたちの興味・関心に同行し、その育ちの旅を共に楽しんでいただくためには、子どもひとりひとりが確かな歩みを自ら主体的にできるような資質を育てる支援や指導が求められます。今回の改訂(定)では、カリキュラム・マネジメントという言葉が大事にされています。それは指導計画から実践、そして振り返りと評価、改善までのひとつひとつの過程がつながりあって、具体的な子どもの育ちの姿から振り返ること、さらにそこにどんな工夫ができそうかと、指導計画と子どもの具体的な姿のつながりが実感できるようになっていることが大切です。ですので、そこに10の姿がより丁寧に見取られ、つながっていくとよいといえるでしょう。

　どの園にも活動の工夫があります。自園の保育をよりよくしていくためには、他園の工夫からも柔軟に学ぶことのできる学び上手になることが求められます。この指導計画と保育資料は、各時期の育ちのつながりを計画から実際の活動まで具体的に目に見えるようにし、こんな工夫があるといいねという実践の知恵がたくさん掲載されています。ですので、それを参考にしながら、ぜひあなたの園の保育がさらに豊かになっていくように実現していくことを総監修者として楽しみにしております。

秋田喜代美

CONTENTS

- 保育園年間指導計画
- 幼稚園年間指導計画　　　　　　　　　　　　　　巻頭
- 指導計画にいかしたいPOINT

- 5歳児の保育環境 ……………………………………… 2
- はじめに …………………………………………………… 9

CD-ROMをお使いになる前に必ずお読みください！ …… 11

- 0〜5歳児の姿 …………………………………………… 12
- 5歳児の姿 ………………………………………………… 14

指導計画の使い方 ……………………………………………… 19

4月 5月 6月 指導計画と保育資料

指導計画 ………………………………………………………… 22
保育資料 ………………………………………………………… 34

7月 8月 指導計画と保育資料

指導計画 ………………………………………………………… 48
保育資料 ………………………………………………………… 56

9月 10月 11月 12月 指導計画と保育資料

指導計画 ………………………………………………………… 64
保育資料 ………………………………………………………… 80

1月 2月 3月 指導計画と保育資料

指導計画 ………………………………………………………… 98
保育資料 ………………………………………………………… 110

- 週(日)案の工夫
    - 保育園 ……………………………………………………… 120
    - 幼稚園 ……………………………………………………… 122
- 保護者とのかかわり
    - 保育園 ……………………………………………………… 124
    - 幼稚園 ……………………………………………………… 126

執筆園紹介 ……………………………………………………… 128

指導計画と「振り返り」のヒント集

- **Special対談**
  秋田喜代美先生・増田まゆみ先生
  感じ、考え、「気づく」保育を目指して …………… 130
- 指導計画の書き方Q&A ……………………………… 134
- 保育に生かすエピソード記録 ……………………… 139

CD-ROMの使い方 ……………………………………… 144

本書では、「保育士」・「教師」と「保育者」という言葉が出てきます。「保育士」・「教師」は、資格・免許を有し、職種を限定している場合に用い、「保育者」は、保育教諭、看護師、栄養士、調理師、養護教諭また資格を有さない職員も含め、保育にかかわるすべての方を指す場合に用いています。主に、指導計画のなかでは「保育士」・「教師」を、そのほかのページでは様々な職種の方々が見ることを踏まえて、「保育者」という言葉を用いています。

CD-ROMについて

ページの上部にCDマークがついているものは、付属のCD-ROMに掲載内容が収録されていることを示しています。図のように、順にクリックすると、そのページに記載されているもののデータを見ることができます。CD-ROMをご使用する前に、必ずP.11の「CD-ROMをお使いになる前に必ずお読みください！」をお読みください。使い方はP.144〜151で解説しています。

CD-ROMをお使いになる前に必ずお読みください!

付属のCD-ROMは、Excelのデータを収録しています。付属のCD-ROMを開封された場合、以下の事項に合意いただいたものとします。

動作環境

パソコン
Microsoft Windows 10、Windows 8.1、Windows 7 が動作するパソコン。
Macではご利用になれません。

アプリケーション
データを利用するには、Microsoft Excelバージョン2016/2013/2010がパソコンにインストールされている必要があります。

CD-ROMドライブ
付属のCD-ROMを再生するには、CD-ROMドライブが必要です。

※Microsoft Windowsは、米国マイクロソフト社の登録商標です。
※その他記載されている、会社名、製品名は、各社の登録商標および商標です。
※本書では、™ ® © マークの表示を省略しています。

ご注意

- 本書掲載の操作方法や操作画面は、『Microsoft Windows 10』のOS(環境)で、『Microsoft Excel 2016』を使った場合のものを中心に紹介しています。お使いのWindowsのOSやExcelのバージョンによって、操作方法や操作画面が異なる場合がありますので、ご了承ください。
- 指導計画のデータは、Excel 2016/2013/2010に最適化されています。お使いのパソコン環境やアプリケーションのバージョンによっては、レイアウト等が崩れる可能性があります。
- お客様が本書付属CD-ROMのデータを使用したことにより生じた損害、障害、その他いかなる事態にも、弊社は一切責任を負いません。
- 本書に記載されている内容に関するご質問は、弊社までご連絡ください。ただし、付属CD-ROMに収録されているデータについてのサポートは行っておりません。
- 付属CD-ROMに収録されているデータは、本書と異なる箇所があります。
- WindowsのOSやアプリケーションに関する操作方法などはお持ちの商品の説明書をご覧ください。

CD-ROM収録のデータ使用の許諾と禁止事項

- **CD-ROM収録のデータは、ご購入された個人または法人が、その私的範囲内において自由に使っていただけます。ただし、以下のことを遵守してください。**
- 募集広告、商用営利目的、インターネットのホームページなどに使用することはできません。
- CD-ROM収録のデータを複製し、第三者に譲渡・販売・頒布(インターネットを通じた提供も含む)・賃貸することはできません。
- 本書に付属のCD-ROMは、図書館、およびそれに準ずる施設において、館外へ貸し出すことはできません。

弊社は、CD-ROM収録のデータのすべての著作権を管理しています。

CD-ROM取り扱い上の注意

- 付属のディスクは「CD-ROM」です。一般オーディオプレーヤーでは絶対に再生しないでください。パソコンのCD-ROMドライブでのみお使いください。
- CD-ROMの裏面に指紋をつけたり、傷をつけたりするとデータが読み取れなくなる場合があります。CD-ROMを扱う際には、細心の注意を払ってお使いください。
- CD-ROMドライブにCD-ROMを入れる際には、無理な力を加えないでください。CD-ROMドライブのトレイに正しくセットし、各パソコンの操作方法に従ってください。トレイにCD-ROMを正しく載せなかったり、強い力で押し込んだりすると、CD-ROMドライブが壊れるおそれがあります。その場合も一切責任は負いませんので、ご注意ください。

0〜5歳児の姿

執筆・高辻千恵
（厚生労働省子ども家庭局保育課保育指導専門官）

見通しをもって保育をするために、0〜5歳児の発達の流れを、各年齢の特徴的な姿を追って見ていきます。

	6か月未満	6か月以上〜12か月未満	1歳
生活	●眠って、飲んで 睡眠とほ乳を中心とする生活リズムの安定	●「もぐもぐ」してみよう 離乳の開始と幼児食への移行	●「やってみたい！」 「自分でしたい」という意欲の芽生え
体	●体を使って世界と出合う 体の発育と姿勢の変化	●「あ！ いいもの、見つけた」 移動の開始と探索活動の活発化	●「あっちに行きたい！」 歩行の開始 ●スプーンですくって 道具の使用
言葉と理解	●「あーあー」「ぶーぶー」 泣きと喃語による発信 ●じっと見つめて 周囲に対する興味や関心の始まり	●「わんわん、いるね」 指さしによるコミュニケーションと言葉の始まり ●「いないいない、ばあ！」 対象の永続性の成立と象徴機能（イメージ）の芽生え	●「マンマ、食べる」 言葉の獲得 ●「かごを持って、お買い物」 ふりや意図・つもりの育ち
人とのかかわりと心	●この人は自分を守ってくれる 身近な大人との関係の形成	●「知らない人、やだ〜！」 人見知りと愛着の形成	●「お友達、何してるのかな？」 周囲の人への関心と自我の芽生え
発達の特徴	睡眠を基盤としながら、次第に生活のリズムが整っていく時期です。首がすわっていくと共に、うつ伏せで寝ている姿勢から手をついて頭を上げられるようになっていきます。周囲に対する興味が生まれ、機嫌のよいときには、盛んに声を出したり手足をよく動かしたりして楽しむ様子が見られます。また、人にあやされると喜んで笑います。	はいはいから伝い歩きへと行動範囲が広がります。活発に動き回って、興味をもったものを見つけると近づいていきます。身近にいる大好きな大人とのかかわりを通して、愛着が形成されると共に、人と同じものを見てそれを共有する関係も生まれてきます。「伝えたい」という思いを指さしで示すなど、コミュニケーションの土台が培われる時期です。	身の回りのことを自分でしたいという気持ちが膨らんでいきます。上手にはできないことも多いものの、スプーンを使って食事をしたり、スコップで砂を運んだりと、道具を使うこともできるようになります。歩行と言葉の獲得によってあそびの世界が大きく広がり、行動の主体としての育ちが著しい時期です。大人だけでなく、ほかの子どもに対しても親しみをもち、興味を示し始めます。

※12か月未満は3つの視点（身体的発達に関する視点「健やかに伸び伸びと育つ」、社会的発達に関する視点「身近な人と気持ちが通じ合う」、精神的発達に関する視点「身近なものと関わり感性が育つ」）、1歳からは5領域（健康、人間関係、環境、言葉、表現）の観点を意識して、子どもの姿から発達をとらえていきましょう。

2歳

- 「一人で食べられたよ」
  基本的生活習慣の自立への一歩

- 「見ててね、のぼれるよ」
  全身運動の発達

- 「さあ、早く寝ましょうね」
  イメージの世界の広がり

- 「自分で」と「いやいや」
  自我の育ちと自己主張

手指の操作や運動能力が発達し、食事や排せつなど基本的な生活習慣の自立が進み始めます。自我の育ちや言葉の発達と共に「自分で」「いやいや」と大人に対して自己主張や反抗が強くなります。身近な人や生き物に興味をもって、行動や身振り、言葉などを盛んにまねてあそぶ姿がよく見られます。また、簡単なごっこあそびも楽しむようになります。

3歳

- 「自分でできたよ」
  身辺の自立と基本的生活習慣の形成

- 「見て見て、こんなこともできるよ！」
  運動の広がり

- 「きょうね、先生がね…」
  言葉のやり取りを楽しむ
- 「なぜ？ どうして？」
  知的好奇心が活発になる

- 「一緒にあそぼう」
  友達との関係をつくる
- 「ぼく」「わたし」
  自己の認識の明確化

身の回りの簡単なことは自分でできるようになります。子ども同士の関係がつくられ、言葉でのやり取りをしながら一緒にごっこあそびなどを楽しみます。身近な事物や現象に強い好奇心をもち、盛んに「なぜ？」と尋ねたり直接ふれたりしようとして、積極的に知ろうとします。また、「ぼく」「わたし」といった一人称を使うなど、自己の認識がより明確になってきます。

4歳

- 「次、これしよう」
  生活の流れを理解し、行動する

- 「〜しながら…する」
  体を巧みに使って活動する

- いつ・どこで・だれが
  経験を語る
- 「ザリガニは何を食べるの？」
  身近な環境に対する興味と理解が深まる
- 「ぼくが○○ヒーローだ！」
  イメージを膨らませ、友達と共有する

- 「代わってあげる」
  他者の気持ちに気づき、自分をコントロールする

一日の生活の流れを見通して行動するようになります。ケンケンしながら前に進むなど、複数の動きを組み合わせて滑らかにできるようになり、体を活発に使って新しい運動に挑戦します。友達と言葉で思いを伝え合い、イメージを共有しながら一緒にあそぶことを楽しみます。時には葛藤を経験しながら、次第に他者の気持ちに気がつき、譲ったり我慢するなど自分をコントロールする力もついていきます。

5歳

- 「きょうはわたしがお当番だからね」
  生活をつくり上げていく力の育ち

- 「竹馬、できたよ！」
  より複雑、複合的な運動が可能になる

- 「ああして、こうして…」
  言葉を使って考える
- 「わたしの名前、こうやって書くんだよ」
  読み書きの始まり
- 「色水、混ぜてみたらどうなる？」
  思考力の芽生え

- 「でも、小さい子には優しいんだよね」
  他者の気持ちや立場の理解

役割を分担したり目標を共有したりしながら、生活やあそびを同じクラスの仲間たちと共に進めていく力が育っていきます。自分の思いを言葉で表現すると共に他者の気持ちや立場を理解してかかわることができるようになり、協同的な集団活動を展開します。また、頭の中で思考することや言葉あそび、簡単な読み書きを楽しむこともできるようになっていきます。

5歳児の姿

執筆・高辻千恵（厚生労働省子ども家庭局保育課保育指導専門官）

0～5歳児の発達の流れを踏まえ、5歳児の姿と保育を行ううえでのポイントを解説します。

生活

「きょうはわたしがお当番だからね」
生活をつくりあげていく力の育ち

日常の基本的な生活習慣が身につき、「今日はここまでできたから、明日またこの続きをやろう」などと見通しや期待をもち、生活の流れを自分で調整して行動できるようになります。時計を読むことはまだ難しくても、時計を見ながら「長い針が6のところにきたらお片付けね」とつぶやくなど、生活の区切りを意識してあそびの時間配分を考えている様子も見られます。

また、食事や午睡の準備、動物や植物の世話など、役割をもって活動することに取り組んだり、保育者の手伝いを進んでしようとしたりします。自分より年下の子どもに対して世話をしたり気遣ったりする姿もあり、年長児であることを自覚し、そのことに大きな誇りを感じていることがうかがわれます。

体

「竹馬、できたよ！」
より複雑、複合的な運動が可能になる

全身を大人とほぼ同じくらい自由に動かせるようになります。竹馬や縄跳び、鉄棒、跳び箱など、全身の様々な部位の力の強弱や動かすタイミングを調整しなくてはならないような複雑な運動にも挑戦し、何度も練習して少しずつできるようになっていきます。また持久力や集中力がつき、ドッジボールや鬼ごっこなど園庭をいっぱいに使って集団で活発にあそぶ姿も見られます。手先もかなり器用になり、ひもを結んだり通したり、小さな飾りなどの細かなパーツまで作って人形を製作したりします。保育者に援助してもらいながら、のこぎりやかなづちなどの用具を扱うことにも挑戦します。

言葉と理解

「ああして、こうして…」
言葉を使って考える

5歳児は、物事を順序立てて一生懸命説明しようとします。自分の行動についても、何を作ろうか材料や道具を目の前にしてじっと考えたり、オセロなどのゲームを友達と楽しんだりと、頭のなかで手順や手段をあらかじめ組み立てているような様子が見られるようになってきます。さらに保育者の説明や注意に耳を傾け、後でそのことを頭におきながら行動するといったこともできるようになります。

「わたしの名前、こうやって書くんだよ」
読み書きの始まり

語彙が増え、言葉の仕組みや音のもつおもしろさに気づくようになり、様々な言葉あそび（韻を踏んだ表現、回文など）を楽しむようになります。

また、文字に興味をもち、図鑑を見ているときや散歩に出かけて看板を見かけたときなどに、「なんて書いてあるの？」と盛んに尋ねてきたりします。5歳児になると、多くの子どもが仮名文字はおおむね読めるようになります。さらに、文字を一文字ずつ読むだけでなく、文節や文章として読むことも次第にできるようになっていきます。文字を書くことも少しずつできるようになり、鏡文字や逆さ文字になってしまうこともしばしばありますが、保育者に尋ねたりしながら自分の名前や友達への手紙などを書いて楽しむ姿などが見られます。

文字の読み書きには個人差がありますが、子ども自身が文字を使って「伝えたい」「表現したい」という意欲をもつことと、文字の意義に気がつくことが、その習得に大きく影響します。

「色水、混ぜてみたらどうなる？」
思考力の芽生え

身近な環境のなかで、数量や図形、自然や社会の現象といったものに関心を示すことが多くなります。あそびにおいて様々なものを比べたりいろいろと試してみたりするといったことを繰り返しながら、事物の特徴や法則を体験的にとらえ、さらにはその違いや共通性を見出すこともできるようになっていきます。こうして少しずつ、知識や概念が関連づけられたり整理されたりしながら体系的なものへと作り上げられることが始まります。学童期に向けて、論理的な思考を獲得していくための土台が培われる時期です。

人とのかかわりと心

「でも、小さい子には優しいんだよね」
他者の気持ちや立場の理解

「〇〇くんは、年少さんや赤ちゃんにはとても優しいんだよね」など、自分や友達をこれまでよりも多様な面からとらえるようになると共に、他者には他者の気持ちや立場があることを理解して行動するようになってきます。また、状況などから他者の気持ちを察して、問題を解決したり事態を改善したりするために自分がとるべき行動や態度を判断する力が徐々に備わっていきます。一方で物事を比較する力も育つため、友達と自分の違いや持ち味に気づいて互いに認め合うだけでなく、時には強い競争心を示すこともあります。

保育のポイント

自分たちでできることが増え、園の最年長児としての自信をもって主体的に生活をつくりあげていこうとします。自分たちなりに考えて納得のいくやり方を提案したり、筋が通らないと思うときには反論したりすることもあります。
また、明確で具体的な目標をもって、初めは多少失敗しても粘り強く何度も挑戦したり、集団の一員としての意識やほかの人の役に立ちたいという気持ちから、嫌なことでもあえて引き受けようとしたりする姿も見られます。もちろん、時には自信をなくして落ち込んだり、目の前に近づいてきた小学校での生活に不安を感じたりすることもあります。客観的な視点や批判的にとらえる力、これからのことを具体的に思い描く力が育ってきたからこそ、保育者による心の支えを必要とする場面も出てくるのです。うまくいかないときや甘えてきたときには、子どもの誇りを尊重しつつ、丁寧に気持ちをくみ取ってかかわりたいものです。

● あそびの充実・発展を見通した計画を立てる

5歳児は、これまでの経験やこれからの展望をとらえることが可能になっています。自分や周囲の変化を、ある程度まとまりをもって見通すことができるのです。また同じあそびや活動に、次はこうしてみよう、こんなふうにしたらもっと楽しいかもしれない、うまくいくかもしれないと、何日もかけて練習したり、自分なりに工夫を凝らして没頭したりします。強く心ひかれたあそびや活動に集中して取り組み、自分たちであそびを発展させていく力のある時期です。
あそびや活動の世界が子どもたち自身の創造性や探求心によってより広がりや深まりをもつものとなっていくよう、子どもたちの様子を把握して随所に様々なヒントや刺激を加えながら、時間的な見通しを十分にもった計画を立てていくことが必要です。

● 就学に向けて生活と発達の連続性を大切に

小学校入学を前に、子どもたちは様々な期待と不安をもっています。新しい一日の流れや環境に子どもたちが自分自身の力でなじみ、ひとりひとりが生き生きと自分らしさを発揮することができるよう、生活や発達の連続性を意識した保育が求められます。
これは、小学校の生活や学習を園で先取りしなくてはならないということではありません。小学校や家庭と十分に連携を取りながら、例えば小学校の子どもと交流したり小学校に訪問したりする機会を設けるなど、子どもが具体的な小学生や小学校生活のイメージを思い描けるよう援助していくことが求められます。皆に話をしたり意見を述べたりする経験や友達の話をよく聞く経験などを大切にし、「○○ちゃんの言ったことよくわかったよ」「話をちゃんと聞けてたね」と認めるなど、子どもがこれまでの自分の育ちを肯定的に受け止め、小学校生活に期待と自信をもてるようなかかわりをしていきたいものです。

集団・保育環境を考えるポイント

この時期の子どもたちは、これまでの集団生活で身につけてきたあそびや生活のルールを使って仲間同士で競い合ったり協力したりすることの楽しさを理解し、チームで作戦を立てたり、目標に向かってどのように役割を分担すればよいのか相談したりします。その際、互いの得意なことや不得手なことなどに気がつき、個々をうまく生かすことや仲間の間で補い合うことなどにも目を向けています。また、相手の主張に耳を傾けたり、自分の考えを相手に理解してもらえるように伝えようとする様子も見られます。集団で目的を達成していくために、自分たちで問題を解決し工夫を重ねるという経験を通じて、社会生活の基盤となる仲間意識や協調性、自主性が培われていきます。園内外の環境を活かしながら、子どもたちの他者とのかかわりが広がり、深まっていく過程を支えましょう。

● 個と集団の両方を尊重する

友達との関係が深まり、「仲良し」の存在がとても大事になると共に、クラスやグループ全体の仲間意識も生まれる時期です。子どもたちは、ほかの子どもたちの様子や集団の雰囲気を強く意識しています。なかには、自分の本当にしたいことや思っていることをなかなか言い出せなかったり、何かあるとすぐに「また○○くんが意地悪してる」と言われてしまう子どもなどもいるかもしれません。「個」よりも「集団」が常に優先されるかのような、見えない圧迫感が感じられる状況になってしまってはいないか、保育者は配慮することが必要です。一人や数名で好きなあそびに打ち込める時間と、集団でダイナミックにあそぶ時間のバランスに留意したりするなど、集団生活のなかで個もまた尊重されているのだということを伝えていきましょう。

● 協同的な集団活動の発展を支える

目的や目標を共有し協力して一つのことに取り組むことによって、一人ではできないことが達成できたり、楽しみが一段と大きくなることを経験できることは、協同的な活動の大きな意義です。「ここで自分は仲間の一人として認められている」「○○ちゃんにはこんな面もある」といった安心感や友達の多様な面に気がつき認め合える雰囲気が、協同的な集団活動の発展を支えていきます。個が生きることで集団の活動やつながりが真に深まりをもつものとなっていくことを踏まえ、子どもたちの間でそれぞれの意見を出し合ったり話し合う機会を積極的につくり、異なる思いや考えを交わしながら合意を形成していく力を育てましょう。

● 園外の環境を活用する

5歳児が存分にその運動能力や思考力を発揮して、集団でのびのびとあそびを発展させていくためには、それが十分に可能となるスペースや素材などが必要です。また、知識も視野も大きく広がる時期であるため、自然や社会の様々な事象にも強い関心を示します。園内の環境だけでなく、地域の多様な環境を取り入れ、活用しましょう。自然との豊かなふれ合い、地域の交通機関や公共施設、商店などとそこで働く人々、中高生や高齢者、障がいのある人たちとの交流、地域の伝統文化や季節の行事などを通じて、子どもたちの世界は大きく広がっていきます。

指導計画の使い方

●巻頭とじ込み 年間指導計画

この1年、どのように育ってほしいかという保育者の願いのもと、子どもの姿・発達過程を予測し、年間を見通して立てた計画です。

※期の分け方は、執筆園により異なります。
第2版より、「ねらい」(◎)に「幼児期の終わりまでに育ってほしい姿」を追記しています。

年間目標
全体的な計画・教育課程を踏まえ、子どもの成長と発達過程を見通し、この1年間で育てたい子ども(及びクラス全体)の姿を挙げています。

執筆園より
この1年、子どもたちの予想される姿と、それに対して保育者がどのような願いをもって保育を進めていくか、各執筆園の1年間の保育における姿勢方針を表しています。

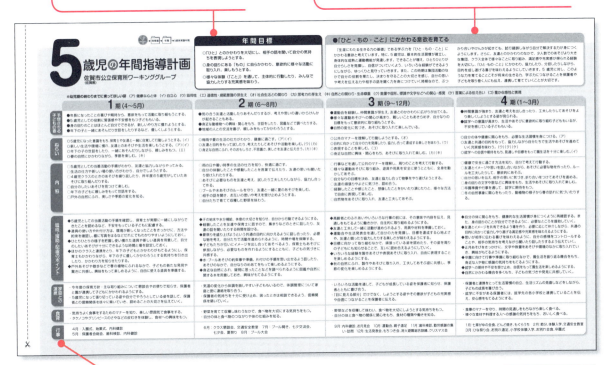

予想される子どもの姿…●
期ごとに予想される子どもの姿。年齢ごとの発達過程を踏まえ、クラス全体のなかでその時期によく見られる姿を挙げています。

ねらい…◎
「予想される子どもの姿」を受け、その期に保育者が育てていきたい子どもの姿を表しています。

内容…○
その期の「ねらい」を達成するために必要な体験を挙げています。
※「ねらい」「内容」とも、子どもを主体とした表現になります。

環境・援助・配慮のポイント…◆
その期の「予想される子どもの姿」「ねらい」「内容」を受け、子どもの育ちに必要な体験・経験をするために保育者が行う環境構成・援助・配慮のポイントを挙げています。

家庭との連携
その期の保育、子どもの育ちを考えるうえで必要な家庭との連携について、特に留意すべき事柄を挙げています。

食育 ※保育園のみ
その期のなかで、特に育てていきたい食育に関する子どもの姿、必要な体験を挙げています。

行事
各執筆園において、園全体及びクラス単位で行う行事について、期ごとに紹介しています。

19

●月間指導計画

多様性のある活動を提供していくと共に、ひとつひとつの体験がつながり合い、学びの道筋が作られることを意識しています。

※「ねらい・内容」は、同じ記述が何週にもわたることもあり、その場合は→で示しています。
第2版より、「週のねらい」(◎)に、「幼児期の終わりまでに育ってほしい姿」を追記しています。

ねらい(月・週)
「子どもの姿」「年・期のねらい」を踏まえ、発達過程も見通したうえで、どのように育ってほしいかという、子どもの心情・意欲・態度を表します。その月の保育の重点、クラス運営の柱となるものを「月のねらい」とし、それを週ごとの「前週末の子どもの姿」を踏まえて具体化したものが、「週のねらい」(◎)になります。

家庭との連携
子どもの状態、季節、行事などの関連で、保護者に伝えたい事柄。なかでも、生活の連続性を踏まえ、保護者とのよい関係を築き、家庭と共に子どもの育ちをどう支えていくかということを重点的に示しています。

教材資料
その月の保育に取り入れたい歌、手あそび、絵本など。その時期の子どもの様子や季節に合ったものを毎月選んで紹介します。

食育 ※保育園のみ
保育指針では、食育の計画を立てることが求められていることから、保育園のみ「食育」の項目を設定。子どもが食べることを楽しみ、主体的に参加できるような食育の取り組みを紹介します。

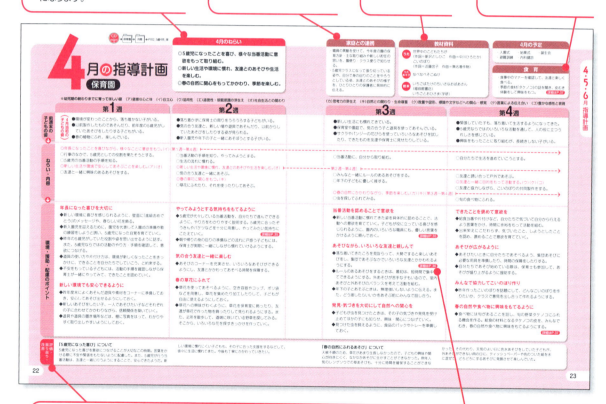

前週末の子どもの姿…●
前週末または「○月当初」にとらえた子どもの姿から導き出します。成長や変化が顕著に見られたいくつかの側面から、その時期の子どもの特徴を挙げています。

内容…○
ねらいを達成するために必要な体験を、「内容」(○)として挙げています。ただし、ここでは、具体的なあそび名などは紹介しません。「ねらい」「内容」とも、子どもを主体とした表現になります。

環境・援助・配慮のポイント…◆
「前週末の子どもの姿」「ねらい」「内容」を受け、子どもの育ちに必要な体験・経験をするために保育者が行う環境構成・援助・配慮のポイントを挙げています。

評価・振り返り・改善
その月の保育を見直し、次につなげるための観点と、振り返っての反省点が述べられています。主に「月のねらい」を反映する形で挙げています。

詳細はP.00
指導計画と保育資料は連動しています。それぞれ表記されている対応ページに、その計画に基づいた実践を紹介し、保育資料の各タイトル横には、関連する指導計画上のページを表記しています。

そぼう　指導計画 P.23
びを多く取り入れ、関係を深めていきます。

4月 5月 6月

指導計画と保育資料

指導計画と保育資料は連動しています。

4月の指導計画 保育園

4月のねらい

◎5歳児になったことを喜び、様々な当番活動に意欲をもって取り組む。
◎新しい生活や環境に慣れ、友達とのあそびや生活を楽しむ。
◎春の自然に関心をもってかかわり、季節を楽しむ。

※幼児期の終わりまでに育ってほしい姿 （ア）健康な心と体 （イ）自立心 （ウ）協同性 （エ）道徳性・規範意識の芽生え （オ）社会生活との関わり

第1週

前週末の子どもの姿（4月当初の子どもの姿）
- 環境が変わったことから、落ち着かない子がいる。
- 以前製作したものであそんだり、前年度の5歳児がしていたあそびをしたりする子どもがいる。
- 春の植物にふれ、楽しんでいる。

ねらい・内容
◎年長になったことを喜びながら、様々なことに意欲をもつ。（イ）〔第1週〜第4週〕
○行事のなかで、5歳児としての役割を果たそうとする。
○5歳児の当番活動の手順を知る。
◎新しい生活や環境で安心してあそぶことを楽しむ。（ア）（オ）
○友達と一緒に興味のあるあそびをする。

環境・援助・配慮のポイント

年長になった喜びを大切に
- 新しい環境に喜びを感じられるように、壁面に「進級おめでとう」のメッセージや、春らしい花を飾る。
- 新入園児を迎えるために、園児を代表して入園式の準備や歌の練習をしようと誘い、5歳児になった自覚を育てていく。
- 昨年の5歳児がしていた役割や姿を思い出せるように話す。また、5歳児ならではの活動のやり方・手順を確認して、意欲につなげる。
- 道具の使い方や片付け方は、環境が新しくなったことをきっかけに、できることを自分たちでしていこう、と約束する。
- 不安をもっている子どもには、活動の手順を確認しながら保育士が一緒にやってみて、できたことを認めていく。

新しい環境でも安心できるように
- 昨年度末によくあそんだ遊具や素材をコーナーに準備しておき、安心してあそび出せるようにしておく。
- 新しいあそびをしたい子、一人であそびたい子などそれぞれの子に合わせてかかわりながら、信頼関係を築いていく。
- 遊具や道具の置き場所などは、棚に写真をはって、わかりやすく取り出しやすいようにしておく。

第2週

前週末の子どもの姿
- 落ち着かずに保育士の周りをうろうろする子どもがいる。
- 気の合う友達と、新しい場や遊具であそんだり、以前からしていたあそびをしたりする姿が見られる。
- 新入園児や年下の子と一緒にあそぼうとする子がいる。

ねらい・内容
○当番活動の手順を知り、やってみようとする。
○生活の流れに慣れる。
◎新しい生活や環境に慣れ、友達とのあそびや生活を楽しむ。（オ）
○気の合う友達と一緒にあそぶ。
◎春の草花に関心をもつ。（キ）
○草花にふれたり、それを使ったりしてあそぶ。

環境・援助・配慮のポイント

やってみようとする気持ちをもてるように
- 5歳児が代々している当番活動を、自分たちで進んでできるように、やり方をわかりやすく説明する。5歳児に合ったぞうきんやバケツなどを十分に用意し、やってみたい気持ちにこたえていく。　詳細はP.35
- 朝や帰りの身の回りの準備などの流れに戸惑う子どもには、保育士が実際に一緒にしながら慣れていけるようにする。

気の合う友達と一緒に楽しむ
- あそびのコーナーを充実させ、いろいろなあそびができるようにし、友達とかかわってあそべる時間を保障する。

春の草花にふれて
- 草花を使ってあそべるように、空き容器やコップ、ポリ袋などを用意し、草花を集めたり加工したりして、子どもが自由に使えるようにしておく。
- 草花への興味がわくように、草花を保育室に飾ったり、友達が草花で作った物を飾ったりして見られるようにする。また、近所を散歩して、道端に咲いている野草を探してみる。そこから、いろいろな花を探すきっかけを作っていく。

評価・振り返り・改善

「5歳児になった喜び」について
5歳児になった喜びを意欲につなげることが大切なこの時期。言葉をかける際に不安や緊張をもたないように配慮した。また、5歳児が行う当番活動は、友達と一緒に行うようにすることで、安心できたようだ。新しい環境に慣れにくい子どもも、その子に合った支援をするなどして、徐々に生活に慣れてきた。今後も丁寧にかかわっていきたい。

家庭との連携

・職員の異動を受けて、今年度の園の保育方針・主な取り組みや新しい担任の思いを、園便り・クラス便りで知らせる。
・5歳児クラスになって張り切っている姿や、自分で身の回りのことをやろうとしている姿、友達とのあそびの様子を、ひとりひとりの保護者に具体的に伝える。

教材資料

うた
世界中のこどもたちが
（作詞＝新沢としひこ　作曲＝中川ひろたか）
こいのぼり
（作詞＝近藤宮子　作曲＝無名著作物）

うた あそび
なべなべそこぬけ

絵本
いちごばたけのちいさなおばあさん
（福音館書店）
いちごとおひさま（学研）

4月の予定

・入園式　・始業式　・誕生会
・避難訓練　・内科健診

食育

・食事中のマナーを確認して、友達と楽しく食べる。
・季節の食材「タケノコ」の話を聞き、皮むき体験をして興味をもつ。　詳細はP.37

4・5・6月 指導計画

（カ）思考力の芽生え　（キ）自然との関わり・生命尊重　（ク）数量や図形、標識や文字などへの関心・感覚　（ケ）言葉による伝え合い　（コ）豊かな感性と表現

第3週

● 新しい生活にも慣れてきている。
● 保育室や園庭で、気の合う子と遊具を使ってあそんでいる。
● サクラやパンジーの花びらを使っていろいろなあそびを試したり、できたものを友達や保育士に見せたりしている。

○ 当番活動に、自分から取り組む。

〔第2週～第4週〕
○ みんなと一緒にルールのあるあそびをする。
○ 年下の子どもに優しく接する。

◎ 春の自然にかかわりながら、季節を楽しむ。（カ）（キ）〔第3週～第4週〕
○ 虫を探してふれてみる。

当番活動を認めることで意欲を

◆ 新しい当番活動に慣れてきた姿を具体的に認めることで、活動への意欲を育てていく。子どもが役に立っている喜びを感じられるように、園内のいろいろな職員にも、優しい言葉をかけるように頼んでおく。　詳細はP.35

あそびながら、いろいろな友達と親しんで

◆ 落ち着いてきたころを見計らって、大勢ですると楽しいあそびをし、集団であそぶなかでいろいろな友達とかかわれるようにする。　詳細はP.36
◆ ルールのあるあそびをするときは、最初は、短時間で集中してできるようにする。外あそびが苦手な子もいるので、室内あそびと外あそびのバランスを考えて活動を組む。
◆ 年下の子とあそぶときは、無理強いしないように伝える。また、どう接したらいいかをあそぶ前にみんなで話し合う。

発見・気づきを大切にして自然への関心を

◆ 子どもが虫を見つけたときは、その子の気づきや発見を受け止めてほかの子にも知らせ、興味・関心につなげていく。
◆ 見つけた虫を飼えるように、食品のパックやトレーを準備しておく。

第4週

● 緊張していた子も、落ち着いて生活するようになってきた。
● 5歳児ならではのいろいろな活動を通して、人の役に立つうれしさを感じている。
● 興味をもったことに取り組むが、長続きしない子がいる。

○ 自分たちで生活を進めていこうとする。

○ 友達と誘い合って戸外であそぶ。
◎ 友達と一緒に目的をもって活動する。（ウ）（ケ）（コ）
○ 友達と協力しながら、こいのぼりの共同製作をする。
○ 旬の食べ物にふれる。

できたことを褒めて意欲を

◆ 給食当番や片付けなど、自分たちで気づいて自分から行えるよう言葉をかけ、時間に余裕をもって活動を組む。
◆ 出来栄えにこだわらず、気づいたこと、しようとしたことを認め、褒めることで意欲を育てていく。

あそびが広がるように

◆ あそびたいときに自分たちであそべるよう、集団あそびに必要な用具を準備したり、時間の保障をしたりする。
◆ 自分たちであそび始めている際は、保育士も参加して、あそびが盛り上がるように援助する。

みんなで協力してこいのぼり作り

◆ 昨年作ったこいのぼりを話題にして、どんなこいのぼりを作りたいか、クラスで意見を出し合って作れるようにする。

春の自然や食べ物に興味をもてるように

◆ 食べ物には旬があることを話し、旬の野菜タケノコにふれる機会を作る。給食の材料となるタケノコの皮を、みんなでむき、春の自然や食べ物に興味をもてるようにする。　詳細はP.37

「春の自然にふれるあそび」について

天候不順のため、草花があまり生長しなかったので、子どもの興味や関心が向きにくく、なかなかあそびに生かすことができなかった。例年人気のレンゲソウでの草あそびも、十分に時間を確保することができなかった。その代わり、天気のよい日に色水あそびをしていた子どもが、外あそびができない雨の日に、ティッシュペーパーや色のついた紙を水に混ぜて、どろどろにするあそびに発展させて楽しんでいた。

4月の指導計画 幼稚園

4月のねらい

◎新しい環境に慣れ、安心して過ごす。
◎自分たちの生活を自分たちで主体的に進めていこうとする。
◎年長になった喜びを感じ、自覚をもつ。

※幼児期の終わりまでに育ってほしい姿　(1)健康な心と体　(2)自立心　(3)協同性　(4)道徳性・規範意識の芽生え　(5)社会生活との関わり

	第1週	第2週
前週末の子どもの姿（4月当初の子どもの姿）	●年長になったうれしさから張り切っている子もいれば、新しい環境に不安そうな子もいる。 ●前年度からの友達と一緒にいようとする子がいる。 ●5歳児クラスにしかないものに興味を示している。	●4歳児のときにしていたあそびや、仲のよい友達と一緒にあそぶことで安心している。 ●5歳児のクラスにしかないおもちゃや動物に興味をもち、自らかかわる姿が見られる。
ねらい・内容	◎新しい環境に慣れ、安心して過ごす。(1)(8)〔第1週～第4週〕 ○新しい生活の仕方を覚える。 ○好きなあそびを見つけてあそぶ。 ◎年長になった喜びを感じ、自覚をもつ。(4)(5)〔第1週～第2週〕 ○年長児として、始業式に参加する。	○同じグループになった友達とかかわる。 ◎自分たちの生活を自分たちで主体的に進めていこうとする。(2)(9) ○5歳児ならではの活動や当番活動に、意欲的に取り組む。 ○新入園児や年下の子に優しくかかわる。
環境・援助・配慮のポイント	**安心して過ごすために** ◆今までとは異なるロッカーの使い方などを、ひとつひとつ丁寧に伝えたり、支度の手順を表示したりして、身支度や片付けに自ら取り組めるようにする。　詳細はP.34 ◆4歳児のときに慣れ親しんだあそびを設定しておいたり、教師からあそびに誘ったりすることで、好きなあそびを見つけて、安心できるようにする。 ◆前年度の担任や同じクラスの友達と一緒にいたがる姿も受け入れながら、新しい担任に親しめるように、スキンシップやコミュニケーションを積極的にとっていく。 **年長になったうれしさを感じられるように** ◆年長児になったことを喜ぶ気持ちに共感したり、身支度や小さい子の世話などに張り切って取り組む姿をたくさん認めていくことで、年長児としての自覚につなげていく。 ◆始業式では、進級して張り切る気持ちを、参加するときのマナーに反映できるように、話を聞くときは、話す人の目を見て聞くなどの、よい態度を投げかけていく。 ◆5歳児クラスにしかないおもちゃや、クラスで飼うモルモットを紹介し、一緒にふれたりしながら、うれしさを共感していく。　詳細はP.35	**新しいクラスに期待がもてるように** ◆席順を決める際は、新しい友達と親しむきっかけとなるように配慮する。また、新しい席でグループ分けをし、グループ内で名前を覚え、親しめるようにする。 ◆一緒にあそびや活動をしていくなかで、教師がその子の得意なことや発想を認めて、周りの子に伝えていくことで、子どもの教師への信頼感をはぐくんでいく。 **当番活動に取り組んで** ◆これまであこがれてきた5歳児ならではの活動の意味ややり方を、クラスの集まりのときに紹介し、実際に自分たちで主体的にできるようにしていく。また、自分たちでできるようになったうれしさに共感していく。 **年長の自覚をもてるように** ◆新入園児が困っている姿を伝え、わからないことを教えるきっかけを作っていく。かかわろうとしない子や、接し方がわからない子には、そばについて、どのようにかかわったらいいかを伝えていく。
評価・振り返り・改善	「新しい環境で安心して過ごす」について 5歳児でも、新しい環境に不安になったり、緊張したりすることを予測し、ひとりひとりへの声かけやスキンシップを心がけた。4歳児のときに仲のよかった友達と一緒にいることで安心している子もいれば、新しい担任のそばにいると安心する子もいるので、それぞれのペースを大切にしていった。そのなかであそびに誘い、一緒に楽しむことで、新しい担任に慣れ、親しみをもてるようになってきた。今後は、クラスでの活動や友達とのあそびの楽しさを感じられるようにしていきたい。	

家庭との連携

・三者面談を行い、子どもも交えて保護者と教師で和やかに話すようにし、安心感をもてるようにする。
・子どもには、進級したうれしさだけでなく緊張や不安があることも伝え、家庭でも気持ちを受け入れることで、安定して過ごせるようにしてほしいと伝える。

教材資料

うた 竹の子（作詞＝植田啓次郎　作曲＝佐々木すぐる）
おたまじゃくし（作詞・作曲＝一宮道子）
うたあそび たけのこ体操
おおさか
絵本 たけのこ にょき にょき（至光社）
ワニぼうのこいのぼり（文渓堂）

4月の予定

・始業式
・一日保育開始（第3週〜）
・タケノコ見学
・保護者会
・三者面談

4・5・6月 指導計画

(6)思考力の芽生え　(7)自然との関わり・生命尊重　(8)数量や図形、標識や文字などへの関心・感覚　(9)言葉による伝え合い　(10)豊かな感性と表現

第3週

●5歳児ならではの活動を、張り切って行っている。
●仲のよい友達と誘い合って、好きなあそびを楽しんでいる。
●昨年度の5歳児がしていたあそびを思い出して、自分たちでもやってみている。

○ふれあいあそびやゲームを、クラスの友達や教師とする。
○新しい友達とあそぶ。
◎食べ物の旬を意識する。(7)(10)
○旬の野菜を友達と一緒に味わう。
◎春の自然にふれ、自然の不思議に興味をもつ。(6)(7)(10)〔第3週〜第4週〕
○タケノコ見学に行く。

クラスに親しめるように
◆緊張した気持ちがほぐれるよう、ふれあいあそびや体操などをクラスの集まりで行い、一緒に楽しむなかで、教師や友達と親しめるようにする。
◆友達とあそびを楽しんでいる姿に共感し、声をかけていく。ときには教師があそびを提案し、新しい友達とあそぶ機会を作っていく。

旬を味わって
◆旬の野菜を味わえるように、タケノコ見学の後、タケノコの煮物をクラスの友達と一緒に食べられるように、教師が下見時に掘ってくる。食べ物には旬があることや、今が旬であるタケノコのにおいや食感、おいしさを友達と共感できるよう言葉をかけていく。

春ならではの自然にふれて
◆タケノコ山へ見学に行き、タケノコの生え方や生長の過程に興味をもてるように話をする。また、実際にふれて、その子なりに感じたり、発見ができるようにしたりしていく。
◆タケノコの生長の早さを実感できるように、小さいタケノコにクラスの名札をつけ、後日、生長ぶりを見にいく。

第4週

●クラスの集まりのときの表情が和らいできた。
●担任に親しみをもち始め、自らあいさつをしたり、あそびに誘ったりすることがある。
●同じあそびをしている新しい友達ともかかわるようになる。

○新しい友達とかかわり、気の合う友達を見つける。
◎クラスでの活動を通して、新しい友達に親しむ。(3)
○クラスのみんなで、こいのぼり作りをする。

○風を感じてあそぶ。
○園庭の草花を、あそびに取り入れる。

あそびを通して新しい友達とかかわれるように
◆目的をもってあそんだり、工夫したりする子の姿を周りの子に伝えることで、いろいろな子とあそびたくなるようにし、気の合う友達を見つけるきっかけになるようにする。

クラスのみんなでこいのぼり作りを
◆昨年度の5歳児のこいのぼりや、こいのぼりの土台（教師がこいのぼりの形に切った型紙）を保育室に飾り、クラスのみんなで、一つのこいのぼりを作りたいという気持ちを高めていく。
◆出来上がったこいのぼりをみんなで揚げることで、うれしさを共感し、力を合わせて作った実感をもつことで、クラスの一員であることを感じられるようにする。

春の自然を感じられるように
◆子どもが春風の気持ちよさに気づけるように、大きなポリ袋を使った、風を感じられるあそびをする。**詳細はP.37**
◆実や葉、咲き終わった花はあそびに使えることを伝え、色水作りやままごと、花屋さんごっこなどに取り入れられるようにする。

「年長児としての自覚」について

進級したことを喜び、張り切って園生活に取り組む姿から、年長児になったという自覚をもっていることが感じられた。また、5歳児ならではのおもちゃや当番活動などを紹介していくことで、自分たちでできることが増えるのがうれしいようだった。今後も、5歳児ならではの活動がたくさんあるが、それができる喜びに共感し、認めていくとともに、主体的に参加できる内容や方法を考えていきたい。

5月の指導計画 保育園

5月のねらい
◎話し合って工夫しながらあそびを進める。
◎言葉で思いや考えを伝えようとする。
◎身近な栽培物や生き物に興味をもち、世話をすることを楽しむ。

※幼児期の終わりまでに育ってほしい姿 （ア）健康な心と体 （イ）自立心 （ウ）協同性 （エ）道徳性・規範意識の芽生え （オ）社会生活との関わり

第1週

前週末の子どもの姿
- 進級した緊張感が薄れてきて、落ち着いて生活している。
- 連休を経て、生活のリズムが崩れている子どもがいる。

ねらい・内容
◎生活リズムを保ち、健康に過ごす。（ア）
○疲れたら休む。
◎こどもの日の行事を楽しむ。（イ）（オ）
○自分の成長を感じる。
◎春の植物に関心をもつ。（カ）（キ）
○春の植物にふれる。
◎戸外で十分に体を動かしてあそぶことを楽しむ。（ア）（エ）〔第1週～第2週〕
○簡単な集団あそびをする。

環境・援助・配慮のポイント

疲れたら休めるように
◆子どもの体調や表情に気を配り、疲れている子には休憩するよう言葉をかけたり、ゆっくりした活動に誘ったりする。

「こどもの日」に成長を喜ぶ
◆子どもが自分の成長を喜ぶことができるように、こどもの日に関連した絵本を読んで、行事に込めた大人の思いを伝えたり、ひとりひとりの成長を認めたりしていく。

春の植物で楽しむ工夫
◆一緒に草花あそびをするなかで、おもしろい工夫が見られたら、周りに伝え、あそびが広がるようにする。
◆十分にあそべるよう、空の容器や廃材をワゴンに載せて、園庭に用意しておく。

体を動かしてあそぶ楽しさを
◆戸外で体を動かしてあそぶ楽しさを味わえるように、十分な場所を確保したり、新しいあそびを提案したりする。
◆ルールのあるあそびは、初めに保育士が簡単なルールを説明する。そのうえで、より楽しくなるようにあそびながら子どもが考えてルールを加えていくように促す。　詳細はP.45

第2週

前週末の子どもの姿
- 天気がよい日が多く、外で十分に体を動かして、汗をかいてあそんでいる。
- 連休が終わり、少し疲れた様子も見られるが、いろいろな保育士や友達に楽しかった思い出話をしている。

ねらい・内容
◎気温の変化に応じた衣服の着脱を身につける。（ア）
○気温の変化に合わせて着脱する。
○自分で脱いだ物の片付けをする。
◎思いや考えを伝えようとする。（ケ）（コ）〔第2週～第3週〕
○自分の思いを言葉にする。
○友達同士、誘い合って自分たちであそぶ。

環境・援助・配慮のポイント

自分で衣服の着脱をする
◆気温の変化や自分の体調に合わせて、自分から衣服の着脱をするように、折を見て言葉をかけるようにする。
◆脱いだ物の片付けが苦手な子どもには、視覚的にわかりやすいよう、絵カードで片付ける場所を示す。

自分の思いや考えを伝えるように
◆あそびが広がるように、子どもが始めたあそびに保育士も参加し、一緒に楽しみながらほかの子どもを誘って、あそびが広がるきっかけを作る。
◆気持ちを伝えることが苦手な子どもには、保育士がその子の話を受け止めて、言葉を補うなどして周囲に伝え、伝わったことの満足感を味わえるように配慮する。

自分たちであそびを進められるように
◆友達と誘い合ってあそび出せるようにコースラインを引いておいたり、用具や遊具を用意したりする。
◆あそびのルールについてトラブルが生じたとき、それぞれの考えを聞き、保育士もやってみながら、子どもと一緒に共通のルールを考えていく。

振り返り・評価・改善

「話し合って工夫しながら」について
友達とあそびを進めようとしても、うまくいかないときに、保育士が先取りをしてアドバイスをすると、子どもたちは自分で考えられず工夫しなくなる。そこで、子どもの意見が出るのを待ち、「そのアイディアおもしろそう」などと、周りに伝えた。すると、自分たちのアイディアが生かされたことに満足したのか、さらにいろいろなアイディアが出てきた。今後も待つことを大切に、子どもの工夫を引き出していこうと思う。

家庭との連携	教材資料	5月の予定
・クラス便りで5歳児として張り切っている姿や、意欲的に活動に取り組んでいる様子を伝え、保育への理解が深まるようにする。 ・気温が上がり、汗ばんだり、土や水、泥あそびで服が汚れたりするので、着脱しやすい着替えを多めに用意することを呼びかける。	**うた** こいのぼり (作詞＝近藤宮子　作曲＝無名著作物) おへそ (作詞・作曲＝佐々木美子) **うたあそび** ひらいたひらいた **絵本** そらまめくんのベッド(福音館書店) いやいやえん(福音館書店) にじいろのさかな(講談社)	・保護者会総会　・誕生会 ・歯科検診　　　・避難訓練 ・内科健診

食育
・気持ちよく食事をするためのマナーを知り、楽しい雰囲気のなかで食事をする。

4・5・6月 指導計画

(カ)思考力の芽生え　(キ)自然との関わり・生命尊重　(ク)数量や図形、標識や文字などへの関心・感覚　(ケ)言葉による伝え合い　(コ)豊かな感性と表現

第3週

●気の合う友達と誘い合ってあそび、楽しんでいる。
●あそびのなかで友達とトラブルになることがあるが、なかなか自分たちで解決できない。
●花びらを集めて色水あそびをしたり、ままごとの材料に使ったりと、自然をあそびに生かして楽しんでいる。

◎話し合って工夫しながらあそびを進める。(ウ)(エ)(ケ)
○自分たちであそび始める。
○ルールについて話し合う。

○みんなの前で話をする。
◎身近な栽培物や生き物に興味をもち、世話をすることを楽しむ。(カ)(キ)〔第3週～第4週〕
○夏野菜の苗を植える。

工夫してあそびを進める
◆子どもが気の合う友達と始めたあそびのアイディアに共感し、一緒に楽しみながらアイディアがほかの子にもつながるよう仲立ちしていく。
◆ルールの食い違いからあそびがうまく進まないときは、すぐに口出しせず、子どもから意見が出るのを待ち、その意見を伝え、自分たちで考えていけるようにする。

認められて、自信につながるように
◆降園前の集まりで、今日のあそびやおもしろかったことを、みんなの前で数人ずつ話す機会をもつ。人前で話すことに慣れるようにすると共に、工夫してあそんでいる姿を認め、子どもの自信につなげていく。

詳細はP.39

夏野菜を育てる経験を
◆育てたいという意欲を引き出すように野菜を見る機会を作り、何を作りたいか話し合う。5歳児に育てやすく、実がつきやすくプランターで育てられる物を選ぶ。
◆野菜の生長に期待し、栽培を楽しめるように、1人1本ずつ苗を植え、手作りの札を立てる。各自で水やりができるよう、ジョウロやペットボトルを準備する。

第4週

●4月から始まった当番活動に慣れ、自分からする子もいるが、戸惑っている子もいる。
●気温が上がり、水を使ったあそびが盛んになっている。

◎当番活動に自分から取り組もうとする。(イ)
○当番の手順を覚え、やってみる。
◎いろいろな人とのかかわりを楽しむ。(オ)
○年下の子とかかわってあそぶ。
○実習生と一緒にあそぶ。

○虫や小動物を探して、世話をする。

当番の活動に慣れるように
◆やり方がわからず、戸惑っている子には手順を伝え、自信のある子と一緒に活動できるように、ペアの組み方を工夫する。

いろいろな人とのかかわりを楽しむ
◆年下の子と一緒に虫探しをしたり、捕ったりしている姿を認める。そのような姿をみんなにも紹介し、年下の子とのかかわり方を伝える。
◆実習生へのあこがれや、うれしい気持ちに共感し、互いに気持ちよく過ごせるよう、かかわりの様子を見守る。

身近な生き物の世話をする
◆生き物を育てたい気持ちを大事にして、ダンゴムシやバッタを見つけた子には、飼育ケースを用意する。なるべく多くの子がかかわれるように工夫する。
◆生き物に関して不思議に思ったことやえさなどが調べられるように、図鑑や絵本を保育室の絵本棚に用意する。
◆飼育中は生き物の様子に気を付ける。また、変化に気づいた子どものつぶやきを受け止めてみんなに伝え、関心をもてるようにしていく。

「言葉で思いや考えを伝えようとする」について
5月になり、担任に慣れてきたからか、友達よりも、担任に頼ってしまう子どもがいる。思いを伝えることの大切さや難しさに気づくには、子ども同士のかかわりが大事だと考え、トラブルがあってもすぐに間に入らず、まず、見守ることにした。しかし、子ども同士で解決するには時間がかかり、子どもが互いの思いを言っただけになってしまうことがあった。これからは自分たちで話し合って解決できたケースを紹介し、話し合いを見守り、思いを伝え合う力が育つようにしていきたい。

5月の指導計画 幼稚園

5月のねらい
◎生活に見通しをもち、必要なルールを守ろうとする。
◎クラスの活動やあそびを通して、新しい友達とかかわり、親しむ。
◎気の合う友達と一緒に好きなあそびを楽しむ。
◎身近な自然物に興味をもち、世話をして親しむ。

※幼児期の終わりまでに育ってほしい姿　(1)健康な心と体　(2)自立心　(3)協同性　(4)道徳性・規範意識の芽生え　(5)社会生活との関わり

第1週

前週末の子どもの姿
- 通常保育の開始により、お弁当を食べたり、あそぶ時間が多くなったりしたことを喜んでいる。
- やりたいあそびに教師を誘い、5歳児ならではのおもちゃであそんだり、飼育動物と進んでかかわったりしている。

ねらい・内容
◎進んであいさつをしようとする。(1)(2)〔第1週〜第2週〕
○あいさつの仕方を考える。
◎あそびを通して、新しい友達とかかわり、親しむ。(3)(9)〔第1週〜第2週〕
○好きなあそびを見つけ、友達とかかわる。
◎お母さんの気持ちを知り、感謝の気持ちを表す。(5)(10)
○自分がお母さんに大切に思われていることを知る。
○感謝の気持ちを込めて、丁寧にプレゼントを作る。
◎身近な自然に興味をもち、ふれることを楽しむ。(6)(7)〔第1週〜第2週〕
○自然物を探したり、調べたりする。

環境・援助・配慮のポイント

あいさつの大切さを感じられるように
◆気持ちのよいあいさつの仕方を考えられるように投げかけ、自分からあいさつをしようという気持ちがもてるようにしていく。

新しい友達に親しめる工夫を
◆じっくりあそべるコーナーを設定したり、友達のしているあそびを紹介したりして、やりたいあそびが見つかるようにする。そのなかで同じあそびをしようとしている友達の存在を知らせ、一緒にあそぶきっかけを作っていく。

気持ちを込めてプレゼントを作る
◆自分が生まれたとき、お母さんがどんな気持ちだったのかを聞いてくるよう投げかけ、自分が大切に思われていることを感じられるようにする。母親がいない場合は、事前に保護者と相談し、個別にかかわる。　詳細はP.42
◆お母さんについて質問し、感謝の気持ちをもてるようにし、心を込めてプレゼントを作れるようにする。　詳細はP.42

身近な自然に興味がわくきっかけを
◆図鑑を置いておき、自分たちで自然物を探したり、調べたりできるようにし、さらに興味が広がるように質問をする。

第2週

前週末の子どもの姿
- 戸外に出てあそぶことを楽しんでいる子が多い。
- もち米作りを楽しみにしながら、教師と一緒に準備を行っている。
- タケノコの生長を見に、山に行きたいという声が出てきた。

ねらい・内容
○クラスの友達や教師に進んであいさつをする。
○教師や友達と集団あそびをする。
◎もち米作りに興味をもち、主体的に取り組もうとする。(2)(7)
○田んぼの土作りをする。
○生長を楽しみにしながら苗を丁寧に植える。
○園庭で虫探しやザリガニ釣りをする。

環境・援助・配慮のポイント

あいさつが習慣になる言葉を
◆進んであいさつをしている姿を認めたり、あいさつの気持ちよさを伝えたりして、あいさつが習慣づくようにする。

友達とのあそびや活動の楽しさを味わえるように
◆自分たちで誘い合ったり、オニなどを決めたりすることが少しずつできるように教師が投げかけていく。
◆教師も思い切り体を動かして楽しい雰囲気を作り、そのなかで子ども同士のかかわりを仲立ちしていく。

もち米作りに期待がもてる話をする
◆米作りによい土が必要なことを伝え、手足を使って泥を柔らかくする。また、植える前に苗にふれ、それからもち米ができることを伝え、丁寧に植えられるようにする。　詳細はP.40

生き物にふれてあそぶ
◆自由に使えるように、ザリガニ釣りの道具や飼育ケースを準備しておく。また、使った物の後片付けをしっかりとするように伝えていく。
◆虫などを捕まえた後、どうするとよいのかを一緒に考え、生き物に命があるということに気づけるようにする。

振り返り・評価・改善

「新しい友達とかかわり、親しむ」について
新しい環境に慣れてきた5月。やりたいあそびを見つけて十分に楽しめるような環境設定をしたり、集団あそびを提案したりすることを心がけていった。あそびのきっかけ作りは、まだ教師がするが、楽しいあそびには子どもたちが集まり、楽しさを共感することができ、友達関係が広がっていくきっかけにもなった。また、あそびのなかで、自分のアイディアを出すようになってきたので、今後は友達と目的をもって、あそびを一緒に進めていけるように援助していきたい。

家庭との連携	教材資料	5月の予定
・新しい友達関係やクラスに慣れてきた様子などを、降園時や電話などで伝え、信頼関係を築けるようにする。 ・ファミリーデー（親子活動）について事前に内容を紹介しておく。また、当日は親子でペアルックで来るように伝えておく。	**うた**　おかあさん（作詞＝田中ナナ　作曲＝中田喜直） 　　　つばめになって（作詞＝塚本章子　作曲＝本多鉄麿） **うたあそび**　海賊体操／奈良の大仏さん **絵本**　おむすびさんちのたうえのひ（PHP研究所） 　　　おかあさんがおかあさんになった日（童心社）	・田んぼぐちゃぐちゃ 　（田んぼの土作り） ・田植え ・内科健診 ・春の遠足 ・ファミリーデー（親子活動）

4・5・6月指導計画

(6)思考力の芽生え　(7)自然との関わり・生命尊重　(8)数量や図形、標識や文字などへの関心・感覚　(9)言葉による伝え合い　(10)豊かな感性と表現

第3週

- ●やりたいあそびを見つけられる子が増えてきた。
- ●新しい友達を名前で呼んだり、同じグループの友達と会話を楽しんだりしている。
- ●園庭でダンゴムシ探しやザリガニ釣りをしている。

◎生活に見通しをもち、必要なルールを守ろうとする。(2)(4)〔第3週〜第4週〕
○片付けの大切さを知る。
◎気の合う友達と一緒に好きなあそびを楽しむ。(3)(9)〔第3週〜第4週〕
○自分のイメージを出しながら、あそびを進める。
◎クラスでの活動を友達と楽しむ。(3)(10)
○タケノコ見学に行く。
○絵の具や新聞紙を使って、製作や表現あそびをする。
◎身近な自然に興味をもち、世話をしながら親しむ。(7)(8)〔第3週〜第4週〕
○生き物の飼い方を調べたり、教師と一緒に世話をする。

片付けの意味を知らせる
◆物が散らかっていると、けがをしたりすることを伝え、自分から片付けられるようにする。

イメージを出しながらあそぶ
◆ペットボトルのキャップや段ボールなどの製作材料を多めに準備し、工夫したり試したりしてあそべるようにする。
◆その子なりのイメージであそんでいる姿を認め、自分たちであそびを作っていく楽しさを感じられるようにする。

クラスの活動を友達と楽しめるように
◆友達と一緒に気持ちを開放し、ふれあえるように、絵の具や新聞紙を使ったあそびを取り入れる。　**詳細はP.38**
◆生長したタケノコをみんなで見に行く。子どもたちが気づいたことは周りにも伝え、友達と共感できるようにするとともに、見学の感動を表現活動につなげていく。

生き物や栽培物への関心を高める
◆生き物の特徴や飼い方が調べたくなるような問いかけをしたり、クラス全員で肥料をやったりすることで、自分たちで世話をする意識がもてるようにする。

第4週

- ●気の合う友達ができ、登園してくるのを待ったり、誘い合ったりしてあそんでいる。
- ●集団あそびに進んで参加する子が増えた。
- ●遠足やファミリーデーなどの行事を楽しみにしている。

○あそびで使った物をきちんと片付ける。

○自分たちで場や物を作ってあそぶ。
◎友達や保護者とふれあうことを楽しむ。(5)(7)
○遠足に行き、集団あそびや自然あそびをする。
○保護者とファミリーデーに参加する。

○生き物の世話を教師と一緒にする。

使った物の片付けを
◆次のあそびを始める前に、使い終わった物は片付けるように、片付けの時間にはその都度、声をかけていく。

工夫しながらあそべる言葉かけを
◆あそびの場や必要な物を作っているときは、子どもの発想を受け止め、子どもたちのイメージや工夫を認めながら、一緒に材料探しをしたり、アイディアを出したりする。

ふれあいを楽しむ
◆芝生ではだしになって走ったり寝転んだりして、気持ちを開放してあそべるようにする。集団あそびや自然物を使ったあそびも提案し、みんなで一緒に楽しめるようにする。
◆1月のお茶会で使う茶わんをファミリーデーで作る。親子で相談しながら作り、出来上がりを楽しみにできるようにする。

生き物への興味・関心が深まるように
◆子どもたちが生き物の世話に取り組めるよう一緒に世話をし、やり方や必要性を伝えていく。

「身近な自然物に興味をもち、世話をしながら親しむ」について
戸外であそぶことが多くなるなかで、身近な自然にふれることも多くなった。特に、園庭にいる生き物を捕まえて楽しむ姿が多く見られた。捕まえた後は、飼育ケースに入れたままになっていたら、その都度、考えられるような投げかけをしたり、一緒に生態を調べたりすることで、その生き物の特性や飼い方などを知っていくきっかけになった。生き物とかかわる楽しさ、不思議さ、発見のおもしろさを感じていくことを大切にしたい。

6月の指導計画 保育園

6月のねらい
- ◎梅雨時季の衛生を身につけ、健康に過ごす。
- ◎友達と考えを出し合いながら、協同的にあそびや活動を進めようとする。
- ◎表現することを楽しむ。
- ◎梅雨時季の自然に関心をもつ。

※幼児期の終わりまでに育ってほしい姿　（ア）健康な心と体　（イ）自立心　（ウ）協同性　（エ）道徳性・規範意識の芽生え　（オ）社会生活との関わり

第1週

前週末の子どもの姿
- ●製作コーナーで好きな物を作って楽しんでいる。
- ●気の合う友達とダム作りや鬼ごっこなどを楽しんでいる。
- ●ダンゴムシやミミズを、名札を付けたケースの中に入れて観察している。

ねらい・内容
- ◎自分の歯に関心をもつ。（ア）
- ○正しい歯の磨き方を知る。
- ○食べ物と歯のつながりを知る。
- ◎表現することを楽しむ。（コ）〔第1週〜第2週〕
- ○工夫しながら製作をする。
- ◎友達とかかわり合ってあそぶことを楽しむ。（オ）
- ○気の合った友達を誘ってあそぶ。

環境・援助・配慮のポイント

自分の歯に関心をもつために
- ◆歯科衛生士から話を聞く機会を設け、正しい歯の磨き方や、虫歯になりにくい生活の仕方を聞くことで、歯を大事にする気持ちが生まれるようにする。
- ◆丈夫な歯の基になる食べ物について、食育ボードなどでわかりやすく知らせ、食べ物と歯のつながりにも意識を向ける。

好きなときに工夫してあそぶ
- ◆落ち着いて製作できるようにコーナーを設定し、廃材などの素材を十分に準備しておく。
- ◆製作に使う道具は、用途別にわかりやすく置いておき、使いやすくする。また、道具の使い方や片付け方も知らせていく。
- ◆作った物を見せて、工夫した点などを伝えられるように展示する場を設定して、友達に工夫を広げていく。

友達とかかわることを楽しめるように
- ◆気の合う友達とあそべるよう、「あぶくたった」などグループで行う伝承あそびを提案し、時間を十分に確保する。
- ◆気の合う友達とのあそびも大切にしながら、ほかの友達ともかかわってあそべるように、子どもが始めたあそびに保育士も参加し、楽しみながら周りの友達を誘っていく。

第2週

前週末の子どもの姿
- ●カタツムリを園に持ってきて見せたり、空のにじに気づいたことを友達や保育士に伝えたりして喜んでいる。
- ●製作コーナーで本を見ながら、折り紙を楽しんでいる。
- ●雨が続き、外あそびができず、もの足りなさそうな子もいる。

ねらい・内容
- ◎梅雨時季の衛生を身につける。（ア）
- ○自分から清潔にしようとする。
- ○身近な自然を絵にする。
- ○自然や生き物の様子を、体を使って表現する。
- ◎梅雨時季の自然に関心をもつ。（カ）（キ）（コ）
- ○雨の日に散歩する。
- ○この時季ならではの自然を観察する。

環境・援助・配慮のポイント

体や身の回りを清潔に
- ◆手洗いや着替えなど、身の回りを清潔にすることの大切さを伝え、汗をかいたら自分でタオルでふき、衣類を着替えられるように様子を見て言葉をかけていく。

さまざまな方法で表現する
- ◆散歩先で見たアジサイやザリガニなどをイメージ豊かに表現できるように、筆や割りばしペンなどさまざまな画材を準備して楽しめるようにする。
- ◆カエルなど梅雨時季の生き物の動きをみんなでまねる。ひとりひとりの発想や動きを認め、体を動かして表現する楽しさが味わえるようにする。

梅雨時季の自然にふれて
- ◆雨や雨上がりの機会を逃さず、水たまりや葉のしずくなど、雨の日の変化に気づけるように散歩に出かける。雨音を聞いたりして、発見が広がるようにする。
- ◆散歩先で見つけたカタツムリなどを飼えるように、飼育ケースを用意し、世話をしながら観察できるようにする。
- ◆雨、にじ、雷など、この時季の天候について不思議に思ったことがすぐ調べられるように、図鑑や絵本を準備しておく。

評価・振り返り・改善

「梅雨時季の自然にふれて」について
雨が続くと外であそべず発散できないので、小雨や雨上がりの機会を逃さず、散歩に出かけた。歩きながら、水たまりや葉のしずくなど、雨の日ならではの事象に気づいた子どもの言葉に共感したり、「何かいないかな」「水が流れているね」など、発見が広がるような言葉をかけたりしたことで、子どもも目を輝かせ、生き生きしていた。今後も子どもの発見を生かし、あそびや活動に広がるよう工夫していきたい。

家庭との連携	教材資料	6月の予定
・梅雨時季の健康管理についてお便りなどで伝え、個々の体調の変化をそれぞれの保護者に丁寧に報告する。 ・製作に使うための空き箱や空き容器の提供を呼びかける。 ・水あそび用に汚れてもよい服を持ってくるよう伝える。	**うた** あめふりくまのこ(作詞＝鶴見正夫　作曲＝湯山 昭) とけいのうた(作詞＝筒井敬介　作曲＝村上太朗) **うたあそび** ねずみのはみがき **絵本** すてきな三にんぐみ(偕成社) からすのパンやさん(偕成社) かえるのエルタ(福音館書店) じめんのうえと　じめんのした(福音館書店) いのちをいただく(西日本新聞社)	・歯磨き指導　・クラス懇談会 ・誕生会　・避難訓練 ・交通安全教室

食育
・野菜の世話をして生長を見守り、収穫物を味わうことを喜ぶ。
・食べ物と歯のつながりを知る。

4・5・6月 指導計画

(カ)思考力の芽生え　(キ)自然との関わり・生命尊重　(ク)数量や図形、標識や文字などへの関心・感覚　(ケ)言葉による伝え合い　(コ)豊かな感性と表現

第3週

- 晴れた日は外で鬼ごっこなど、体を動かしてあそんでいる。
- 製作した物を使って、友達とあそんでいる。
- ミニトマトやキュウリの花が咲き、実がなり出していることに気づき、友達や保育士に知らせている。

◎交通ルールを身につける。(エ)
○交通安全教室に参加し、交通ルールを知る。
◎全身を使ってあそび、開放感を味わう。(ア)
○思い切り体を動かしてあそぶ。
○水を使ってダイナミックにあそぶ。
◎植えた夏野菜の生長や収穫を喜ぶ。(カ)(キ)
○野菜の世話をして、生長に気づく。
○収穫した野菜を味わう。

交通ルールを身につける
◆地域の交通指導員から交通ルールについての話を聞いた後、園の近くの道路で歩行体験をする。また、保護者も招いてルールを親子で共有できるようにする。

全身を使ってあそぶ
◆室内でも体を使ったあそびができるように、跳び箱やマットなどを準備する。安全面に配慮し、スペースに余裕をもって設定をする。
◆色つき鬼・中当てなどの集団あそびを取り入れ、みんなで思い切り体を動かせるようにする。保育士も仲間に入り、あそびの楽しさを伝えていく。
◆水を使ってダイナミックにあそべるように遊具や用具を準備し、汚れてもよい服装に着替えてあそべるようにする。

夏野菜の生長や収穫を楽しむ
◆野菜の世話を交代で行うなかで、葉や花の色や形に興味をもったり、花から実になる様子に気づいたりした子どもの言葉を受け止めて共感し、周囲の子に伝えていく。
◆収穫した野菜は給食で食べられるよう調理師に相談し、野菜本来の味を味わい、収穫の喜びが感じられるようにする。

第4週

- 収穫した野菜を味わって喜んでいる。
- 自分の考えや思いを伝えることが苦手な子どもがいる。

◎梅雨時季を健康に過ごそうとする。(ア)
○健康な過ごし方について知る。
◎自分なりの目標をもってあそぶことを楽しむ。(イ)
○目標をもってあそぶ。
◎友達と考えを出し合って、協同的にあそびや活動を進めようとする。(ウ)(ケ)
○遊具や用具の準備や配置の仕方について話し合う。
○自分の思いを伝えたり、友達の思いを聞いたりする。

健康を保つことを意識して
◆健康に過ごすためには、朝御飯、十分な睡眠などが必要なことを、わかりやすく伝えていく。

目標をもってあそぶ
◆なわとびや鉄棒など、自分なりの目標をもって取り組んでいる子どもを温かく見守り、その姿を認める。必要に応じてやり方のコツを伝えたり、励ましたりする。

友達同士で思いを伝え合ってあそぶ
◆大型積み木やままごとなど遊具の準備の仕方を話し合い、友達と協力して用意できるようにする。またその際、保育士はアイディアを出し合って工夫してあそべる配置を考える。
◆言い合いなど、トラブルになったときは必要に応じて仲立ちをし、子ども同士で解決できるようにする。　**詳細はP.46**

思いを伝えたり聞いたり
◆七夕飾りの製作など共通の目的をもち、友達と協同して行う活動を取り入れる。そのなかで子どもの意見を周囲に伝え、相手の意見も聞けるようにする。また、思いを伝えるのが苦手な子には共感し、自信をもって話せるようにかかわる。

「表現することを楽しむ」について
身近な素材でいろいろな物を作り、作った物であそんだ。しかし、作った物を大切にせず、持ち主がわからなくなることがあったので、棚の上のスペースに展示する場所を作った。すると、作った物であそんだり、まねをして作るなどしてあそびが発展した。なかには、自分の名前を書いて展示する子がいたので、名前を書く活動にも広がり、より満足していた。ただ、活動が広がるにつれ、展示場所の確保ができなくなったので、展示の期間や展示物の数を話し合って決めていきたい。

6月の指導計画 幼稚園

6月のねらい
◎生活に見通しをもち、必要なルールを身につける。
◎気の合う友達と目的をもって、あそびを進める。
◎身近な動植物に関心をもって、世話を楽しむ。

※幼児期の終わりまでに育ってほしい姿　(1)健康な心と体　(2)自立心　(3)協同性　(4)道徳性・規範意識の芽生え　(5)社会生活との関わり

前週末の子どもの姿

第1週
- あそびのなかで、自分のアイディアを教師に伝えている。
- 集団あそびをクラスの友達と楽しんでいる。
- 捕まえた虫やザリガニなどの世話について、聞いてくる子がいる。

第2週
- 友達とあそぶなかで自分のやりたいことに夢中になり、相手の話に耳を傾けていないことがある。
- 自分たちで気づき、生き物の世話をするようになってきた。
- もち米の苗についている虫を発見し、興味をもっている。

ねらい・内容

第1週
◎自分の歯について関心をもつ。(1)(2)〔第1週〜第2週〕───────→
○歯について知る。
○歯を丁寧に磨く。
◎工夫しながら、気の合う友達とあそびを楽しむ。(3)(9)〔第1週〜第2週〕───────→
○アイディアを友達に話す。
○考えたり、試したりしながらあそぶ。

◎身近な動植物に関心をもって、世話をして親しむ。(6)(7)〔第1週〜第2週〕───────→
○生き物の世話に自分たちで取り組む。

第2週
○歯を歯ブラシの届きにくい所まで丁寧に磨く。

○友達の思いを聞き、刺激し合ってあそぶ。
◎お父さんへ感謝の気持ちをもって、表す。(5)(10)
○お父さんについて話し、プレゼントを作る。

○もち米の苗の生長や苗につく虫について調べる。

環境・援助・配慮のポイント

第1週

歯の役割・大切さを知って磨く
◆先に鏡で歯を見て形の違いに気づき、自分の歯に興味がもてるようにする。また、絵本を使って歯に役割があることを知らせ、歯磨きの大切さが感じられるようにする。

ひとりひとりの思いを生かせるように
◆子どもの考えやアイディアが出てくるような投げかけをし、出てきたアイディアは周りの子に伝えていく。また、自分からも友達に提案してみるように促す。
◆「歯医者さんごっこがしたい」など子どもから出てきたアイディアを一緒にやってみたり、必要な道具や素材を用意したりして、アイディアが実現できるようにする。

自分たちで生き物の世話をする
◆クラスで飼育しているモルモットのつめが伸びていることや、ケージが汚れていることに気づけるよう声をかける。一緒に世話をしながら飼い方を伝え、日々気にかけていくことの大切さが感じられるようにする。
◆飼育している生き物の動きや特徴をよく見られるように声をかけ、さらに、興味を深められるようにしていく。

第2週

丁寧な歯磨きを促す
◆教師が一緒に歯を磨きながら、奥歯や歯の裏側までしっかり磨くように声をかけ丁寧に取り組めるようにする。

刺激し合いながら楽しめるように
◆おもしろいあそびをしている子がいたら周りの子に紹介し、友達からの刺激を受けたり、一緒にあそんだりするきっかけを作っていく。
◆友達のアイディアも興味をもって聞けるように声をかけ、思いを出し合ってあそびを進められるよう働きかける。

気持ちを込めて丁寧に作れるように
◆お父さんの大好きなところを話す機会を作り、気持ちを込めてプレゼントが作れるようにする。父親のいない子には、事前にほかの対象者を保護者と決めておく。　詳細はP.43

関心をもって育てられるように
◆田んぼに行った際に身長計に日付と印をつけて、苗の生長を感じられるようにする。また、苗に虫がついたら、本や顕微鏡で調べ、苗に害があるなら、クラスのみんなで苗を守るための活動をする。　詳細はP.41

評価・振り返り・改善

「目的をもってあそびを進める」について
役割を決めたり、必要な物を探して一緒に作ったりと、気の合う友達とやり取りをしながらあそぶ姿が出てきた。自分たちであそびを進める楽しさを感じられるように、子どものアイディアを拾いながら、環境や素材を準備して一緒に試したり、挑戦したりすることを大切にした。今後は、ひとりひとりの様子を踏まえながら、思いを言葉で言えない子にはしっかりと思いを出せるように、思いを押し通そうとする子には友達の話を聞けるように、必要な援助を丁寧にしていきたい。

家庭との連携

・思いのすれ違いからけんかも増えてくる時期なので、成長の過程で必要な経験であること、その都度どのように教師がかかわったのかを丁寧に伝えていく。
・子どもが疑問に思ったことや知りたいことを一緒に考えたり調べたりしながら、コミュニケーションをとってほしいことを伝える。

教材資料

うた すてきなパパ（作詞・作曲＝前田恵子）
にじのむこうに（作詞・作曲＝坂田 修）

うたあそび なんじゃもんじゃ にんじゃ
あんまん にくまん ふらいぱん

絵本 おとうさんはウルトラマン（学研）
歯がぬけた（ＰＨＰ研究所）

6月の予定

・歯科検診
・ジャガイモ掘り
・カレークッキング
・避難訓練
・ウメの実の収穫
・ウメジュース作り

4・5・6月指導計画

(6)思考力の芽生え　(7)自然との関わり・生命尊重　(8)数量や図形、標識や文字などへの関心・感覚　(9)言葉による伝え合い　(10)豊かな感性と表現

第3週

- ウメの木に実がなっていることに気づき、ジュース作りを楽しみにしている。
- 友達のしていることに刺激を受けて、自分なりに試してみたり、一緒にあそんだりしている。

◎生活に必要なルールを身につける。(2)(4)〔第3週～第4週〕 ------→
○片付けの時間に気づく。
◎気の合う友達と目的をもってあそびを進める。(3)(9)〔第3週～第4週〕 ------→
○イメージを共有してあそぶ。
◎収穫の喜びを友達と共有する。(7)(8)
○ジャガイモやウメの実を収穫する。
○収穫物を調理し、食べる。

片付けの時間を意識する
◆片付けの時間の少し前から声をかけ、時間がきたら自主的に片付けを始められるようにする。

自分の思いを出せるように
◆友達とのかかわりをよく見て、自分の思いを言えない子の思いや気持ちを読み取り、共感しながら、どの子も自分の気持ちを出していけるように援助していく。
◆あそびが広がるように小道具を出し、友達とイメージを共有できるようにし、自分たちで進められるようにする。

収穫を喜び、作って食べる楽しさを感じられるように
◆ジャガイモを収穫する際は、形がおもしろい物を見つけたり、大きさを比べたり、個数を数えたりしながら、収穫の喜びが感じられるようにする。
◆収穫したジャガイモでカレーを作る。隠し味を入れることを提案し、家庭で聞いてくるよう伝える。
◆ウメの実の収穫では、脚立や棒、かごなど、収穫に必要な物を子どもと一緒に準備する。脚立を使うときは、安全に気を付けるよう子どもにも声をかけ、見守る。収穫したウメの実でウメジュース作りを異年齢で行う。

第4週

- 自分の思いを通そうとしてけんかになることが増えてきた。
- 友達とイメージを共有しながらあそぶことを楽しんでいる。
- 友達がしているあそびに目を向け、自分からあそびに入っていったり、自然に集まってあそぶようになってきた。

○自分で片付けの時間を確認する。

○友達と目的に向かって工夫したり、挑戦したりする。
◎梅雨ならではの自然に興味をもつ。(6)(7)
○雨や梅雨時季の生き物に興味をもってかかわる。

自主性をはぐくむために
◆子どもが片付けの時間を把握できるよう、時計の近くに自由あそびの終了時間を掲示し、確認するよう声をかけ、時間がきたら自主的に片付けられるようにしていく。

友達とあそびを進める楽しさを
◆積み木で迷路を作るなど、目的をもって自分たちなりの工夫をしたり、試したりしてあそぶ姿を認める。また、自分たちで考えてあそびを進める楽しさを感じられるようにかかわっていく。
◆工夫や挑戦を繰り返すなかで、意見が食い違ったときは、両者の意見をしっかり聞き、どうしたらよいかを子どもたちと一緒に考えていく。

梅雨時季の自然を楽しめるように
◆容器に雨水をためたり、雨水でにじみ絵をしたり、雨粒の様子を見たりして、発見や気づきを友達と伝え合い、おもしろさを共有できるようにする。　**詳細はP.44**
◆保育室にカタツムリの飼育ケースを設置し、観察したり、ふれあったりできるよう、はわせるための棒やガラス板などの道具を準備しておく。

「この時期ならではの自然にふれる」について

アジサイやカタツムリにふれられるような環境設定をしたり、雨天でのあそびの提案をしたりすることで、梅雨の季節ならではのおもしろさに気づき、友達と気持ちや発見を共有する姿が見られた。これからも、子どもたちなりに考えて試したり、工夫したりしながら、知的好奇心をもって自然とかかわれるように、子どもたちがすることを見守り、一緒に楽しんでいきたい。また、教師からも、自然に関心がもてるような投げかけやあそびも紹介していきたい。

わかりやすい表示の工夫

指導計画 P.24

新しい生活の流れや場所に慣れ安心して過ごせるよう、わかりやすい表示を工夫しています。

身の回りの整理をわかりやすく

●朝の支度表

クラスの集まりのときにみんなで表を見ながら、4歳児のときに行っていたことと、進級して新しく行うこと（出席ボードなど）を確認する。

「ここにはっておくから、わからなくなったら見てね。」

●ロッカーの使い方図

4歳児のときとは異なるロッカーを使うので、何をどこにしまうのかを絵にして、ロッカーの近くにはっておく。

●出席ボード

朝の支度が終わったら、出席の欄に自分の磁石を動かす。そして降園時には、休みの欄に自分の磁石を移動させてから帰る。この作業は、5歳児になって初めて行う。

実践者より

毎朝の集まりのとき、出欠席の確認でこのボードを使います。子どもたちと一緒に、何人出席して、何人欠席なのか、だれが休みなのか、ボードを見ながら確認。新しい友達の名前や、日にち、曜日、数などに興味をもつきっかけにもなります。

共用スペースには絵の表示

●製作材料や道具

いつも使う製作材料や道具は、自分たちで自由に出したり片付けたりできるように、絵でわかりやすい表示をしている。

●ゴミ箱

ゴミの分別も、捨てる物を絵で表示してわかりやすく。

4・5・6月 保育資料

「5歳児ならではの仕事」を

指導計画 P.22、23

テラスの床掃除は、「年長にしかできない仕事」で、その「仕事」に取り組む姿は、とても意欲に満ちています。

こんなふうに
長い床をぞうきんがけする5歳児の姿はみんなのあこがれ。保育者も一緒に行いながら、やり方や注意点を確認していきます。

<注意点>
● 両手をしっかり伸ばし、交互に足を動かして進んでいるか。
● 前方に人や物がないか。

ぞうきんをバケツで洗い、絞る。

1列に並んで床をふく。

実践者より

楽しくできる雰囲気作り
4歳児のころからぞうきんがけは経験していますが、まだぞうきんを洗ったり絞ったりするのが難しい子も多いのです。そこで保育者が「さあ、ぞうきんを洗おう」と声をかけ、子どもたちと一緒に洗ったり、並んでぞうきんがけをしたり、楽しい雰囲気を作っていきました。掃除の後に、「すごい。ぴかぴかになっているよ」「ありがとう」と、担任以外の保育者からも褒められると、とても得意な表情を見せています。

飼育動物の紹介

指導計画 P.24

毎年5歳児はモルモットを飼育しています。
4月の進級後、動物の紹介も兼ねて導入を行いました。

こんなふうに
クラスの集まりの際、前年度の5歳児から引き継いだモルモットを連れてきて紹介します。そこで保育者は、子どもたちが親しみをもって飼育できるよう、動物の気持ちを伝えます。

・初めてみんなに会ってドキドキしているかな？
・野菜を食べさせてもらってうれしそうだね。
・あったかいね。　など

また、「前の年長さんは、もる君のお父さん、お母さんになって、お掃除したり、御飯をあげたり、一緒にあそんだりして、お世話していたんだよ。みんなは、どうする？」と投げかけ、クラスの仲間として飼っていくことや、みんなで世話をしていくことを伝えます。

飼育ケースには、名札を付けて。

動物を紹介し、名前を伝える。

1人ずつ、動物にふれたり、エサをあげたりする。

クラスのみんなであそぼう

指導計画 P.23

新しい友達関係が始まる新年度。クラスの友達と楽しむあそびを多く取り入れ、関係を深めていきます。

キャッチゲーム

あそび方

① 2人組になり向かい合って座る。2人の間にハンカチを置く(カラー帽子などで代用しても)。

② 保育者が「キャ、キャ、キャ……」と言い、「キャッチ!」と言ったらハンカチを取る。早く取ったほうの勝ち。

※「キャッチ」の代わりに、「キャベツ」「キャンディー」など、引っ掛けの言葉を入れていくとより楽しめる。

バリエーション

5～6人で
2人で慣れてきたら、同じテーブルのグループ5～6人で行っても楽しい。

ぐるぐるリレー

あそび方

※新しく作った5つのグループ対抗で行った。

① 地面に図のような円をかき、円周から5つのスタート(ゴール)ラインを引いて、グループごとにラインのある円周の内側に並んで待つ。各グループのアンカーはたすきをかける。

② それぞれの場から同時にスタートし、次の人にバトンを渡しながらリレー。各グループ10周し、アンカーがゴールしたところで終了。合図に鐘を鳴らす。

※事前の話し合いで、子どもたちから、「勝ち負けにしないほうがいい」という意見が多かったため、それぞれ10周でゴールということにした。

実践者より

友達と共感し、あそぶ楽しさを実感

進級し、新たに作ったグループのかかわりを深め、友達と一緒にあそぶ楽しさを味わえるようにしたいという思いから、このリレーを取り入れました。
やり始めたらすぐ、仲間を応援する声が出るようになり、ゴールすると、息をきらせながらも「またしたい!」と言って何度も繰り返しあそびます。どんどん盛り上がり、子どもたちの走り方も日ごとに勢いが出てきました。
あそびを始めてから数日後、あいさつの言葉もなかなか聞かれなかったAちゃんが、自分から「ぐるぐるリレーしたい」と保育者に言ってきました。「楽しい」を友達と共感できたこのあそびは、その後も続いています。

風とあそぼう

指導計画 P.25

戸外あそびも、友達と一緒に行うことでいろいろな発想が生まれ、今までなかったあそびが展開していきます。

こんなふうに
園庭であそんでいるときに、大きなカラーポリ袋を出しました。今までの経験から、ポリ袋に風を集める楽しさを知っている子どもたちは、いろいろな方法で楽しみます。

 実践者より

袋の「色」にも注目
子どもたちは好きな色の袋を選んであそんでいました。また、保育者が、ポリ袋をピンと張って太陽の光にかざし、地面に袋の色が映ることを教えると、いろいろな色で試していました。

● **風船を作って**

● **風を受けて走り回る**
カラーポリ袋の口の両端を持ち、走り回る。2人で持って走る子どもたちも。袋の音や手に伝わる振動から風を感じる。
※走る方向がバラバラになると、ぶつかることもあるので、注意する。

中に空気を入れて風船を作り、バレーボールのようにしてあそぶ。

タケノコの皮むき

指導計画 P.23

食べ物には旬があることを話し、春が旬の野菜にふれる機会を作ります。

こんなふうに
家族でタケノコ掘りに行った子が、園に持ってきてくれたので、みんなでタケノコの皮むきを体験しました。

● **見て、触って**
実際のタケノコを、ひとりひとり抱えたり、皮を触ったりしてみる。タケノコ掘りについても友達同士、「どんなふうにして掘るの?」など会話が弾んでいた。

● **皮むき体験**
手で皮をむく。皮が何層にも重なっていて、むくと中身がとても小さいことに、子どもたちはびっくり。
※その後は、調理員がゆでて、みんなで食べた。

● **皮であそぼう**
むいた皮が大量になり、子どもたちは、その皮であそび始めた。

皮の裏に絵をかいて。

丸めて立てて、「かぐや姫」。

4・5・6月 保育資料

みんなでのびのびあそび

指導計画 P.29

開放的なあそびを一緒に楽しむことで、新しいクラスの友達とのかかわりを深めていきます。

絵の具で

5～6人のグループを作り、グループごとに違う色の絵の具と筆をテーブルに用意して行います。

●ぬりっこ競争
※グループごとに違う色を出す。

スタートの合図で紙いっぱいすき間なく塗り、一番早く塗りきったグループの勝ち。始まる前には、みんなでかけ声をかけるなど、団結力を高める。

●線かき競争
・スタートの合図で線をかき始め、色が出なくなったらおしまい。だれが一番長い線をかけるか競争。
・同様に線をかき始め、友達と筆がぶつかったら色を交換。これを繰り返し、たくさんの線をかいていく。

筆がぶつかったら色を変えて、どんどん線かき。

エイエイオー！
グループのみんなで声をそろえて。

紙いっぱい丸をかいていく「丸かき競争」も。

新聞紙で

たくさんの新聞紙を用意し、ダイナミックにあそびます。

●ひっぱりっこ
2人組になって新聞紙の端と端を持ち、「せーの」で引っ張り合い、ちぎれ方の大きいほうが勝ち。相手を替えて繰り返し行う。
※紙の目の方向で、破れやすさが変わってくるので、いろいろな持ち方を提示してみる。

●クモの巣作り
新聞紙を細長くちぎる。それを長くつなげたり、友達のものと合体させたりしながら、保育室中にクモの巣を作る。

からまっちゃった！

力を入れて、思い切り引っ張る！

部屋中にはりめぐらせた、大きなクモの巣だよ。

エピソード・今日、何したの？

指導計画 P.27

4・5・6月 保育資料

自分の思いを言葉で表現できるようになってくる時期。みんなの前で話す機会を作っています。

こんなふうに

降園前のお集まりの時間、保育者が「今日、どんなあそびをした？」と問いかけると、子どもたちは一斉に話し始めます。そこで、1人ずつ前に出て、その日やったことをみんなに発表してもらうことにしました。

※A、B、C、D＝子ども、保＝保育者

A「泥団子を作ったよ」

保「どんなものができたの？」

　　　← 保育者自身が興味をもって質問し、子どもの「伝えたい」気持ちを促す。

A「見せてあげる。持ってこようか」（と、靴箱に片付けておいた泥団子を持ってくる）

保「きれいな丸になったね。すべすべしているね」

A「うん。水をたくさん入れて、べちゃべちゃにしてから作るんだよ」

B「倉庫の前の砂がいいんだよ」

A「ねー」

保「そうなんだ。そうしたらこんなにすべすべになるんだ」

A「そうだよ。でも、まだぴかぴかになってないんだ」

保「すべすべから、ぴかぴかになるんだ」

　　　← 話の内容をまとめて繰り返すことで、聞いている子どもたちに伝わりやすくなる。

A「うん。まだたくさん磨かないといけないんだ」

保「すごいね。どうやって磨いたのか知りたいな」

　　　← 子どもの頑張りや工夫をとらえ、褒めたり驚いたりする。そして、より具体的な話が出るように促してみる。

A「あの布を使うといいよ。こんなふうに……」（と、やって見せる）

C「土管の砂を使ったら、もっときれいになるよ」

D「ビニール袋に入れていると、ぴかぴかになりやすいよ」

　　　← 聞いている子どもたちからも、いろいろなアイディアが出て、話が盛り上がる。

保「すごいね。おもしろそうだね。先生もあしたやってみようかな」

　　　← 「またあしたもやりたい」「自分もやってみたい」「あしたは違うやり方でしてみよう」など、あしたの活動への期待、つながりのきっかけとなるような言葉を心がける。

39

米作り① 土作りから田植え

指導計画 P.28

作る過程を実際に体験しようと、毎年行っているもち米作り。5～6月は土作りから田植えまで行います。

田んぼぐちゃぐちゃ（土作り）

みんなで田んぼに入り、手足を使って泥を軟らかくします。子どもたちは徐々に大胆になり、泥を友達と塗り合ったり、腰までつかったり、ワニ歩きをしたり……。もちろん保育者も一緒に行います。あそんでいるうちに泥がとろとろに変化していきますが、「田植えのためによい土を作る」という目的で行っているので、その泥の変化を感じられるように声をかけていきます。

まだ、泥も固めで、身動きがとりにくい状態。

泥はだいぶ軟らかくなり、体中泥だらけ……。

実践者より

泥が苦手な子には、無理強いはせず、手で触るだけにしたり、片足で踏んでみたり、できる範囲での参加の仕方に配慮しています。

気持ちいい～

泥んこの体を洗い流して、ドラム缶風呂に。

田植え

苗にふれる

苗を実際に手にして、根元に種がついていること、この苗を植えて、お米ができるまで育てていくことを伝える。

植える

頭に手ぬぐいをかぶり、1人につき2～3苗を植える。苗が倒れないように深く植え、そのあと泥をかぶせる。

肥料まき

ヨーグルトカップなどに肥料を入れ、1人ずつまく。肥料は牛のふんが混ざった土であること、田んぼの栄養になることを伝える。

水やり

タンクやバケツで水やりをする。保育者は、「お水を飲んで、大きくなろうとしているんだね」など、苗の気持ちで声をかけていく。

実践者より

興味を高める環境の工夫

保育室には田植えに関する掲示物を工夫しています。活動前の期待を高め、活動を継続する気持ちにつながります。

「たんぼぐちゃぐちゃ」前日のお知らせ

土作りの意味を知らせる掲示と、用意する物を並べて。

苗にふれる環境

田植えに関する絵本の横に苗の実物を置き、実際にふれることで、田植えへの興味が高まる。

米作り② 虫退治

指導計画 P.32

栽培を続けるなか、苗に虫がついていることを発見。子ども同士相談して対策を考え、実施していきました。

大変だ！ 虫発見！

6月のある日、田んぼに行った際、子どもが苗に虫がついていることに気づきます。保育者が声をかけ、虫を捕まえて持ち帰ることに。

小さい虫でも、子どもたちは自分で見つけられるようになってきます。

実践者より

実は、この時期苗に付くのはそれほど大きな害がある虫ではなく、放っておいても大丈夫なようです。また、子どもが行う対策では完全に虫を退治できるとはいえません。ただ、これらの活動を通して、自分たちで稲を育てているという実感を味わうことを大切にしています。

虫の正体は？ 調べてみよう

捕まえた虫を虫眼鏡や顕微鏡で見てみます。また、どんな虫なのかを図鑑で調べたり、おうちの人に聞いてきたりしました。
すると、苗にとっては、悪い虫であることが判明(イネミズゾウムシ・イネツトムシなど)。

顕微鏡で見てみよう。

どうしたらいい？ 対策を練ろう

みんなで虫退治の方法を考えます。子どもたちから出た意見に保育者のアドバイスを加え、次のことを試してみることにしました。

田んぼのお守り

木切れに絵や字をかいて、田んぼのお守りとして、ひもを付けてつるした。

ほうきを作って

新聞紙でほうきを作り、苗に付いた虫を払い落とす。

クモを作って

図鑑などで、クモがイネミズゾウムシを食べることを知り、モールなどでクモを作り、苗のそばにつるす。

田んぼのニュース

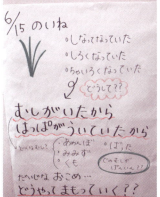

興味や関心をつなげるために、保育室内の表示も工夫して。

4・5・6月 保育資料

家族へのプレゼント

指導計画 P.28、32

母の日・父の日では、みんなで親への思いを話してから、プレゼント作りに取り組みました。
※母（または父）親のいない子どもは、事前に家庭と連絡を取り、ほかの対象者を決めておく。

「生まれたとき、どんな気持ちだった？」

赤ちゃんのころの写真を家庭から持ってきてもらい、それを見ながら保育者が、「お母さんに『わたし・ぼくが生まれたとき、どんな気持ちだった？』って聞いてきて」と子どもに伝えます。そして翌日、聞いてきたことを発表してもらいます。

お母さんに大切に思われていることを感じられるように話し、「そんなお母さんにありがとうを伝えよう」と投げかける。

お母さんの絵をかこう

用意する物・準備
画用紙、色画用紙（黄、黄緑、ピンク）
飾り（厚めの模造紙に絵の具でぬたくりをし、型をかいておく）

実践者より
自分で選んだり考えたりできるように工夫をしました。例えば台紙は3色（黄、黄緑、ピンク）用意して机に並べておき、自分のかいた絵を当てて合う色を考えられるようにしました。

こんなふうに

1日目…お母さんの顔をかく

お母さんのことを思いながら画用紙に顔をかく。

2日目…飾り付け

選んだ台紙に絵をはり、飾りを選んで線に沿って切り、のりではる。

出来上がり！

メッセージは、1日目の活動後からプレゼント持ち帰りの2日前くらいまでに、各自考えて保育者に伝え、保育者が紙に書いてはる。

お父さんのストラップ作り

用意する物・準備
紙粘土　絵の具（4～5色くらい）、竹ぐし、卵パック、丸い木片（ドリルで穴を開け、革ひもを通して結んでおく）、台紙、メッセージカードの紙、透明の袋、シール

こんなふうに
母の日と同様、子どもたちは自分が生まれたときの気持ちをお父さんに聞いてきて、翌日に発表。その後、お父さんが自分にしてくれることなどを話し、それぞれ「お父さん」のイメージを深めてから製作に入りました。

世界にひとつだけのストラップ、出来上がり！

1日目…紙粘土で
① 紙粘土で好きな形を作り、中央に竹ぐしを通す。
② ①を好きな色で塗り、乾かす。
※本来、粘土が乾いてから塗ったほうがよいのだが、時間がないため、このやり方にしている。

粘土で形を作り、

好きな色を塗って、

卵パックの上に並べて乾かす。

2日目…お父さんの顔をかく
① 木片に黒い油性ペンでお父さんの顔をかく。
② 粘土から竹ぐしを抜き、木片に結んだ革ひもに通す。
※子どもが自分で抜けるように、1日目に絵の具を塗った後、粘土が完全に乾く前に、保育者が竹ぐしの位置を少しずらしておく。
③ 革ひもの先端を結び留め、木片の裏に名前を書き、ニスを塗る（保育者が行う）。

ぼくのお父さんだよ

小さい木片の中に顔をかくのは、結構大変。

3日目…ラッピング
① プレゼントを台紙にセロハンテープではる。
② プレゼント、メッセージを透明の袋に入れ、シールで留めて封をする。

この日までに、保育者がひとりひとりにメッセージを聞いて、カードに書いておく。

4・5・6月保育資料

雨の日のお楽しみ

指導計画 P.33

雨の日ならではのあそびや環境の工夫で雨が降っても楽しく、また「梅雨」を実感できるようにしていきます。

雨水をためよう

保育者が雨をためることを提案。子どもたちはそれぞれ、容器を探し、テラスなど好きな場所に置いて観察します。

実践者より

保育者は、傘など子どもがなかなか思いつかない容器を用意しました。また、容器によって、雨水が落ちる音の違いを楽しめるので、そこに気づけるように声をかけていきました。

こんな表示も、興味を引き出すきっかけになる。

たまった雨水を触ったり、友達と見せ合ったり。

雨が容器に入る様子、たまっていく様子をじっと見つめる。

ポリ袋の屋根

テラスや廊下の近くなど子どもが見やすい所にポリ袋で屋根を作り、いろいろな所から雨を観察。雨が落ちてくる様子や雨粒の形を見ていました。

ポリの屋根にのった雨粒の形を見る。上から雨粒を触って、形が変わったり、流れ落ちていったりすることも発見。

カップを手に持ち、流れ落ちる雨水をためてみる。

雨のにじみ絵

障子紙やコーヒーフィルターに水性ペンで模様をかきます。直接、雨水に紙を当て、模様をにじませます。雨であそべるということの発見に興味をもち、色をたくさん使うと、出来上がりがきれいになるということを自分で発見していました。

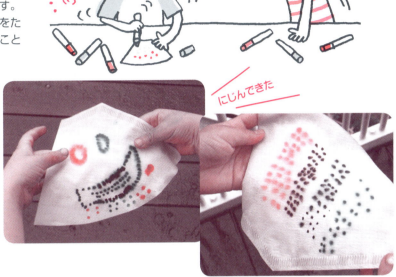

ポタポタ落ちる雨を受け止めて。少しずつにじんでいく様子を楽しむ。

エピソード・あそびのルールを考えて　　指導計画 P.26

あそんでいる子ども自身の疑問や、楽しくしたいという思いからあそびを変化させていく、その様子を追ってみました。

こんなふうに
● 初めはただのケンパあそび
AちゃんとBちゃんがフープを並べて、ケンパあそびをしていました。でも、それだけではあまり盛り上がりません。

↓● 「じゃんけんしよう!」
するとAちゃんが、「ぶつかったところでじゃんけんしよう!」と提案。Bちゃんと両端に分かれてケンパで進み、出合ったところでじゃんけん。勝ったら進んで負けたらスタートに戻る、というルールを考えてあそび始めました。

↓● 「ぼくも入れて!」
2人が楽しんでいる様子を見て、「ぼくも入れて!」とやって来たC君。「じゃんけんして負けたら戻ってね」とだけ伝えられ、あそび始めました。
すると今度はC君から「じゃんけんが終わってから次の人がスタートするようにしたら?」とアイディアが出ます。また、「どうなったら勝ちなの?」という疑問も……。そこで「はしっこまで来たら勝ち」ということにしました。

2人でじゃんけんあそびをしているところへ、興味をもった友達が入ってくる。

→● 「なかなか終わらないね……」
その後、周りにいた数人が加わり、2チームに分かれてあそび始めますが、なかなか端まで行くことができず、勝負がつきません。そこで、「相手チームの2個目の輪っかまで来てじゃんけんに勝ったら終わりにしよう」ということになり、あそびを再開。このあそび方が定着していきました。

エピソード・トラブルになったとき……　→指導計画 P.31

友達との間で生じるトラブルにどう保育者が介入し、子どもたちがかかわっていったか、振り返ります。

「だるまさんがころんだ」で

ある日、Aちゃんたち数人が「だるまさんがころんだ」を始めました。しばらくするとAちゃんと仲良しのB君2人だけで追いかけっこをし始め、ほかの子たちが怒って保育者に言ってきました。
保育者がAちゃんとB君に「"だるまさんがころんだ"はもうしないの？」と聞くと、「する！」と答える2人。「2人だけで違うことしてたらお友達困っちゃうよ」と声をかけ、しばらく様子を見守ることにしました。すると、どうもAちゃんは**走っているときに急に動きを止めるのが難しいようで**、動いてばかり。すぐに「Aちゃん、動いた！」と、捕まってしまうのです。
そこで保育者は「Aちゃん、**オニが"だるまさん"の"さん"って言ったときに、止まるようにしたら？**」と伝えました。すると、Aちゃんが捕まることは減り、みんなと時間いっぱいまであそぶことができました。

本当はみんなと一緒にあそびたいのに、うまくいかないようだ。みんなとあそべるようにするにはどうしたらいいのか考える。

Aちゃんには、具体的にどうすればよいかを伝えることが大切だとわかった。

かるたあそびで

雨の日の室内あそび。D君はC君を誘い、数人の子と一緒にかるたあそびを始めました。保育者が読み上げる札を次々に取っていくC君にイライラしていたD君は**「あ、お手つき！」と言い、C君の取りためた札を取り上げて**自分のものにしてしまいました。ほかの友達は「また……」と、困った表情。
そこで保育者が「先生見てたよ。お手つきじゃなかった。C君はそんなことしないよね」と、きっぱりした口調で伝えると、D君はしばらく黙っていましたが、自分からC君に札を返しました。
その後、あそびの輪から外れてあやとりをしていたD君に、**こっそり「さっきは、かっこよかったよ」と、声をかけました**。するとD君は、生き生きと、家でお手伝いをたくさんしていることや、あやとりが得意なことを教えてくれました。
しばらくして、食事の準備の時間になるころにはD君の気持ちも落ち着き、C君のそばに行って一緒に話しながら準備をする姿が見られました。

D君は一番になりたくて、自分の都合のいいようにあそびの設定を変えてしまうことがある。友達も、そんなD君の姿に困っているようだ。

なんでもできて、保育者の話もすぐに理解できるD君。家では生まれたばかりの妹の世話を頼まれたり、「お兄ちゃんでしょ」と、我慢するように言われたりして、あまり自分を出せていないようだ。一緒にあそぶなかでルールを伝え、D君の話を聞く機会ももって、一緒に笑い合う時間を共有していきたいと思った。

7月 8月 指導計画と保育資料

指導計画と保育資料は連動しています。

7月の指導計画 保育園

7月のねらい
◎夏の生活の仕方を知り、健康に過ごす。
◎プールあそびを通して、開放感や水の心地よさを味わう。
◎友達と協同して準備を進め、夏祭りを楽しむ。

※幼児期の終わりまでに育ってほしい姿　（ア）健康な心と体　（イ）自立心　（ウ）協同性　（エ）道徳性・規範意識の芽生え　（オ）社会生活との関わり

第1週

前週末の子どもの姿
- プールあそびが始まることを伝えると、心待ちにしている。
- 地域の老人を招いての七夕飾り作りを楽しみにしている。
- 花壇のそばで虫探しをしたり、しぼんできたビオラの花を使って、ままごとあそびをしたりしている。

ねらい・内容
- ◎プールあそびのルールを守ってあそぶ。(ア)(エ)[第1週〜第2週]
- ○プールあそびのルールを知り、安全なあそび方を確認する。
- ◎七夕の行事を楽しむ。(オ)
- ○地域の人と交流する。
- ○七夕会に参加する。
- ◎身近な生き物の観察や世話を楽しむ。(カ)(キ)(コ)
- ○見つけた生き物の飼育の仕方を知り、観察する。

環境・援助・配慮のポイント

プールあそびを始める前に
- ◆楽しくプールあそびをするために、どうしたらよいかを話し合い、ルールを守る大切さに気づけるように、安全なあそび方を確認する。

七夕行事で地域の人との交流を
- ◆地域の老人クラブの方を招いて、七夕の由来や伝統的な飾りの作り方を教わり、交流する機会をもつ。
- ◆交流がスムーズにいくように材料や道具をそろえておき、小グループで活動できるよう場を設定し、お年寄りとの交流がうまくいくように仲立ちをする。
- ◆七夕会当日はパネルシアターを使って、七夕の由来や伝説を伝える。

生き物の成長を楽しみに
- ◆花壇で見つけたツマグロヒョウモンなどのさなぎを飼育できるようにする。子どもたちの育てたい気持ちを大切にし、育て方を調べられるように図鑑を置いておく。
- ◆飼育や観察を通しての変化、発見、成長を楽しめるようにし、羽化したときはクラス全体に伝え、感動を共有できるようにする。

第2週

前週末の子どもの姿
- 製作活動などあそびのなかで、友達同士でどうすればうまくいくかを伝え合う姿が見られる。
- 準備や片付けを人に任せる子や、周りを気にしない子がいる。

ねらい・内容
- ○プールあそびのときの身支度や後片付けの仕方を知る。
- ◎友達と協同して準備を進め、夏祭りを楽しむ。(ウ)(オ)
- ○友達とイメージを出し合い、一緒にみこしを作る。
- ○夏祭りのポスターを作り、地域の人への参加を呼びかける。
- ◎いろいろな水あそびを通して、水に親しむ。(カ)(キ)(ク)
- ○水の心地よさを感じながらあそぶ。
- ○水を使って試したり工夫したりしてあそぶ。

環境・援助・配慮のポイント

プールあそびのときの決まり
- ◆着替えやプール後の後片付けは、絵や写真を使ってわかりやすく手順を伝え、慣れるまでは声をかけながら、自分でできるように進めていく。

協力して夏祭りの準備を
- ◆みこしの台やはっぴなどを用意し、雰囲気作りをする。また、昨年のみこしの話をしてイメージが膨らむようにする。
- ◆どんなみこしがいいか話し合い、主張の強い子どもの意見だけが通ることのないように見守り、仲立ちをしながら自分たちの考えで進めていく楽しさが味わえるようにする。
- ◆ポスターを作る前にだれに来てほしいか話し合い、思いを込めて作れるようにする。

いろいろな水あそびを楽しむために
- ◆プールでは個々に応じた楽しみ方ができるように、フープや手作りのいかだなどを用意する。　詳細はP.58、59
- ◆泥あそび、洗濯ごっこや魚釣りなど、いろいろなあそびが楽しめるように十分な時間を確保し、体験の場を作る。
- ◆色水作りでは身近な花を使い、いろいろと試して水の色が変化する驚きや発見などに共感する。

振り返り・評価・改善

「プールあそびを通して、開放感を味わう」について

最初は、ひとりひとりがプールあそびを楽しんでいたが、みんなで一緒に水しぶきを上げて楽しむ経験をしたことから、友達と一緒に活動する楽しさに気づく子がいた。そこで、子どもたちの好きな音楽やリズムのある音楽を流したところ、友達と一緒に輪になったり、音楽に合わせて動きを考えたりとイメージを共有して楽しむことができた。その後、保育士やほかの職員の前で披露し、認めてもらったことで、子どもたちの満足感が高まったと思う。しかし、自由あそびの時間が限られているので、十分にあそべないことがあった。今後は、あそびの時間配分について検討していきたい。

家庭との連携	教材資料	7月の予定
・プールや水あそびの機会が増えるので、保護者との連絡を密にして体調管理に気を付け、健康的な生活習慣が身につくようにする。 ・行事についてのお便りを配布し、親子だけでなく、地域の人たちに親しみをもち、交流する楽しさを知らせ、行事への参加を呼びかける。	**うた** ぼくのミックスジュース (作詞＝五味太郎　作曲＝渋谷 毅) 金魚の昼寝 (作詞＝鹿島鳴秋　作曲＝弘田龍太郎) **うたあそび** おりひめさまとひこぼしさま シャボンだま **絵本** かっぱのかっぺいとおおきなきゅうり(徳間書店) 青いヤドカリ(徳間書店)	・プール開き　・七夕交流会　・七夕会 ・夏祭り　・誕生会　・避難訓練

食育
・ミニトマトやキュウリなど、収穫の喜びを感じ、食べることを楽しむ。
・給食の野菜に関心をもつことから、体と食べ物の関係に気づく。

(カ)思考力の芽生え　(キ)自然との関わり・生命尊重　(ク)数量や図形、標識や文字などへの関心・感覚　(ケ)言葉による伝え合い　(コ)豊かな感性と表現

第3週

●友達のあそびから刺激を受けて、同じあそびを自分もやってみようとする姿が見られる。
●夏祭りのことを地域の人々に知らせて、たくさんの人に来てほしいと期待を膨らませている。

◎夏の生活の仕方を知り、健康に過ごす。(ア)(イ)〔第3週～第4週〕
○暑い日の過ごし方や熱中症について知る。
〔第2週～第3週〕
○地域の人や小学生とゲームや盆踊りをする。
○自分たちで作ったみこしを担いで練り歩く。
◎友達と試したり工夫したりして、あそぶことを楽しむ。(ウ)(カ)
○友達と考えを出し合い、シャボン玉を作ってあそぶ。

熱中症の対策を知る
◆熱中症についてわかりやすく話し、熱中症注意報が出たときは戸外へ出ないように声をかける。
◆熱中症にかからないためにはどうしたらよいか話し合い、戸外に行くときは帽子をかぶって日陰であそんだり、汗をふいて水分補給をするよう言葉をかける。自分から気づいてできるように、子どもの様子を見て、個別に言葉をかける。

夏祭りをより楽しくするために
◆夏祭りでは友達やおうちの人だけでなく、地域の人や小学生と盆踊りやゲームなどで交流する時間ももち、ふれあえるようにする。
◆外を練り歩く前に園庭で担いでみて、みこしがきれいに見える高さや角度をみんなで考える。

工夫してシャボン玉を作ろう
◆子どもたちが工夫してシャボン玉液を作れるように、よく目にする洗剤、ガムシロップ、紅茶パックなど、いろいろな素材を用意しておく。　　**詳細はP.60**
◆大、小、形の違いが楽しめるように、ハンガーなどいろいろな道具を用意する。　　**詳細はP.60**

第4週

●暑さで体調を崩し、食欲が落ちている子どもがいる。
●生活やあそびのなかで、年下の子どもたちに優しくかかわる姿が見られる。
●セミなどの昆虫に興味をもち、捕まえて観察をしている。

○栄養士から、暑い日の注意点について聞く。
◎プールあそびを通して、開放感や水の心地よさを味わう。(ア)
○自分なりのめあてをもって友達と試したり、挑戦したりする。
◎夏の自然事象に関心をもち、探求心を養う。(カ)(キ)
○夏らしい気象状況に気づき、興味をもったことを調べる。

暑い日を元気に過ごす
◆栄養士が暑い日に注意することをわかりやすく話す。ジュースに含まれる糖分の量を実物の砂糖に置き換えて見せたり、甘いものや冷たいものばかり食べないよう指導したりする。また、絵本を使って寝冷えや汗の影響などを伝える。

プールをより楽しむために
◆水の中で友達とあそぶことを楽しめるように音楽を流し、一緒に輪になったり、音楽に合わせて動きを考えたりと、イメージを共有して表現できるようにする。　**詳細はP.59**
◆それぞれに自分のめあてをもって「できた」「おもしろい」という満足感から次の目標をもったり、やり方を工夫しようとする気持ちがもてるよう、ひとりひとりの取り組みに応じた対応や援助をしていく。

夏の自然にふれるなかで
◆入道雲、夕立などの雷や激しい雨を観察し、気づいたことを出し合いながら、子どもの関心が向くようにする。また、興味をもったことを調べられるように、気象に関する本を用意しておく。

夏の行事への期待をみんなの達成感につなげて
そろそろ夏祭りという時期になり、保育室の横の廊下にみこしの台を置き、はっぴを掲示した。子どもたちはそれを見て、昨年の夏祭りの楽しかったことを思い出し、期待を膨らませ始めた。そこで、今年はどういう夏祭りにしたいか話し合った際、それぞれが自分の思いを出し、友達の考えを受け入れつつ話し合えた。話し合いによって具体的にイメージを共有できたことで準備もスムーズに進められた。夏祭り当日には、盆踊りやみこしの練り歩きを通して、地域の人からも言葉をかけてもらい、より達成感が感じられたようだった。

7・8月 指導計画

7月の指導計画 幼稚園

7月のねらい
- ◎お泊まり会の経験を通して、クラスの仲間との関係を深め、自信をつける。
- ◎話し合いのなかで自分の意見を伝えようとする。
- ◎飼育物や栽培物の変化や成長を感じ、大切にしようとする気持ちをもつ。

※幼児期の終わりまでに育ってほしい姿　(1)健康な心と体　(2)自立心　(3)協同性　(4)道徳性・規範意識の芽生え　(5)社会生活との関わり

第1週

前週末の子どもの姿
- ●容器に雨水をためてあそぶなど、梅雨時季ならではのあそびの楽しさを感じ、繰り返し試している。
- ●意見を通そうとする気持ちからけんかになるが、教師と一緒にどうすればよいか考えるようになってきた。

ねらい・内容
- ◎話し合いのなかで自分の意見を伝えようとする。(4)(9)
- ○話し合いのなかで自分の意見を言う。
- ○グループのメンバーやグループ名を話し合って決める。
- ◎気の合う友達とあそびを進めていくことを楽しむ。(3)(9)
- ○友達とイメージを共有してあそぶ。
- ◎七夕について知り、友達と楽しんで活動に取り組む。(8)(10)
- ○心を込めて短冊に願い事を書く。
- ○友達と一緒に七夕飾りを工夫して作る。

環境・援助・配慮のポイント

話し合いに主体的に参加するために
- ◆毎日少しずつお泊まり会で行うことを知らせ、楽しみにできるようにしていく。　　　　　　　　　　　**詳細はP.56**
- ◆同じグループになりたい友達や、グループ名を話し合いで決めることを提案し、そのなかでそれぞれが思いを出せているか丁寧に見ていく。思いを伝えられない子には、話す場を作り、意見を出せるよう援助していく。　　**詳細はP.56**

友達とあそびを進める楽しさを
- ◆子どものイメージに共感する。子ども同士のイメージが食い違っている場合は、教師が聞き役になり、ひとりひとりの思いを整理したり、相手の子も一緒に話が聞けるように声をかけたりしながら、イメージを共有できるようにする。

七夕に興味をもてるように
- ◆七夕の由来を伝えたり、絵本を読んだりして、短冊に願い事を書く意味を伝えていく。自分で書けるよう励ましながら、難しいところを個々に援助していく。　　　　　　　**詳細はP.57**
- ◆笹飾りは異年齢で一緒に作れるコーナーを設定する。友達と一緒に、刺激を受け合いながら自由に作れるように、工夫している姿を周りにも伝え、認めていく。　　　**詳細はP.57**

第2週

前週末の子どもの姿
- ●暑くなってきて、園内の小川で水あそびをするために、自分たちで掃除をしている。
- ●お泊まり会に行くことを楽しみにしている子もいれば、不安に思っている子もいる。

ねらい・内容
- ◎水あそびの身支度を身につける。(1)
- ○見通しをもって、水あそびの準備をする。
- ◎お泊まり会の準備を通して、友達と一緒に期待をもつ。(3)(9)
- ○おみやげの箱やグループフラッグを作る。
- ○バスの中での活動をみんなで考える。
- ◎苗の生長や変化を感じる。(7)
- ○主体的に水やりをする。

環境・援助・配慮のポイント

自分たちで取り組むために
- ◆水あそびをするときの支度は、見通しをもって行えるようにやり方を確認し、自分たちで進んで取り組めるように着替える場所を設定しておく。

お泊まり会が楽しみになるように
- ◆大きめの旗を準備しておき、ひとりひとりが自分の顔やお泊まり会で楽しみなことをかいた絵をはり、自分がグループの一員であることやグループの友達を意識できるようにする。
- ◆現地で見つけた葉や石などの自然物をおうちの人にお土産として渡すことを提案し、お土産ボックス作りをする。その際、富士山の写真などを見せ、イメージがわくようにする。
- ◆バスの中でどんな活動をするかアイディアを出し合い、みんなで決めていく。

水やりの大切さに気づく
- ◆暑い日の苗の様子を話し、苗の気持ちを考えられるように投げかける。水をからさないように気にかけていく大切さを伝えながら、子どもたちと一緒に水やりをしていく。

振り返り・評価・改善

「自分の思いを友達に伝える」について
お泊まり会での話し合いを通して、まずは自分の思いを言うことを大事にしていった。思いが言える子、なかなか自分からは言えない子、自分の意見が通らずに納得できない子などいろいろな姿があった。意見を言うのが苦手な子には賛否を挙手で伝えられるように援助し、話し合いに参加している意識がもてるようにしていった。この経験を通して、意見を言ったり、聞いたりしながらみんなで決めていくこと、話し合いがどういうものなのかということを知る第1歩になったと思う。2学期は自分たちで話し合って決めていくことに意欲的に参加し、相手の意見もよく聞いていくことが、子どもたち同士でできるようにしていきたいと思

	家庭との連携		教材資料		7月の予定

家庭との連携
・お泊まり会の説明会を開き、行程や持ち物を伝えると同時に、活動のねらいや当日までの過程も大切にしていることを伝えていく。
・個人面談では、1学期の成長の喜びに共感したり、園への協力に対する感謝を伝えたりしたうえで、夏休みの過ごし方についても確認する。

教材資料
 うた　ヤッホッホ！夏休み
（作詞＝伊藤アキラ　作曲＝小林亜星）
そらにてんてんおほしさま
（作詞＝まど・みちお　作曲＝湯山 昭）
 うた あそび　タタロチカ
動物音頭
絵本　カブトくん（こぐま社）

7月の予定
・お泊まり会
　（7月11～12日）
・個人面談
・終業式

(6)思考力の芽生え　(7)自然との関わり・生命尊重　(8)数量や図形、標識や文字などへの関心・感覚　(9)言葉による伝え合い　(10)豊かな感性と表現

お泊まり会（1泊2日）

●お泊まり会に行くことを楽しみにし、準備に意欲的に取り組んでいる。
●友達と誘い合って自分たちで身支度をし、水あそびを楽しんでいる。

◎お泊まり会に参加し、自信をつける。(2)
○自分でできる身の回りのことを自分でする。
◎クラスの友達と一緒に過ごし、仲間関係を深める。(3)
○友達と一緒にお泊まり会ならではの体験をする。
◎豊かな自然体験をする。(7)
○林を散策したり、自然あそびをする。
○湖畔であそぶ。

できることは自分たちで
◆荷物の整理整とん、食事の片付け、布団の上げ下ろしなど自分たちで行う部分も作り、できたことを認め、自信になるように声をかけていく。

クラスの友達との仲が深まるように
◆布団の上げ下ろしを友達と協力して行ったり、不安で泣いている友達を励ましたり、気持ちを共感している姿を認めながら、友達といろいろな体験を共有できるようにする。

自然あそびを楽しめるように
◆顔色、食欲などの健康状態を把握し、体調の変化に気を配っていく。
◆2日間と長いので、無理のない行程で進んでいけるようにし、あらかじめ下見をして危険な場所などを把握しておく。
◆散策では空気の気持ちよさ、湖のきれいさ、富士山の偉大さ、森の様々な植物などの自然を五感で感じられるよう言葉で表し、友達と共感できるようにする。
◆湖畔であそぶときは気持ちを開放して過ごせるように、石を投げたり、水にふれたり、声を合わせて湖に向かって大きな声を出したりして、友達と一緒に楽しめるようにする。

第3週

●おうちの人と離れて1泊できたことを、教師やおうちの人に認められて喜んでいる。
●飼育動物の世話や植物への水やりを率先して行う子がいる。

◎健康に夏休みを過ごせるようにする。(1)(3)
○夏休み中の生活の仕方を知る。
◎1学期の終わりを知り、夏休みを楽しみにする。(1)(2)
○自分のロッカーを掃除する。
◎動植物を夏休み中も大切にしようとする。(7)(8)
○苗の生長を確かめ、無事に育つよう願う。
○夏休み中の飼育物の世話について考える。

健康に夏休みを過ごす
◆夏休み中も規則正しい生活を送ること、手伝いをすることを伝え、週ごとの目標やお手伝いしたことを保護者と書き込む手帳を用意して渡す。

節目に掃除をする
◆夏休み前にロッカーを掃除することを伝え、自主的に取り組めるよう掃除用具を準備する。また、ぞうきんをしっかり絞る、隅までふく、物をしまうなど、丁寧に行えるよう伝えていく。掃除後はきれいになった気持ちよさを感じられるよう声をかけ、日ごろからきれいに使うことを再確認する。

飼育物や栽培物の世話が必要なことを感じる
◆園便りで、飼育動物を休み中に預かってくれる人を募集し、クラス全員に預かってくれる家庭を紹介したり、園で教師が世話をしていることを話したりして、大切に飼うこと、毎日の世話が必要なことを伝えていく。
◆苗の生長をクラスみんなで測りに行き、夏休み中に無事に育つことが期待できるようにする。休み中にどれだけ大きくなるかを予測したり、8月にお米の観察会があることを知らせたりして、観察会が楽しみになるようにしていく。

7・8月 指導計画

う。

「お泊まり会」を通して
教師と子ども、子ども同士が気持ちを共有する体験がたくさんあり、信頼関係が一段と深まる行事となった。また、子どもたちは不安そうだったが、おうちの人と離れて過ごせたことは自信になったと思う。宿泊中は自分でできたことや、友達と協力している姿を認めていくよう心がけた。今後、クラス一体となって取り組むことが増えていくなかで、クラス全体でどんな経験が必要になるのかをしっかりと吟味しつつ1学期を振り返り、個々の姿や課題をとらえて援助していきたい。

※第4週目から夏休み。

8月の指導計画 保育園

8月のねらい
- ◎夏の生活の仕方を身につける。
- ◎友達とイメージを出し合いながらあそびを進める。
- ◎夏ならではのあそびを通して友達とのかかわりを深めていく。
- ◎夏の自然に興味や関心をもち、親しむ。

※幼児期の終わりまでに育ってほしい姿　(ア)健康な心と体　(イ)自立心　(ウ)協同性　(エ)道徳性・規範意識の芽生え　(オ)社会生活との関わり

第1週

前週末の子どもの姿
- 暑さのため食欲が落ちたり、生活リズムや体調を崩したりする子どもがいる。
- プールあそびのなかで、できることが増えた。

ねらい・内容
- ◎夏の生活の仕方を身につける。(ア)(キ) 〔第1週～第2週〕
- ○体の仕組みについて話を聞く。
- ○意欲的に食事をしたり、自分から水分補給をしたりする。
- ◎自分なりの目標をもち、繰り返し取り組み、自信をもつ。(イ)
- ○自分の目標を決め、繰り返し挑戦する。
- ○プール大会で得意なことを披露する。
- ◎収穫した夏野菜に興味や関心をもつ。(カ)(キ)
- ○色や形、数量などに関心をもち、確認する。
- ○収穫した野菜を食べる。

環境・援助・配慮のポイント

夏を健康に過ごすために
- ◆食事や水分補給が大切なことがわかるように、絵本を使って体の仕組みを知らせ、自分から進んで食事をし、水分補給をこまめに行えるようにする。

プール大会を自信につなげる
- ◆翌日のプール大会に向けて自分の目標を決め、それに向かって意欲を高めて取り組めるように、わずかな成長も認めて励まし、自信につながるようにしていく。
- ◆プール大会では、得意なことや泳ぎを保護者や年下の友達、保育士に見せ、頑張ってきたことを認め合う機会をつくり、満足感や達成感を味わえるようにし、今後の活動への意欲につなげていく。

夏野菜に関心を
- ◆収穫した野菜を見たり、ふれたり並べたりして大きさや形、数を比べる時間をとり、子どもたちが気づいた野菜の生長の変化や発見などに共感していく。
- ◆収穫した野菜の素材そのものの味を味わえるよう調理してもらい、食べることを通して食への関心をもち、健康のために必要な食べ物の大切さにも気づけるようにする。

評価・振り返り・改善
プール大会を意欲につなげる
プールあそびを楽しむなかで、水に抵抗がある子どもも徐々に水に親しめるようになってきた。プール大会ではできなかったことができるようになった姿を保護者に見てもらいたいので、大会の前に友達同士で見せ合う機会をつくった。友達と頑張りを認め合うことで自信をもち、刺激を受けて挑戦したりして、プール大会への意欲につながった。プール大会後は、この達成感を今後の活動の意欲につなげていきたい。

第2週

前週末の子どもの姿
- 夏野菜の生長を観察し、収穫することを楽しみにしながら、世話をしている。
- 年下の友達にあそびを邪魔されるとトラブルになる。
- プール大会の話で友達と盛り上がっている。

ねらい・内容
- ○清潔に気を付けて過ごす。
- ◎夏ならではのあそびを通して友達とのかかわりを深めていく。(ウ)(カ)
- ○水や泥などの感触を味わい、友達と工夫してあそぶ。
- ○異年齢で一緒にあそび、親しみをもつ。
- ◎友達とイメージを出し合いながらあそびを進める。(ウ)(エ) 〔第2週～第3週〕
- ○様々な用具や材料を使ってあそぶ。
- ○友達と考えや思いを伝え合いながらあそぶ。

環境・援助・配慮のポイント

清潔に保つことを心がけて
- ◆汗をかいたらふいたり、温水シャワーを浴びたりして、清潔を保つ気持ちよさを味わえるようにする。

様々な水あそびを異年齢で楽しむ
- ◆友達と工夫したり考えたりしてあそびを進められるように、水あそびに必要なじょうろ、ペットボトル、手作りおもちゃなどの用具を準備する。
- ◆水や泥を使って、夏ならではのあそびを異年齢で満喫できるようにする。年下の子とのかかわり方を伝えながら、親しんでいけるように必要に応じて仲立ちをしていく。
- ◆年下の子があそびをまねしようとしていることに気づき、5歳児としての自信や思いやりの気持ちがもてるように「小さい子に教えてくれたのね。ありがとう」などと認める。

好きなあそびを楽しんで
- ◆室内のあそびが混雑しないように写し絵、積み木、製作、ままごとなどのあそびコーナーを設定し、素材や遊具を十分準備し、落ち着いてあそべるようにする。
- ◆友達と相談したり、試したりしながら話し合っている過程を大切にじっくりと見守り、必要なときに援助していく。

家庭との連携	教材資料	8月の予定
・暑さから体力や食欲が落ち、体調を崩しやすいため、家庭でも食事や睡眠などに留意して、生活リズムを整える大切さを伝えていく。 ・プール大会の内容を知らせ、子どもたちが意欲的に取り組んでいる姿を伝え、当日は見学に来てもらえるよう呼びかける。	**うた** せみのうた(作詞＝さとう・よしみ　作曲＝中田喜直) 花火(作詞＝井上赳　作曲＝下総皖一) **うた あそび** すいかの名産地 いか・かに・ちょうちんあんこう！ いわしのひらき **絵本** ロボット・カミイ(福音館書店) おしいれのぼうけん(童心社) 花さき山(岩崎書店)	・プール大会　・誕生会　・避難訓練 **食育** ・自分たちで育てた野菜を収穫し、興味や関心をもつ。 ・体と食べ物の関係に関心をもち、食べ物と体のつながりや仕組みを知る。

(カ)思考力の芽生え　(キ)自然との関わり・生命尊重　(ク)数量や図形、標識や文字などへの関心・感覚　(ケ)言葉による伝え合い　(コ)豊かな感性と表現

第3週

- ●落ちている花に気づき、拾い集める子がいる。
- ●自分の思いや主張を通そうとして、友達とトラブルになることがある。

◎盆休み後の生活リズムを整える。(ア)
○休息を心がけ、生活リズムを取り戻す。
◎自然物や絵の具を使い、色水あそびを楽しむ。(コ)
○様々な色水の混ざり方や色の変化に気づく。
○花や葉をつぶして色水を作る。

○友達の考えを受け入れ、協力しながらあそぶ。

休み明けの生活リズムを整える
◆静と動の活動のバランスを考え、体を動かしてあそんだ後はゆったりと過ごし、ひとりひとりの食事量にも配慮して生活リズムを整えていく。

水の量や色の変化を楽しむ
◆色水あそびに必要な用具や材料を使いやすいように子どもと一緒に分類したり、準備したりする。絵の具を使い過ぎたり、水を入れ過ぎたりしないよう、一緒に確認しながらあそぶ。
◆花びらのほか、葉っぱなど様々な自然物を使って色水を作ることも提案し、保育士が気づいたことを伝え、子どもたちの発見に共感していく。

友達とのあそびが広がるように
◆あそびのなかでトラブルが起きたときは、自分の思いを伝えるだけでなく、友達の意見や考えを聞いて受け入れ、我慢したり、折り合いをつけたりできるように話をしていく。
◆子どもの発想や工夫を認め、周りの子どもたちに伝え、あそびが広がるようにきっかけをつくっていく。

第4週

- ●ヒマワリやアサガオの種に気づく子どもがいる。
- ●色水のジュース屋さんごっこを年下の子と楽しんでいる。
- ●絵の具やカップなどの用具類の使い方や片付け方が乱雑になる子が多い。

◎共有物の整理整とんを身につける。(ア)(エ)
○あそびに使った物を片付ける。
◎運動あそびを楽しみ、思い切り体を動かす。(ア)(イ)
○様々な運動あそびをする。
◎自分が経験したことや感じたことを表現して楽しむ。(コ)
○自分の経験を保育士や友達に話したり、聞いたり、絵にかいたりする。
◎種採りを通して植物の生長や変化に興味をもつ。(キ)(ク)
○ヒマワリの種採りをし、種を使ってあそぶ。

共有物を自ら片付けられるように
◆あそびから片付けへ気持ちを切り替えられるように、タイミングよく声をかけ、片付けを始めた子どもの姿を認める。

運動会に向けて体を使ったあそびを楽しむ
◆跳び箱、マット、平均台などを用意し、体を使ってあそぶことができる場を設定する。また、あそびの前には約束事などをみんなで確認し、安全にあそべるようにする。
◆苦手意識や恐怖心をもっている子には、ゲーム形式であそぶことから始め、楽しさを伝えていく。
◆自分から挑戦する気持ちや、頑張っている姿を認め励まし、必要に応じて補助しながら意欲を高める。

表現することを楽しもう
◆夏に経験したことを自由に表現できるように用具や場を用意し、絵や話を発表する機会を設ける。

採取したヒマワリの種であそぶ
◆採った種を数えたり、比べたりすることで、数や量に関心がもてるようにしたり、種屋さんごっこをするなどあそびに取り入れて楽しめるようにする。

詳細はP.61

7・8月指導計画

いろいろな友達とのかかわり
夏休みをとる子が増えるので、年下の子と交流する機会を普段より多くもつようにした。自分たちのあそびに興味をもった年下の子があそびに加わると、思いの違いからトラブルが起こることもあった。しかし、子どもの気持ちを大切にして、思いどおりにいかないことも我慢したり、譲ったりする姿を認めていくようにかかわったところ、5歳児としての自信や思いやりの気持ちをもってかかわる姿が見られるようになってきた。

8月の指導計画 幼稚園

8月のねらい

◎夕涼み会を友達や家族と一緒に楽しむ。
◎苗の生長を確かめ、お米の収穫に期待をもつ。
◎夏期保育で友達や教師との再会を喜び、2学期に期待をもつ。
◎主体的に掃除し、きれいにした達成感を味わう。

※幼児期の終わりまでに育ってほしい姿　(1)健康な心と体　(2)自立心　(3)協同性　(4)道徳性・規範意識の芽生え　(5)社会生活との関わり

夏休み中に行うこと / 夕涼み会

当日の子どもの姿

夏休み中に行うこと

（夏休み）

夕涼み会
- 昨年の夕涼み会を思い出し、楽しみにして登園してくる。
- 自分でやりたい縁日のコーナーであそび、楽しんでいる。
- 保護者と一緒に縁日のコーナーであそんだり、演奏に合わせて歌をうたったりしている。

ねらい・内容

（夏休み）

◎夕涼み会を通して、日本のお祭りの雰囲気を味わう。(5)
○浴衣を着て、太鼓が鳴るなかで盆踊りをする。
◎たくさんの人が夕涼み会にかかわっていることを感じる。(5)(8)(9)
○家族と一緒に夕涼み会に参加する。
○縁日のゲームや、屋台での買い物を通して、いろいろな人とやり取りをする。

環境・援助・配慮のポイント

夏休み中に行うこと

◆子どもへ暑中見舞いはがきを送る
・休み中も幼稚園のことを思い出したり、夏期保育を楽しみにしたりできるように、子どもに暑中見舞いを書いて郵送する。
・はがきのイラストの外枠は印刷し、色付けを職員全員で行い、担任の教師がひとりひとりにメッセージを書く。

◆1学期を振り返る
・子どもの製作物をフォルダに整理する。
・個々の子どもの育ちをまとめ、今後の課題を考える。
・自分の保育を反省、評価し、2学期への課題を提示する。

◆研修に参加し、課題に取り組む
・園外研修。
・講師を招いての園内研修。
・園長と面談し、教師の課題を決める。

◆動植物の世話を交代でする
・栽培しているもち米の田んぼにスズメよけの網を張る。
・園で飼育しているウサギ、カメ、モルモットの世話をする。

夏祭りならではの雰囲気を感じ、楽しめるように

◆夕涼み会では、夕方から集まるように呼びかけ、縁日や屋台で使えるチケットを渡し、保護者と一緒に自由に園内を回れるようにする。
◆浴衣や甚平を着た子どもたちに、「似合っているよ」「すてきだね」と声をかけ、夏祭りを楽しんでいる子どもたちの気持ちに共感していく。
◆事前に盆踊り用のやぐらを設定しておく。保護者には子どもたちに親しみのある盆踊りの曲に合わせて太鼓をたたいてもらい、本物の音の迫力にふれながら、友達と一緒に楽しんで踊れるようにする。

いろいろな人と交流できるように

◆縁日のゲームであそぶときや、屋台でのやり取りのときは、当番の保護者と子どもたちの間に入りコミュニケーションが楽しめるように声をかけていく。
◆カラオケ、輪投げ、射的など、親子一緒に楽しめるゲームを用意しておく。

評価・振り返り・改善

2学期に向けて

久しぶりの登園だが、子どもたちは園であそべることや友達や教師に会えることを楽しみにして、喜んで登園してきた。水あそび、昆虫採集や夏野菜の収穫など、夏のあそびをする子や、1学期にしていたあそびをする子など、多くの子がやりたいあそびを友達と一緒に楽しむことができきた。また、2学期の話をすることで、新学期に期待をもてたと思う。休み明けは残暑も厳しく、生活のリズムが崩れている子もいるので、自分で体調管理を行うことの重要性を伝えていきたい。また、1学期の成長と共にひとりひとりの課題や目標を再確認し、保育を進めていけるように心がけていきたい。

※8月は夏休み。

家庭との連携	教材資料	8月の予定
・お米の観察会に子どもと一緒に参加して、生長に共感し、今後もお米作りの取り組みに興味をもって家庭で話題にするよう伝える。 ・夕涼み会で屋台やゲームの当番として、協力してくれる保護者を募る。また、協力してくれる保護者も自由時間をもてるように、当番表を作成しておく。	**うた** ツッピンとびうお （作詞＝中村千栄子　作曲＝櫻井 順） **うた あそび** 水中メガネ たけやぶのなかから **絵本** ありとすいか（ポプラ社） お化けの真夏日（ＢＬ出版）	・夕涼み会 ・お米の観察会 　（夏休み中、5回） ・夏期保育 ・大掃除

(6)思考力の芽生え　(7)自然との関わり・生命尊重　(8)数量や図形、標識や文字などへの関心・感覚　(9)言葉による伝え合い　(10)豊かな感性と表現

お米の観察会

- ●友達や保護者と一緒に苗の生長や変化を見て、気づいたことを伝え合っている。
- ●苗に水が必要なことに気づき、進んで水やりをしている。
- ●お米の花や稲穂を見て、大きな変化に喜んでいる。

◎栽培物の生長や変化に気づく。(7)(8)(9)(10)
○苗に水やりをする。
○お米の花や稲穂を見たり、米粒を食べてみたりする。
○気づいたことや苗の様子を話したり、絵で表現したりする。

苗の生長を感じるために

◆お米の観察会を夏休み中に5回設けて、各自が来られる日に来園できるようにする。小さな花をよく見たり、緑の稲穂の皮をむいて米粒を観察したり、生のまま食べてみたりすることで、お米ができ始めたことを実感できるようにする。観察会に来られない子もいるので、休み明けに見られるように写真を撮っておく。

◆観察を行う前に苗の様子を見ておき、子どもに気づいてほしいところや伝えたいことを確認しておく。

◆夏休み前に身長計に付けた印と今の状態を比べてみるように声をかけて、生長を感じられるようにする。また、友達や保護者と水やりを行えるようにし、さらなる生長を楽しみにできるようにしていく。

◆子どもの気づいたことが、友達にも伝わるように声をかけたり、教師からも発信したりしていくことで生長に興味をもてるようにしていく。クラスに戻った後は、苗の生長を絵で表現できるよう、ペンや紙を準備しておく。また、かいた物をファイルにまとめ、夏休み明けにクラスのみんなで見て、共有できるようにする。

◆お米を守るためにネットをつけたことを伝えたうえで、スズメのことも考えられるよう問いかける。

夏期保育・大掃除（登園日）

- ●自分のやりたいあそびや、夏ならではのあそびを友達と一緒に楽しんでいる。
- ●久しぶりに友達や教師と会えたことを喜び、おしゃべりをしている。

◎（夏期保育）友達や教師との再会を喜び、好きなあそびを楽しむ。(1)(9)
○夏ならではのあそびをする。
○あそびを選んで友達と一緒に行う。
◎（大掃除）主体的に掃除し、きれいにした達成感を味わう。(2)(4)
○5歳児の任された場所を丁寧に掃除する。

夏ならではのあそびを楽しめるように

◆久しぶりに会えたうれしさを言葉にして伝えていく。夏期保育では昆虫採集、プールあそびなど夏らしいことをしたり、1学期にしていたあそびを設定しておき、やりたいあそびを選んで楽しめるようにする。

◆セミなどにふれられるように、園庭を探してみるよう声をかける。また、興味がもてるように本や捕虫網、飼育ケースなどを園庭に持ち出せるように準備しておく。

◆夏野菜を収穫して食べるときは、包丁やまな板、お皿などの準備を子どもたちと一緒に行う。また、異年齢で分け合って食べることを5歳児のリードでできるよう援助する。

主体的に掃除をするために

◆園庭の水道掃除、排水溝の泥を取り出す、マットを洗うなど3・4歳児とは違う場所の掃除を5歳児に任せ、やりたいところを自分で選択することで主体的に取り組めるようにする。　**詳細はP.62**

◆ほうきや園芸用スコップなど普段使わない道具の使い方を教え、よりきれいにできるようにする。　**詳細はP.62**

◆意欲的に丁寧に掃除をしている姿を認めたり、きれいにする気持ちよさを感じられるよう声をかけていく。

7・8月指導計画

「お米の観察会」について

花が咲いたり、稲穂がついたり、大きな変化に気づいて喜んだり、感動している姿が見られた。また、親子で登園しているので、生長の感動を共感するよい機会になったと思う。観察会に来られない子もいるが、2学期の初めに、参加した子から様子を聞く場を設けたり、写真を見せたりすることで、クラスのみんなで収穫を楽しみにする気持ちにつなげていきたい。

7月8月の保育資料

お泊まり会の話し合い

指導計画 P.50

初めての宿泊保育。みんなで話し合い、準備を進めながら、具体的なイメージがもてるようにしていきます。

こんなふうに

●グループ分けをしよう

お泊まり会では、夜寝るときに2つのグループに分かれることを伝え、今からそのグループを決めようと投げかける。
だいたい1クラスで6～8つのグループができる。それを保育者が組み合わせて2グループに構成することを伝え、1日目の話し合いは終了。

「まずは、一緒に寝たい友達同士でグループを作ってね。2つでもいいし、もっとたくさんになってもいいよ。」

このような表示によって、どんな所でどんなことをするのか、イメージがわきやすくなる。

●グループ名を出し合おう

前日の話し合いの後に保育者が決めた2グループを発表し、グループごとに話し合ってグループ名を決める。なんでもよしとすると意見が出すぎてしまうので、「園で育てているもの」「好きなあそび」など、テーマを提示する。
まず、どんな名前がいいかを自由に出し、ある程度挙がったところで、多数決。挙がった名前を保育者が1つずつ読み上げ、子どもは、いいと思うもの1つに手を挙げる。

実践者より

1回も手を挙げない子には、保育者が「○○ちゃんはどれがいい？」と個別に声をかけます。手を挙げることは意思表示のひとつ。みんなの前で意見を言うことが難しくても、挙手で話し合いに参加しているという意識をもてるようにかかわっていきます。

子どもたちから挙がった名前を、保育者が紙に書いていく。

多数決をとり、最終候補を3つに絞り込む。

●どうやって決めよう

多数決によってグループ名を3つくらいに絞り、そこから1つに決める方法を考える。「最後は多数決以外の方法にしよう」と保育者が提案。いろいろなアイディアが挙がる。

最終候補3つを紙に書き、ボールを投げて当たった名前に決定する。

話し合いの際は、「自分の思っていること、考えはみんなの前で言っていいんだよ」と伝えたうえで、
①友達が話しているときは、最後まで聞く
②発言するときは、手を挙げてから
といった基本的なルールを確認し、身につくようにしていきます。その繰り返しにより、ゆくゆくは、子ども同士での話し合いができるようになっていきます。

七夕を知って取り組む

指導計画 P.50

七夕の由来や行事の内容についてより理解し、興味をもって取り組めるように働きかけていきます。

こんなふうに

園庭やピロティーにコーナーを設定。子どもたちは、自由な時間のなかで個々に短冊に願い事を書いていきます。コーナーには折り紙、包装紙や色画用紙の切れ端などを準備し、短冊だけでなくいろいろな笹飾りを、好きなときに自由に作れるようにしました。

保育者が用意した短冊から好きな色を選ぶ。

短冊に書く前に「どんなことを書く?」と聞くと、子どもたちからいろいろな願い事が挙げられました。その後、「"○○が欲しい"というのはクリスマスにサンタさんにお願いすること。七夕は"できるようになりたいこと""大きくなったらなりたいもの""こうなったらいいなと思うこと"をお願いするんだよ」と伝えました。

わからない文字はひらがな表を見たり、保育者に教わったりしながら書く。

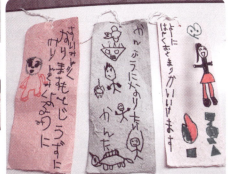

思い思いの願い事が書かれた短冊。

作った飾りは自分で笹に付ける。

みんなで楽しむプールあそび —— 指導計画 P.48、49

プールが大好きな子も、少し苦手意識がある子もみんな楽しくプールに入れるよう、あそび方を工夫しました。

忍者になって

みんなで忍者になりきり、忍法を身につける感覚で、プールの中でのいろいろな動きに挑戦します。
※水位は子どものひざくらいまで。

滝修行

プールに入る前にシャワーを浴びる。
※水の冷たさなどに慣れてきたらきちんと体を洗うよう声をかける。

忍法水中横歩き

みんなでしっかり手をつないでいっせいに回り、プールに渦巻きを作る。流されてみたり、流れに乗って泳いでみたりするのも楽しい。
※ふざけてはいけないことを話してから始める。

忍法花咲かせ

みんなで輪になって手をつなぎ、おしりをプールの底につけて座る。「せーの」の合図でいっせいに後ろに倒れて足を上げる。プールに花が咲いたようになる。
※手を離すと沈んでしまうので、しっかり握るように伝える。

忍法輪くぐり

保育者がフープを水面に垂直に立てて持つ。ワニ泳ぎ、け伸び、バタ足など得意な泳ぎ方でくぐり抜ける。

フープの高さをいろいろ変えると、難易度も変わる。

忍法お宝探し

プールの底に沈めた宝（短く切ったビニールチューブ、ビー玉、おはじきなど）を拾う。保育者が「○個拾いましょう」と言ったり、グループ対抗で拾った数の合計を競い合ったりすると、数への意識も高まる。

音楽に合わせて

プールで友達と輪になったり回ったりしているうちに、女の子数人が歌いながら水中で踊り出しました。保育者が「楽しそうね」と声をかけると、そのなかの1人が「みんなでやろうよ」と友達に呼びかけます。そこで、4月から親しんでいた体操の曲をかけ、子どもたちの好きな動きを取り入れながら、水中ダンスを楽しみました。

「来月のプール大会で、発表しよう!」と張り切って踊る子どもたち。

いかだを作って

用意する物
四角いペットボトル(2ℓ)、カラーセロハン、ビーズ、ビニールテープ、布ガムテープ

作り方
① ペットボトルをよく洗い、中にカラーセロハンやビーズなど軽くてきれいな物を入れる。キャップをきつく締め、ビニールテープを巻きつける。

② ①を数本用意し、好みの大きさになるように並べ、布ガムテープでしっかり巻きつける。

あそび方
作ったいかだをプールに浮かべ、いろいろなあそび方を工夫して楽しみました。

手で波を起こし、どちらが速くゴールへ進めることができるか。

ビート板がわりにして泳ぐ。リレーにしても楽しい。

上に座ってバランスをとり、だれが長く座っていられるかを競う。

大きめのいかだを作り、数人で一緒に乗ってあそぶ。

7・8月 保育資料

エピソード・いろいろなシャボン玉

指導計画 P.49

シャボン玉の液作りを通して、友達同士で相談しながら、いろいろ試し、工夫する経験をしました。

こんなふうに

より大きくて丈夫なシャボン玉を作りたいということで、子どもたちと一緒にシャボン玉液の作り方が書いてある本を見ながら、材料を用意。ぬるま湯と液体洗剤から始めて、1日1つずつ材料を加えていき、数日間かけていろいろなシャボン液作りに挑戦しました。

1日目…ぬるま湯と液体洗剤を混ぜて作る

計量カップに材料を入れ、混ぜ合わせる。シャボン玉はすぐにできたので、「広い所で飛ばしたい」という子どもの気持ちにこたえ、外に出てシャボン玉あそびを楽しんだ。

2日目…1日目の材料にガムシロップを加える

シャボン玉はできるが、すぐに割れてしまう。

3日目…2日目の材料に出がらしの紅茶パックを加える

液が紅茶色に染まることから色への興味がわき、シャボン玉に光が反射して色が見えることに気づく子も。保育者は子どもの気づきに共感し、周りの子どもたちにも知らせていく。

4日目…3日目の材料にかたくり粉を加える

かたくり粉をカップに入れる。保育者は、子ども同士で量を調節しながら入れる様子を見守り、必要に応じて手伝う。
出来上がった液でシャボン玉を作ると、「きのうよりも大きくできる」と前日までとの違いに気づく子もいた。保育者は、「よく気づいたね。先生も大きいのができたよ」と気づきを認め一緒に楽しむ。

保育者があらかじめ付けておいた目盛りに合わせて粉を入れる。

 実践者より

その日の給食にかたくり粉を使用したスープが出たので、「このスープには、ある粉が入っています。なんでしょう？」と聞いたところ、「かたくり粉」と答える子がいました。調理担当者に、かたくり粉について話をしてもらい、とろみをつけるときに使用するものだと知ると、子どもたちは、「だから、（シャボン玉の液も）とろとろになったんだ」と感心した様子でした。

5日目…4日目の材料にサイダーを加える

材料を量る際、交代したり順番を決めたりしながら友達同士協力する姿が見られるようになってきた。
また、うちわの骨や針金ハンガーを丸くして布を巻いた物などを用意して、大きなシャボン玉作りにも挑戦した。繰り返し行うにつれ、液の付け方や動かし方でできる数や大きさが違うこと、動かさなくても吹いてくる風でできることなどに気づき、保育者や友達に知らせる子もいた。

 実践者より

今回、材料の分量は、保育者があらかじめ量っておいたり、カップに目盛を付けたりしましたが、子どもが自分たちで量り、調節しながら作っていたら、もっとおもしろい発見や気づきがあったかもしれません。もう少し期間を長く設け、試行錯誤しながら友達と協力する大切さを知れるように取り組めばよかったと思いました。

エピソード・ヒマワリの種採り

指導計画 P.53

ヒマワリの種の発見が「種を採ってみんなに分けたい」という思いにつながり、活動が広がっていきました。

こんなふうに
●種発見！

ある日のこと。Aちゃんが、「ヒマワリの花がなくなっている」と保育者に知らせに来たので、みんなで花壇に行きました。見ると花は枯れて茶色くなっています。1人の子が花の中央を指して「ここに種があるんだよ」と教えてくれました。しかし種がよく見えません。「ない」「どこ？」と探し始めたので、保育者が花を半分に割って見せると、「あった！」と大喜び。子どもたちは種を引っ張って採り始めました。

1つのお花から、こんなにたくさんの種が採れるんだ！

実践者より
すぐに種のある場所を教えてしまいましたが、じっくり時間をとって、種がどこにあるのか、子どもが発見できるようにしたほうがよかったと思いました。

●みんなにも分けてあげよう

たくさんの種が採れたので、園のみんなに分けてあげることに。子どもから「袋に入れる」という声が挙がったため、部屋に戻って袋作りです。折り紙を折り、テープで留めて袋状にしました。

さあ、次に種を入れるわけですが、「何個ずつにする？　足りるかな？」など子ども同士話し合っています。「みんなにあげたい。全部で何人？」と聞いてきたので「園のお友達はみんなで120人だよ」と保育者が教えると「120人！」と驚いた様子。保育者が手のひらに10個をのせて「これ10個だよ」と見せると「足りなくなると困る」「（1人）10個は多すぎるよ」と子どもたち。「じゃあ3個にしよう」「3個は少ないよ」「8個は？」「多いよ」……と子ども同士相談を始めます。結局、間をとって5個に決定しました。

●5個ってどうやって数える？

数が決まり、今度は袋詰めの作業です。「1、2、3……」と数える子がいるなかで、よくわからず困っている子も。保育者が紙にマスと数字を書き入れ、数える方法を教えると、マスに1つずつ種を置いて数えていました。
袋詰めが終わると、各クラスの人数分を保育者と一緒に数え、クラスごとに分かれて渡しに行きました。

5に赤い丸をつけておくと、わかりやすい。

実践者より

種屋さんごっこに発展
たくさんの種が余ったので、クラスでは種屋さんごっこが始まりました。商店の広告紙に載っていた注文表を見つけ、それを利用して、「何個ですか？」「2個ですね」とやり取りを楽しんだり、数字が書ける子が表に記入したりしてあそびを進めていました。保育者もお客さんとして参加し「かわいい袋でもらったよ」とほかの子どもにも見せ、あそびを広げていきました。

7・8月 保育資料

みんなで大掃除

指導計画 P.55

親子参加の大掃除日。5歳児にはみんなのために、公共の場所が割り当てられ、張り切って掃除します。

こんなふうに

年に3回設定されている親子参加の大掃除日。夏休み中の1日に割り振られた親子が登園します。

まずクラスごとに集合し、掃除内容の説明を聞きます。5歳児の場合は、親子一緒にクラスの床の水ぶきをした後、親と子に分かれて、それぞれの担当場所を掃除します。

5歳児の担当の仕事
やることを黒板に書き出して説明。子どもたちは、自分でやりたい場所を選ぶ。

トイレや玄関のマット洗い
洗剤を付け、タワシやデッキブラシで洗う。

園庭の流し台洗い
洗剤を付けて、タワシで洗う。やっているうちに力の入れ方がわかってくる。

落ち葉掃き
散らばっている落ち葉を、ほうきで掃き集める。

排水溝の泥出し
スコップで泥をかき出し、バケツの中に。バケツがいっぱいになったら、所定の場所に運ぶ。

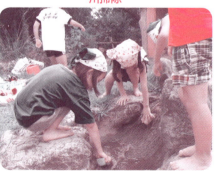

川掃除
ビオトープの川にたまった泥を出し、タワシで磨く。

実践者より

いろいろな道具の使い方を学ぶ

5歳児は、ほかの年齢に比べて使う道具の種類も多くなります。使い慣れない物もあるのですが、それぞれやりやすい持ち方があること、スコップも用途によって使う種類が違うことなど、実際にやりながら覚えていけるように声をかけています。

「年長って大変!」

5歳児の仕事分担は多いのですが、「年長だから特別な仕事を任された」という喜びを感じるようです。「大変だよな〜」と言いながらも張り切って取り組み、「あっちもやらなくちゃ」「ここも、まだ汚れているよ」など、友達同士声をかけ合う姿も見られました。

9月 10月 11月 12月
指導計画と保育資料

指導計画と保育資料は連動しています。

9月の指導計画 保育園

9月のねらい
◎健康な生活に必要な習慣を身につける。
◎友達と運動会に向けて、協同的に活動することを楽しむ。
◎生活やあそびのなかで数量や文字に関心をもつ。

※幼児期の終わりまでに育ってほしい姿　（ア）健康な心と体　（イ）自立心　（ウ）協同性　（エ）道徳性・規範意識の芽生え　（オ）社会生活との関わり

第1週

前週末の子どもの姿
- 夏の疲れから体調を崩す子どもが多くなっている。
- プールあそびで自信がつき、活発に運動あそびをしている。
- 異年齢児の世話をしたり、仲立ちをしたりしてかかわるなかで、少しずつ年長としての自覚が出てくる。

ねらい・内容
◎健康な生活に必要な習慣を身につける。（ア）
○水分補給、休息を意識して行う。
○手洗い、うがい、汗ふき、着替えを自分から進んでする。
◎様々な体を動かすあそびに取り組み、心地よさを味わう。（ア）（コ）
○運動あそびやダンスをする。
○遊具や用具を使ってあそぶ。
◎友達とあそぶなかで、考えを出し合ってあそびを進める。（ウ）（ケ）
○自分の思いを話したり、友達の考えを聞いたりする。

環境・援助・配慮のポイント

夏の疲れと清潔に気を付ける
◆戸外活動や運動後にはこまめに水分補給をするよう声をかけ、日陰などで気持ちよく休息をとれるよう環境を整える。
◆暑い時季の生活習慣について話し合い、清潔にする必要性を子どもと一緒に確認していく。自分から進んで汗ふきや着替えを行う姿を認め、気づかない子にはその都度伝え、繰り返しのなかで習慣づくようにする。
◆慣れて雑になる子もいるので、手の洗い方をわかりやすく絵で掲示し、確認するよう伝えていく。

運動会に向けて
◆リズミカルな曲や季節に合った曲などのカセットやCDを数種類用意し、自由に選択して踊れるようにして、運動会で行うダンス曲をみんなで選んで決めていく。　**詳細はP.82**
◆体を動かしていろいろな運動あそびを楽しめるよう、平均台、フープ、綱引きのロープなどを用意しておく。

友達と考えを出し合う
◆友達と意見交換をしながらあそべるよう時間を十分にとり、思いやイメージを表現する姿を見守る。うまく言葉で表せないときは、保育士が言葉を補い、仲立ちをしていく。

第2週

前週末の子どもの姿
- 体を動かすあそびを繰り返し楽しんでいる。
- あそびのなかで気に入った曲を聞いたり、踊ったりしている。

ねらい・内容
◎体の成長と健康を意識する。（ア）〔第2週～第3週〕
○自分の体の成長に気づく。
○規則正しい生活習慣について知る。
◎友達と運動会に向けて力を合わせ、活動することを楽しむ。（ウ）（ク）
○当日の役割などを決める。
○グループで踊りを考えたり、飾りを作ったりする。
◎身近な動植物の生長や変化に興味をもつ。（カ）（キ）
○飼育物の観察や世話をする。

環境・援助・配慮のポイント

健康に成長していくために
◆内科健診と身体測定の結果をひとりひとりに知らせ、自分の成長や体に関心がもてるように言葉をかけていく。
◆「早寝、早起き、朝御飯」が健康な体づくりにつながることを話し、規則正しい生活習慣の大切さを知らせる。

みんなで力を合わせて
◆踊りのパートや競技の準備をする役割を決める話し合いの時間を十分に設け、グループ内の一体感がもてるようにする。ひとりひとりが自分の思いを伝えられるような雰囲気づくりを心がけていく。
◆共通のイメージがもてるよう、種目の内容や準備のために作る物については、絵や文字、写真などを掲示する。
◆運動会の会場飾り用に、旗やポスターを作ることを提案し、地図や地球儀をそばに置いておき、楽しい雰囲気で友達と話しながら作れるようにする。

変化や生長に気づこう
◆飼育しているザリガニの変化に気づき世話ができるよう、観察ケースを保育室に置き、脱皮などの変化が見られたときはクラスのみんなに伝える。

振り返り・評価・改善

運動会に向けて、友達と協同して関われるように
プールあそびの経験から自信をつけた子どもたちは、縄跳びや跳び箱などの運動あそびに積極的に取り組むようになり、友達から教わったり励まされたりして挑戦することを楽しんでいる。また、友達やチームで話し合う機会を十分にもったことで、友達の思いを受け入れ、自分の思いも伝え、クラスみんなで運動会に向かって協力し合う姿が見られたので、期待感がより高まるよう雰囲気づくりをしていきたい。残暑のなか、運動量が増えているので、休息を意識的に取り、静と動の活動のバランス

家庭との連携	教材資料	9月の予定
・子どもの体調を伝え合い、食事や睡眠などを十分にとることを再度伝える。 ・運動会に向けての取り組みをボードなどで知らせ、子どもの頑張りに共感し、励ますよう伝える。 ・月見だんごの調理のために三角きん、エプロンを用意し、爪を短く切っておくことを伝える。	**うた** とんぼのめがね(作詞＝額賀誠志　作曲＝平井康三郎) バスごっこ(作詞＝香山美子　作曲＝湯山 昭) **うたあそび** みぎてをだして、ひだりてをだして 八兵衛さんと十兵衛さん **絵本** へんしんトンネル(金の星社) スイミー(好学社) パズルくん(ブロンズ新社) めっきらもっきら どおんどん(福音館書店)	・内科健診　・運動会総練習　・避難訓練 ・誕生会　・お月見会

食育
・食材の栄養素の働きに気づき、苦手な物も食べようとする。
・栽培や収穫を通して、食材ができる過程に興味をもつ。

(カ)思考力の芽生え　(キ)自然との関わり・生命尊重　(ク)数量や図形、標識や文字などへの関心・感覚　(ケ)言葉による伝え合い　(コ)豊かな感性と表現

第3週

● 「跳び箱が跳べるようになりたい」などの目標をもち、繰り返し楽しむ姿が見られる。
● 運動会で自分のしたいことを出し合って、話し合いのなかから競技へのイメージが広がってきている。

○食と体の結び付きを知る。

〔第2週〜第4週〕
○友達と励まし合い、めあてをもって運動する。
◎お月見の行事に親しむ。(キ)(ク)
○お月見の由来を知る。

食と健康のつながりを知らせる
◆食材のマグネットを使い、3つの栄養素の主な働きを知らせて食材を分け、食と体の結び付きがわかるように伝える。

みんなと共に
◆友達の得意なこと、苦手なことなどを伝え合う機会をつくる。運動が苦手で応援を頑張っている子も、早く走りたくてもうまく走れない子の気持ちなどを聞くことで、運動会に向かって友達と励まし合い、ひとりひとりのもっている力が十分発揮できるようにする。
◆ほかのクラスと競技を見せ合い、応援し合う時間をつくり、友達同士で認め合ったり励まし合ったりして、刺激になるようにする。

お月見って、なあに？
◆絵本を読んだり話をしたりして、お月見の由来を知らせる。
◆自分で丸めただんごをゆでる際は、安全な調理の仕方を保育士が先にやって見せてから自分でやれるようにし、そばで見守りながら、必要に応じて手助けをする。
◆できただんごはススキと一緒にお供えしてから、みんなで味わえるようにする。

第4週

● 空き箱を使った製作あそびや、運動会に向けた小道具作りを楽しんでいるが、片付けが不十分な子どもがいる。
● 運動会の総練習が近づき、緊張して「できるかな」と不安な表情を見せる子どもがいる。

◎自分たちで活動の準備や片付けに取り組む。(イ)(ウ)
○競技に使う小道具や用具の準備や後片付けをする。

○年下の子の競技内容やルールを理解する。
◎あそびのなかで数量や文字、距離に関心をもつ。(カ)(ク)
○紙飛行機や風車を作ってあそぶ。
○紙飛行機が飛んだ距離に点数をつけてあそぶ。
○自分たちで、ルールを決めながらあそぶ。

もうすぐ運動会
◆実際に使う小道具を身につけ、本番と同じ流れで練習する。
◆準備や後片付け、競技などに積極的にかかわっている姿を大切にし、「さすが年長さん、上手に片付けられたね」などと言葉をかける。
◆運動会当日、年下の子の種目のサポートをする際に、自信をもってリードできるよう、競技の内容やルールを事前に伝えたり、練習したりしておく。

風を使ってあそびながら数量・文字への関心を
◆紙飛行機飛ばしや風車回しなど風を利用して楽しめるように、様々な素材を準備しておき、製作やあそびのなかで友達同士が作り方や風の利用の仕方を教え合えるよう働きかける。　詳細はP.80
◆でき上がった物であそべるように、場所と時間を十分にとり、子どもたちの発想にこたえていく。　詳細はP.80
◆長さ比べから、飛行距離に点数をつけることを提案し、遠くへ飛ばす工夫をし、数量・文字に関心が深まるようにする。
◆より楽しめるよう、いろいろな点数のつけ方などを自分たちで考え、思いついたルールであそぶ姿を認め、保育士も一緒にあそびを楽しむ。

も考え、ひとりひとりの体調に気を付けていきたい。

「あそびのなかで数量や文字などに関心をもつ」について
でき上がった紙飛行機などを友達と飛ばし合ってあそんでいたなかから自分で飛ばす地点を決め、飛んだ距離に応じて点数をつけたり、フープを的にして中をくぐらせたりすることを思いつき、あそびを工夫していった。すると、子どもたちのアイディアから次々とあそびが発展し、友達と競い合いながら盛り上がっていった。

9・10・11・12月指導計画

9月の指導計画 幼稚園

9月のねらい
◎お米の収穫や運動会に向けて、協力しようという気持ちをもつ。
◎自然への興味や関心を深め、あそびに取り入れる。
◎あそびのなかでルールを守ろうとする。
◎友達や教師に認められることで自信をもつ。

※幼児期の終わりまでに育ってほしい姿　(1)健康な心と体　(2)自立心　(3)協同性　(4)道徳性・規範意識の芽生え　(5)社会生活との関わり

第1週

前週末の子どもの姿（9月当初の子どもの姿）
- 2学期の始まりを喜び、はりきって登園している。
- 夏休み中の出来事を教師や友達に話すことを楽しんでいる。
- お米が実ったことに気づき、喜んでいる。

ねらい・内容
- ◎健康に気を付けて過ごす。(1)〔第1週〜第2週〕
- ○日陰であそんだり、水分補給をこまめにしたりする。
- ◎友達とのやり取りを楽しみながら、夢中になってあそぶ。(3)(9)
- ○友達の思いを聞きながらあそびを進めていく。
- ◎稲の生長を喜び、収穫を意識する。(6)(7)(8)〔第1週〜第2週〕
- ○自分たちでお米を守る方法を話し合う。
- ◎この時期ならではの自然や生き物にふれ、関心をもつ。(7)
- ○虫を捕まえ、調べたり飼ったりする。

環境・援助・配慮のポイント

残暑を乗り切る
- ◆残暑が厳しいので、園庭に日陰を作り、水分補給をするよう声をかけ、子ども自身が健康管理の意識をもてるようにする。

2学期の始まりを喜ぶ
- ◆夏休み帳を友達と見せ合えるように環境を設定する。ひとりひとりの伝えたいという気持ちを受け止め、教師も一緒に話を聞きながら、友達にも広げていく。
- ◆友達の話に耳を傾けるように声をかけていく。

稲刈りを目指して
- ◆無事に収穫できるように、みんなでできることを話し合って決める。夏休み中の観察に来られなかった子にはスズメ除けの網について知らせ、米を守るだけでなく、スズメのことも考えられるよう投げかける。　詳細はP.86

自然の変化に気づき、生き物に興味をもつ
- ◆この時期ならではの自然あそびや生き物に興味がもてるように、外に出て紹介していく。また、子どものあそびの様子や声に耳を傾けながら、自分たちで飼い方を調べたりするきっかけがもてるように声をかけていく。

第2週

- 自分から水分補給をしたり、日陰を選んであそんでいる。
- バッタやカマキリなどを捕まえたり、飼うための環境を自分たちで作ったりしている。

- ○自分から汗をふいたり、着替えたりする。
- ◎祖父母へ感謝の気持ちを表す。(4)(5)
- ○心を込めてプレゼントを作る。

- ○自分たちでお米を守る方法を考え、形にしていく。

衛生を身につける
- ◆汗をかいている子には「汗をかいているね、着替えると気持ちいいよ」などと声をかけ、着替えが風邪予防や清潔につながっていて、重要であることを伝える。

気持ちを込めて丁寧に作れるように
- ◆敬老の日について話をし、祖父母にしてもらったことを子どもたちと話し合う機会をもち、その気持ちをプレゼントに込めて作ることを提案する。　詳細はP.81
- ◆祖父母がプレゼントをもらったときに喜ぶことを想像しながら、丁寧に作れるように声をかけていく。
- ◆祖父母がいない子には、事前にその子の保護者にほかの親しい親戚にあげてもよいことを伝えておく。製作中も「〇〇君は叔父さんにあげようね」などと声をかける。

収穫を前に
- ◆先週に続き、クラスで収穫までにできることを話し合う機会をもつ。鳥が怖がる物を飾る、暑いので稲の上に氷をぶら下げるなどのアイディアを実現していくために、どんな材料が必要か自分たちで考え、家から材料を持ってくるように伝え、意欲的に取り組めるようにする。　詳細はP.86

振り返り・評価・改善

「認められ、自信をもつ」について

経験したことや、自分の思い・考えを聞いてもらいたいという気持ちが大きくなってきたこの時期。夏休み中の経験や、できるようになったこと、また、あそびのなかでの発見やアイディア、生活や活動における取り組みの丁寧さなどに成長が見られた。そこで、日々、子どもの様子を見て、自己主張できる場や認めていく場をつくり、教師だけでなく、周りの子からも認めてもらえるような雰囲気づくりを心がけた。認めてもらえたことで気持ちが満たされ、うれしさは自信になったようだ。今後、もっと相手のよさに気づいたり、受け入れたりできるように働きかけていきたい。

家庭との連携	教材資料	9月の予定
・運動会で育てたいことや、子どもの取り組みの様子をお便りで伝えていく。 ・残暑が厳しいなかで、子どもが健康を意識できるように、水分補給用の水筒やハンカチ、着替えなどを持ってくるよう知らせる。	**うた** かまきりじいさん(作詞＝不詳　作曲＝一宮道子) 小さな世界 (訳詞＝若谷和子　作曲＝リチャード・シャーマン　ロバート・シャーマン) **うたあそび** 縄体操／じゅうごやさんのもちつき **絵本** かかしのひみつ（福音館書店）／14ひきのおつきみ（童心社）	・始業式 ・稲刈り

(6)思考力の芽生え　(7)自然との関わり・生命尊重　(8)数量や図形、標識や文字などへの関心・感覚　(9)言葉による伝え合い　(10)豊かな感性と表現

第3週

- ●友達の得意なことを認めたり、刺激を受けて一緒にやってみたりしている。
- ●稲刈りを楽しみにしながら、活動で必要な物を家庭から持ってきたり、意見を出すなど意欲的に取り組んでいる。

◎運動会に向けて友達と協力しようという気持ちをもつ。(1)(2)(3)〔第3週〜第4週〕
○組体操のポジションを話し合って決め、練習をする。〔第3週〜第4週〕
◎友達に認められるうれしさを感じる。(3)(9)
○自分の考えや得意なことを友達に伝える。
◎お米を大切に思い、収穫の喜びを感じる。(5)(7)(8)
○かまを使って収穫し、仲間と喜びを共有する。
○お米が食べられるようになるまでの工程を知る。

運動会に向けて仲間と協力できるように
- ◆組体操のそれぞれのポジションの役割と動きや、全員が力を合わせないと完成しないことを伝える。教師が見本を見せ、体験しながら地面にひざをつく痛さや人の上に乗る怖さがわかるようにする。
- ◆ポジションを決めるときは、自分の思いを言葉で伝えたり、仲間の思いも聞いたりするように伝える。

友達に認められる場を
- ◆みんなに得意なことを見せる場や、あそびのなかのおもしろいアイディアなどを説明する場を設け、教師の感想も入れながら、それぞれの子どものよいところを周りに伝えていく。

収穫の喜びを感じる
- ◆収穫前に、今まで行ってきた米作りの過程を振り返り、ようやく収穫する喜びを感じられるようにする。　**詳細はP.86**
- ◆かまの使い方を説明し、安全に正しく使えるようにする。刈るときの音や感触を実感できるように、言葉にしていく。　**詳細はP.86**
- ◆稲を束ねて干した後、これから脱穀、精米することも伝え、食べるまでには時間と手間がかかることを伝えていく。

第4週

- ●運動会で行う種目として、組体操が1種目できたことを喜んでいる。
- ●あそびのなかで、体操や玉入れに興味をもち、参加する子が増えてきた。

○玉入れやリレーなどをやってみる。
○勝ち負けを経験しながら、ルールの必要性に気づく。
◎見通しをもって主体的に取り組む。(2)(3)
○活動の予定を理解する。

ルールに気づき、考えられるように
- ◆組体操の練習では、前週よりも動きが複雑になってくるので、失敗しても励ますようにする。
- ◆運動会で行う玉入れやリレーなどを普段も楽しめるように教師が提案する。ルールは教師からすべて伝えるのではなく、子どもたちがあそびのなかで気づき、考えていけるように、待ったり投げかけたりしていく。
- ◆リレーでは、力を合わせたり、ルールを守ったりすることで勝つ楽しさが味わえるようにする。また、トロフィーなどを飾り、運動会当日に優勝したいという気持ちをみんなで共有できるようにする。

主体的に参加できるように
- ◆運動会に向けた活動が多くなるが、好きなあそびを楽しむ時間もとるようにする。子どもたちにも活動の予定を伝え、見通しがもてるようにし、子どもたち自身がめりはりをつけて、主体的に活動に取り組めるようにする。

「仲間と力を合わせること」について
お米作りや運動会の活動を通して、仲間と力を合わせていく経験ができるように気持ちを盛り上げていくようにした。ひとりひとりが自分の力を発揮しながら、仲間と力を合わせてできたことを認め、協力して取り組むことの楽しさや達成感を感じられるようなかかわりを大切にしたことで、運動会の練習では、自分の思いだけではうまくいかないことや、ルールを守っていくことの必要性を感じることができたと思う。今後も、仲間と力を合わせていく経験を積み重ねられるようにあそびや活動を工夫し、仲間関係を深めていきたい。

9・10・11・12月 指導計画

10月の指導計画 保育園

CD excel → 保育園 → 月間 → P068_5歳10月_保

10月のねらい
◎健康や安全に気を付けて過ごす。
◎友達と協力したり、認め合ったりしてあそぶことを楽しむ。
◎運動会と、運動会の余韻を楽しむ。
◎秋の自然や実りに興味や関心をもつ。

※幼児期の終わりまでに育ってほしい姿　(ア)健康な心と体　(イ)自立心　(ウ)協同性　(エ)道徳性・規範意識の芽生え　(オ)社会生活との関わり

第1週

前週末の子どもの姿 ↓
- 運動会に向けて張り切っているが、少し疲れも出てきている。
- 友達と協力して跳び箱やマットなどの運動あそびに必要な用具を出す姿が見られる。

ねらい・内容 ↓
◎健康や安全に気を付けて過ごす。(ア)〔第1週〜第2週〕
- 食事や睡眠の大切さに気づく。
- 運動遊具の使い方をあらためて確認し合う。
◎友達と協力したり認め合ったりする。(ウ)
- 運動会での役割を分担したり、一緒に準備をしたりする。
◎友達と運動会をやり遂げた喜びを味わう。(イ)(ウ)(ケ)
- 友達と助け合いながら競技に参加する。
- 精一杯競技に取り組む。

環境・援助・配慮のポイント

健康で安全な生活を
◆行事に向けて運動量が増えるので、食事をしっかりとるよう伝えたり、休息の時間を十分確保したりする。
◆活発に運動するなか、油断をして危ない場面があるので、運動遊具の正しい使い方をその都度伝えていく。

運動会に向けて
◆運動会に向けての取り組みを書き込む「がんばりひょう」を作り、運動会の前日にひとりひとりがこれまで頑張ってきたことをみんなの前で認め、自信をもって運動会に臨めるようにする。　**詳細はP.83**
◆当日の用具係、運動係などの役割を話し合って決められるようにする。

協力してやり遂げる運動会に
◆自分から気づいて出番の準備をしたり、友達と教え合ったりする姿を認める。
◆緊張している子どもには、リラックスして参加できるよう「いつもどおりやれば大丈夫」などと言葉をかけていく。
◆精一杯活動したり、競ったりするなかで感じる喜びや悔しい感情に共感し、周囲にも伝えていく。

第2週

前週末の子どもの姿
- 汗ふき、手洗い、うがいが雑になっている子がいる。
- 運動会でリレーで負けて悔しがる友達を慰めたり、励ましたりしていた。
- 運動会では、十分に体を動かし楽しんでいた。

ねらい・内容
- 自分から進んで、手洗いやうがいをする。
◎運動会の余韻を楽しむ。(ケ)(コ)
- 運動会の用具や遊具を使っていろいろなあそびに取り組む。
- 運動会で感じたことを、いろいろな方法で表現する。
◎秋の自然に興味や関心をもつ。(カ)(キ)
- 草や虫の変化に気づく。

風邪予防を意識して
◆気温が下がると風邪をひきやすくなることを伝え、手洗いやうがいがきちんとできるような言葉をかける。

運動会を経験して
◆運動会で異年齢児が使っていた道具について話したり、思い出話をしたりして、ほかの年齢の子どもたちの種目をやってみたい気持ちや再現あそびをしたい思いを大切にする。
◆運動会で使ったCDやカセットをすぐに流せるように準備しておいたり、自分のやりたい運動あそびが楽しめるように、用具や道具を取り出しやすく整理して置いておく。
◆頑張ったこと、うれしかったこと、悔しかったことなど、いろいろな思いを自分の言葉でクラスのみんなに伝える機会をもつ。
◆運動会の思い出を絵にかきたい子もいるので、画用紙や画材を準備しておき、自由にかくことを楽しめるようにする。

秋を感じる
◆活発なあそびが多いので、ゆったりした時間を大切にし散歩に出かける。散歩先では木の実や落ち葉を集めたり、秋の草花や虫に気づけるように、自然の変化、秋の特徴を知らせ、興味がもてるようにする。

評価・振り返り・改善

運動会を経験して
運動会をやり遂げた自信から、新たなことにチャレンジしたり、さらに上達したいという思いで運動あそびに取り組んでいた。体を動かしてあそぶ楽しさや、心地よさを感じ、友達と誘い合って積極的にあそぶことができている。自分の思いを言葉で伝える機会をつくり、この育ちを伸ばしていきたい。また、何かに取り組む前には準備が必要なこと、終わったら後片付けが必要なことなどにも気づき、自分から行う姿に成長を感じる。

家庭との連携

・手洗いやうがい、食事や睡眠の大切さを口頭や連絡ボードで知らせ、家庭でも意識できるように伝えていく。
・運動会当日は、これまでの取り組みを踏まえて応援してもらえるように働きかける。

教材資料

うた
真赤な秋（作詞＝薩摩 忠　作曲＝小林秀雄）
山のワルツ（作詞＝香山美子　作曲＝湯山 昭）
村祭（作詞＝葛原しげる　作曲＝南 能衛）

うたあそび
おてらのおしょうさん

絵本
14ひきのピクニック（童心社）
おならうた（絵本館）
ねむいねむいねずみ（PHP研究所）

10月の予定

・運動会　　・親子遠足　　・避難訓練
・誕生会

食育

・サツマイモを収穫し味わうことで収穫の喜びを感じ、食べ物への興味・関心を高める。
・食べることの大切さがわかり、好き嫌いなく食べようとする。

(カ)思考力の芽生え　(キ)自然との関わり・生命尊重　(ク)数量や図形、標識や文字などへの関心・感覚　(ケ)言葉による伝え合い　(コ)豊かな感性と表現

第3週

- ●リレーごっこでは走る順番を替えたりチームを替えたりして、何回も繰り返しあそんでいる。
- ●昨年の親子遠足について友達と話をしている。
- ●園の畑に目が向き、サツマイモの収穫に期待している。

◎友達とルールを守ってあそぶ楽しさを味わう。(ウ)(エ)
〇ルールのあるあそびをする。
◎親子遠足を楽しむ。(ア)(エ)(オ)
〇いろいろなあそびを通して、遠足に期待をもつ。
〇ルールやマナーを守って、遠足を楽しむ。
◎秋の自然にふれ、あそびに取り入れて楽しむ。(カ)(キ)(コ)
〇自然物を使って製作をしたり、ままごとをしたりする。

対抗するおもしろさを感じて
◆保育士もドッジボールやサッカーなど、ルールのあるあそびに入り、ルールを守れていない子がいるときは、みんなでルールを確認できるようにする。

親子遠足を楽しむために
◆遠足先の地図を掲示し、どこで何をしたいか、だれと何がしたいかなどを話し合い、イメージをもてるようにする。また、遠足に関連した動物クイズや植物クイズなどを取り入れ、期待がもてるようにする。
◆当日は公共の場で、親子で楽しく過ごせるよう、ルールやマナーを知らせ、子どもたち自身も意識できるようにする。

作ってみよう
◆遠足や散歩で集めたマツボックリや木の葉などを、大きさや種類で分けることができるように、図鑑や容器を置いておく。
◆子どもたちの作りたいものに合わせて、一緒に材料を探し、必要に応じて手伝う。
◆自然物を使って自由に表現したり、楽器やおもちゃを製作したりしている子どもの発想やアイディアを認め、周囲に伝え、工夫する楽しさが広がるようにする。

第4週

- ●朝や夕方は冷え込み、体調を崩す子がいる。
- ●遠足の絵をかいたり、折り紙で動物を折って楽しんでいる。
- ●サツマイモの収穫に期待し、どれくらい大きくなっているか想像したり、天気を気にしたりする。

◎自分の体と健康に関心をもつ。(ア)
〇衣服の調節や手洗い、うがいなど自分の健康に気を付ける。
◎考えたり、工夫したりすることを楽しむ。(カ)
〇イメージに合った素材を選び、かいたり作ったりする。
◎サツマイモの生長や収穫の喜びを味わう。(オ)(キ)(ク)
〇サツマイモや、つるを数えたり比べたりしてあそぶ。
〇サツマイモをみんなで食べる。
〇製作したサツマイモで焼き芋屋さんごっこをする。

健康について知る
◆なぜ手洗い、うがい、汗ふきをするのか、考えられるように質問をし、再確認する。
◆汗をかいたままあそんでいる子には、その都度「汗でベタベタするね、着替えると気持ちいいよ」などと、着替えの心地よさを知らせる。

考えたり工夫したりして製作する
◆保育士が自然物以外の素材を集めたり、子どもが作りたくなるような見本を用意することで、工夫できるようにする。

サツマイモを収穫して楽しむ
◆芋掘りの前に生産者から直接、イモの栽培経緯などについて話を聞く機会をもつ。　**詳細はP.83**
◆自分で掘り出した感動に共感し、収穫したイモやつるを並べて、大きさや重さ、形の違いに気づいた子どもの発見を大切にし、周りの子にも伝える。　**詳細はP.83**
◆収穫したサツマイモを給食で食べられるようにし、再度、苗植えからの経緯を話し、生産者や調理する人に感謝の気持ちがもてるようにする。食後は、イモに見立てた製作を提案し、焼き芋屋さんごっこを楽しめるようにする。　**詳細はP.83**

サツマイモの収穫を通して、食べ物の大切さを
サツマイモは、苗さし、水やりから始まり「大きくなれ」「おいしくなれ」と声をかけ、大きくなるまでみんなで世話をしてきた。食べるまでに長い月日を要したこと、世話をしたから大きく育ったことを振り返ることができた。生産者や調理する人への感謝の気持ちをもつこと、食べ物を大切にすることなどに気づくことのできる体験になった。

9・10・11・12月指導計画

10月の指導計画 幼稚園

10月のねらい
◎運動会に参加し、達成感を味わったり、認められたりすることで自信をつける。
◎お話の世界に浸ることを楽しむ。
◎考えを出し合って工夫してあそぶことを楽しむ。
◎季節の移り変わりを感じ、興味をもつ。

※幼児期の終わりまでに育ってほしい姿　(1)健康な心と体　(2)自立心　(3)協同性　(4)道徳性・規範意識の芽生え　(5)社会生活との関わり

第1週

前週末の子どもの姿
- 組体操の練習では難しさを感じながらも、あきらめないで挑戦しようという気持ちがもてるようになってきた。
- 競技で勝つうれしさ、負ける悔しさを仲間と共感している。
- 話し合いでは、相手の意見も聞けるようになってきた。

ねらい・内容
◎友達と力を合わせて、主体的に活動を進めようとする。(2)(3)
○目標をもって取り組む。
○運動会までの見通しをもって生活する。
◎運動会に参加し、友達とのつながりや達成感を感じ自信をつける。(3)(10)
○運動会で友達と一緒に競技をしたり応援したりする。
○いろいろな人から認められ、達成感を感じる。

環境・援助・配慮のポイント

主体的に参加できるように
- 組体操やリレーの練習の前に目標を確認し、みんなで頑張っていくという気持ちをもって、友達と力を合わせて主体的に取り組めるようにする。
- うまくいかなかったり、失敗したりしても、あきらめないで頑張ることの大切さを伝え、その子の頑張りや友達同士で励まし合う姿を認めていく。

期待を意欲につなげる
- 運動会までのカレンダーを作り、カウントダウンをしながら、運動会を楽しみにできるようにする。
- 予行練習で、全園児の前で準備体操やはじめの言葉など、5歳児として仕事をする機会を設け、いろいろな人に認められるうれしさを感じられるようにし、当日のやる気につなげる。

運動会当日、主体的に取り組む
- 当日は、クラスのみんなで見られる大きなサイズのプログラムを用意し、一緒に確認しながら見通しをもって準備をしたり、参加したりできるようにする。
- 他学年がやっている種目にも興味をもったり、応援したりするように競技が見やすい位置に席を作り、声をかけていく。
- これまでの取り組みを振り返りながら、協力できたことや頑張ったことを認め、達成感を感じられるようにする。

第2週

前週末の子どもの姿
- 運動会を楽しみにし、頑張ろうという思いをもって参加していた。
- 運動会当日、たくさんの人に認められてうれしさを感じたり、やり遂げた達成感を感じていた。

ねらい・内容
◎身の回りのことを再確認し、丁寧に行おうとする。(2)(4)
○衣服を畳んだり、自分のロッカーの整理整とんをする。
◎異年齢児やクラスの仲間と一緒にあそびを楽しむ。(1)(6)
○友達と一緒に運動会の種目を再現してあそぶ。
◎4歳児とのふれあいを通して、5歳児としての自覚をもつ。(5)(9)
○あそびに使う縄を4歳児にプレゼントする。

環境・援助・配慮のポイント

身の回りのことに丁寧に取り組めるように
- 着替えた服を畳んでからしまうことや、ロッカーを整とんすると使いやすいことなど、丁寧に取り組むことの大切さを伝える。雑にしているときは声をかけ、きちんと整とんしている子をみんなの前で認めたりして、気づけるようにする。

異年齢で楽しめるように
- 運動会で経験したり、見たりした種目も楽しめるように道具を用意しておく。異年齢でも一緒に楽しめるように、教師も参加し、楽しい雰囲気をつくったり、周りの子どもたちに声をかけたりして誘っていく。

4歳児の気持ちを考えながら
- 園で恒例にしている5歳児から4歳児への縄のプレゼントについて話し、昨年度、自分たちもひとりひとりにプレゼントしてもらったことを思い出せるようにする。そのうえで、「目をつぶってもらい、腰に巻いてあげる」など4歳児が喜びそうな渡し方を話し合って決める。　詳細はP.84
- 前もって4歳児のドキドキする気持ちや、縄について何も知らないことを伝え、優しくかかわれるように伝える。
- プレゼントを渡すときは、縄の染め方や縄の色の種類、あそび方などを5歳児の言葉で伝えていけるよう、教師が質問をしていく。　詳細はP.84

評価・振り返り・改善

運動会の取り組みについて
運動会当日は、ひとりひとりが意欲的に取り組み、自分の力を出して頑張ったという達成感を感じていたと思う。組体操を成功させることや、リレーで優勝することだけが大事なのではなく、目標に向かってそれまでに頑張ってきたこと、みんなで協力できたことなどを教師が認めていき、自信につながっていくようにした。また、話し合いのルールがわかり、相手の意見を聞くということができるようになってきた。こうした心の育ちを大切に、これからのあそびや仲間と進めていく活動へとつな

家庭との連携	教材資料	10月の予定
・運動会前後に、学年便りやクラス便りを配布し、運動会での取り組みの様子や育ちを伝える。 ・クラス懇談会では、保護者同士で子育てについて様々なテーマで話し合い、いろいろな意見を聞く場を設けることで、今後の子育ての参考になるようにする。	**うた** 世界中のこどもたちが （作詞＝新沢としひこ　作曲＝中川ひろたか） めざせ！たからじま （作詞＝佐倉智子　作曲＝おざわたつゆき） **うたあそび** ずいずいずっころばし／くだものれっしゃ **絵本** たんたのたんけん（学研）／こびとづかん（長崎出版）　詳細はP.85	・運動会 ・秋の遠足 ・クラス懇談会

(6)思考力の芽生え　(7)自然との関わり・生命尊重　(8)数量や図形、標識や文字などへの関心・感覚　(9)言葉による伝え合い　(10)豊かな感性と表現

第3週

- ●運動会でやった種目を、友達や異年齢児と楽しんでいる。
- ●自分たちがやりたいあそびを友達と誘い合って進めている。
- ●4歳児に自分の縄を貸したり、一緒にあそんだりしている。

◎考えを出し合いながら、工夫してあそぶことを楽しむ。(3)(10)〔第3週～第4週〕
○イメージを伝え合いながら、あそびを自分たちで始める。
◎お話の世界に浸ることを楽しむ。(9)(10)
○お話の設定を楽しみながら、遠足に使う物を作る。
◎出来上がりに期待しながら、作品を丁寧に作ろうとする。(5)(10)
○お茶わんが出来上がるまでの工程を知り、色付けをする。

考えを伝え合えるように
◆あそびのなかで、やりたいことや方法、場所などの考えを伝え合えるように「○○君はどう思う？」などと投げかけて、友達と一緒にあそびを進めていけるようにする。
◆自分たちで相談して始めたあそびを進めていく姿を見守りながら、やりたいことを実現するために必要そうな材料を用意する。

イメージを広げ、共有する
◆絵本『こびとづかん』を読み、お話に出てくる「コビト」を探すための地図や仕掛けなどを作れるよう、道具を用意する。来週行く遠足先にも絵本に出てくる「コビト」がいるかもしれないことを伝え、楽しみにできるようにする。　詳細はP.85

出来上がりを楽しみにする
◆5月のファミリーデー（親子活動）でおうちの人と一緒に作ったお茶わんに色付けをすることを話し、自分の手で完成させたお茶わんは自分だけの特別なものであることを伝え、丁寧に色付けができるようにする。
◆お茶わんができるまでの過程を話したり、本焼きの様子を見に行ったりしながら、一つの物が出来上がるまでには時間や人の手間がかかることを感じられるようにする。

第4週

- ●友達の話すイメージに耳を傾けられるようになった。
- ●絵本のお話の世界に浸り、続きを楽しみにしている。

○イメージを伝え合い、アイディアを実現させる。
◎遠足で友達とイメージを共有しながら探検を楽しむ。(1)(3)(6)
○絵本のストーリーを楽しみながら、探検ごっこをする。
◎季節の自然やその変化に関心をもつ。(7)(8)
○ギンナン拾いを楽しむ。
○カキの実や木の葉の色づきに気づく。

イメージを実現する楽しさを
◆やりたいことがうまく実現できないときは、ヒントを出していく。ほかの子の工夫やよいところを周囲にも伝え、工夫が広がり、刺激し合ってあそびが広がるようにする。
◆子ども同士がアイディアやイメージを伝え合う姿を見守る。自分たちでできたこと、協力できたことを認めて、自分たちであそびを作っていく楽しさを感じられるようにする。

遠足を楽しめるように
◆事前に作った「コビト」探し探検に必要な物を持参する。森を探検する活動では、「コビト」になり切ったり、「コビト」に会えると信じたりして、クラスのみんなでイメージを共有しながらあそべるようにする。　詳細はP.85
◆当日は、急な坂や川を渡るなど、仲間と自然に協力し合えるようなポイントをコースに組み込んでいく。
◆探検中はイメージすることを楽しんでいる姿に共感し、周りにもそれを伝え、クラスの仲間で共有できるようにする。

秋の自然を感じる
◆園庭に落ちたギンナンをはしを使って拾う。拾ったギンナンは皮がむきやすいよう砂を入れたバケツに埋め、子どもたちと食べる準備をしていく。ほかにも園庭のカキの実や木の葉の色づきについて話し、目が向けられるようにしていく。

9・10・11・12月 指導計画

げていきたい。

お話の世界に浸って楽しむことについて
お話にちなんだごっこあそびをしたり、遠足活動の設定に取り入れたりしていくことで、子どもたちはその世界に浸り、自分なりのイメージを広げていた。また、それを友達に伝えたり、気持ちを共有することで、クラスが共通の話題で盛り上がり、仲間関係が深まっていくきっかけになった。

11月の指導計画 保育園

CD excel → 保育園 → 月間 → P072_5歳11月_保

11月のねらい
◎自分の体の健康に関心をもつ。
◎友達と協同的に生活発表会に向けての活動を楽しむ。
◎地域の人に感謝の気持ちをもつ。

※幼児期の終わりまでに育ってほしい姿　(ア)健康な心と体　(イ)自立心　(ウ)協同性　(エ)道徳性・規範意識の芽生え　(オ)社会生活との関わり

	第1週	第2週
前週末の子どもの姿 ↓	●鼻水をそで口などでふいてしまう子や、使用したティッシュペーパーをそのまま放置する子がいる。 ●あそびのルールを決める際、共通認識できないことが原因で、互いに一方的な主張を繰り返し、トラブルになっている。	●自発的に衣服を調節する、鼻をふくなどの姿が見られ、体調は全体的に落ち着いている。 ●たまにトラブルになるが、ルールのあるあそびの楽しさがわかり、友達と話し合いながらあそんでいる。
ねらい・内容 ↓	◎清潔を意識し、気持ちのよい生活をしようとする。(ア)(イ) ○鼻水を丁寧にふき、手を洗う。 ◎季節を感じながら、体を動かしてあそびを楽しむ。(ア) ○戸外で体を動かしてあそぶ。 ◎考えを出し合い、協力してあそびを進めることを楽しむ。(ウ)(ケ) ○友達と思いを伝え合いながら、ルールを考える。 ○ルールを確認し合ったり、守ったりしてあそぶ。	◎自分の体の健康に関心をもつ。(ア)(カ) ○等身大の絵をかき、体のつくりについて知る。 ◎共通のイメージをもち、友達とあそびを進める楽しさを味わう。(ウ) ○友達と一緒に素材を探し、作ってあそぶ。 ◎いろいろな仕事に興味をもつ。(オ)(カ)(ク) ○仕事に関する絵本や写真を見る。 ○いろいろな仕事のごっこあそびをする。
環境・援助・配慮のポイント	**気持ちよく健康に過ごすために** ◆正しい鼻のかみ方がわかるポスターをはり、自分で気づけるようにし、清潔への意識を高める。 ◆ひとりひとりの生活の様子を把握し、身についていないところは個別に丁寧にかかわり、進んでしようとしているところはしっかり認め、自信がもてるようにしていく。 **秋の気候のよさを感じて** ◆体を動かし一緒にあそぶなかで、秋風の心地よさ、空気のすがすがしさなどを感じられるよう、保育士が意図的に言葉にして表したり、子どもの気づきに共感したりする。 **友達と話し合い、協力してあそぶ** ◆友達と誘い合ってあそびを始められるように、必要なボールやゴール、ライン引きのための道具などをあらかじめ用意しておく。 ◆子どもたちの話し合いが生かされ、ルールが共通になっているかどうかを見て、必要に応じて援助したり、話し合ったりする機会を設ける。 ◆チームで作戦を考えるなど、あそびのなかでそれぞれの考えが生かされて、あそびがよりおもしろくなるうれしさに共感していく。	**体に大切なことがわかるように** ◆体のつくりや仕組みについて、実際に等身大の絵をかいてみるなどしながら伝える機会をつくり、自分の体に関心をもち、大切にしようと思えるようにかかわる。 詳細はP.93 **「こういうもの作りたい」を実現できるように** ◆友達と協力して大きな地図や遊具など、大型の物を作って楽しめるように大きな用紙や段ボールなどを準備しておき、子どものイメージやあそびの展開に応じて提供できるようにする。ひとりひとりが得意なことを生かして、「切る、押さえる、はり付ける、アイディアを出す」などの役割をもち、意欲的に楽しめるよう援助する。 詳細はP.89 **「勤労感謝の日」に向けて** ◆勤労感謝の日があることやその意味について伝え、「働く人・仕事」を理解できるよう、身近にはどんな人がいるか一緒に考え、話し合う機会をもつ。 詳細はP.90 ◆様々な仕事に関する絵本や写真を準備しておく。 ◆ごっこあそびなどで、いろいろな仕事をイメージして楽しめるように、保育士もあそびに加わり、活動のヒントになるような言葉をかけたり、必要な材料を用意したりする。
評価・振り返り・改善	**友達と元気にあそぶなかで** ルールのあるあそびを楽しむなかで、ひとりひとりのやりたいことや思いを言葉で伝え合い、チームになって協力しながらあそぶ楽しさを感じられた。さらに氷鬼で「オニの人数を増やす」、ドッジボールで「同じ人は投げない」など自分たちなりのルールを作る活動に発展できた。なかには「新しく変わったルール」を共有できていないことからのトラブルもあったが、保育士が間に入り、みんなに伝え、話し合う場をもったことで解決し、あそびが盛り上がった。	

家庭との連携	教材資料	11月の予定	食　育
・歯科検診の結果を書き込んだ用紙を渡し、個別に報告する。 ・生活発表会へ向けての思いや友達との活動の様子を、具体的に送迎時やお便りを利用して伝え、期待をもてるようにする。	**うた** やきいもグーチーパー （作詞＝阪田寛夫　作曲＝山本直純） 　　　 松ぼっくり （作詞＝広田孝夫　作曲＝小林つや江） **うた あそび** 山の柿 　　　　 アルプス一万尺 **絵本** だんまりこおろぎ（偕成社） 　　　 もりのへなそうる（福音館書店）	・歯科検診 ・勤労感謝の集い・訪問 ・避難訓練 ・誕生会	・食と体の関係に関心をもち、食材ごとに大切な働きがあることを知り、自分なりにバランスを意識して食べる。

（カ）思考力の芽生え　（キ）自然との関わり・生命尊重　（ク）数量や図形、標識や文字などへの関心・感覚　（ケ）言葉による伝え合い　（コ）豊かな感性と表現

第3週

- ●勤労感謝の日があることを知り、身近で働く人に「プレゼントを届けたい」と意気込んでいる。
- ●音楽に合わせて自由に動き、踊ることを楽しんでいる。

◎体の健康と歯の関係に関心をもつ。（ア）
○しっかりかんで食事をすることの大切さを知る。
◎友達と協同的に生活発表会に向けた活動を楽しむ。（ウ）（ケ）（コ）〔第3週〜第4週〕 - - - - - - - - - - - - →
○発表会でやりたいことを話し合い、準備をする。
○一人ずつ担当したい楽器を決めて、演奏してみる。
◎身の回りの働く人に感謝の気持ちをもつ。（オ）
○プレゼントを自分たちで作り、メッセージを書く。
○仕事見学に行き、感謝の気持ちを伝える。

歯の役割を知ろう
◆歯科検診の後、体の成長には「よくかんで食べること」「歯を大切にすること」が必要だと伝え、習慣づくようにする。

みんなで考えて決めよう
◆昨年度の経験を振り返り、どんな劇にするかを話し合い、イメージや目的をわかりやすく書き出したり、絵にかいたりして、クラスで考えを共有して活動できるようにする。
◆子どもたちの発想や希望を劇のなかに取り入れることで、より親しみを感じ、自信をもって、演じられるようにする。
◆楽器を使って自由に友達と音を出し合う機会をもち、自分の気に入った楽器を選べるよう、話し合いの場を設ける。
◆やりたい楽器を見つけられない子には保育士が誘いながら、ＣＤの音楽に合わせて自由に音を出してみるなど、無理のない範囲で楽しめるようにする。

「ありがとう」の気持ちで
◆訪問先の人にプレゼントする物の製作活動では、必要に応じて用具の使い方を伝えたり、ヒントを提示したりしてイメージを実現できるようにする。　**詳細はP.90**
◆訪問先には、子どもたちに話をしてもらったり、仕事の様子を見せてもらえるよう、事前にお願いしておく。　**詳細はP.90**

第4週

- ●生活発表会に向けて、自分の選んだ楽器を積極的に練習をしている。
- ●「霜がきらきらしてきれい！」など、晩秋の自然の不思議さ、美しさに感動する姿が見られる。

◎バランスよくしっかり食べる習慣をつける。（ア）
○旬を意識しながら食べる。
○劇の衣装や道具を友達と協力しながら作る。
○自分のイメージを友達に伝える。
◎栽培体験を楽しみ、生長に期待する。（キ）
○球根を植え、世話をする。

何でも食べられるように
◆それぞれの食材の栄養の役割やバランスよく食べる大切さを伝え、一緒に食べながら好き嫌いなく食べる姿を認める。
◆キノコやクリなど、旬の素材が用いられていることを知らせ、季節を感じて楽しく食事できるような雰囲気作りをする。

発表会を楽しみにする
◆これまでにあそびのなかで作ってきた物を利用したり、新しく作ったりして、劇に必要な衣装や道具を自分たちで作ることを提案する。衣装作りではそれぞれの特技を生かして、協力して一つの物を作れるようグループを作り、グループ内で役割分担できるようにする。
◆友達同士言葉を交わして思いを伝え合えるように、気持ちを引き出し、言葉を補うなど状況に応じた援助をする。

愛着をもって世話をする
◆みんなで買い物に行き、色の種類が豊富なチューリップから、自分たちで好きな色の球根を選ぶことで、咲いたときのことを楽しみにできるようにする。子どもたちから球根の植え方や、世話の仕方についてお店の人に尋ね、主体的に活動できるようにする。また、「名札を作りたい」などの声に応じて、ラミネート作業など必要な手伝いをする。

9・10・11・12月 指導計画

生活発表会に向けて
子どもたちのイメージを言葉や絵にかいて整理しながら、これまでの製作活動から学んだ工夫を生かしていくことで、話し合いなど、集団の活動に加わることが苦手な子も無理なく活動を楽しむことができた。衣装作りでは、グループで作業をした結果、グループ内でそれぞれの得意なことを生かした助け合いができ、そこから新たな友達関係ができつつある。

11月の指導計画 幼稚園

11月のねらい
- ◎生活に見通しをもち、主体的に取り組もうとする。
- ◎友達と共通の目的をもち、工夫し協力し合ってあそびや活動を進める。
- ◎友達同士でイメージを伝え合い、実現させていくことを楽しむ。

※幼児期の終わりまでに育ってほしい姿　(1)健康な心と体　(2)自立心　(3)協同性　(4)道徳性・規範意識の芽生え　(5)社会生活との関わり

第1週

前週末の子どもの姿
- あそびのなかで友達とイメージを膨らませ、伝え合いながらあそびを楽しんでいる。
- 友達が飼育動物の世話をしている様子を見てはいるが、掃除やえさやりに参加しない子どもがいる。

ねらい・内容
- ◎自分たちで主体的に生活を進めていこうとする。(2)(7)〔第1週～第4週〕
- ○クラスで飼育している動物の世話の必要性を再確認する。
- ◎仲間と共感や刺激し合ってあそぶおもしろさを感じる。(3)(9)
- ○あそびをおもしろくする方法を友達と一緒に考える。
- ◎もち米になるまでの過程に興味をもち、作業に取り組む。(5)(7)
- ○稲こきやもみすりをし、わらの活用法を知る。
- ◎秋の自然にふれ、美しさや不思議を感じる。(7)(10)
- ○自然物をよく見たり、ふれたりする。

環境・援助・配慮のポイント

みんなで世話をしていけるように
- ◆飼育しているモルモットの世話を自主的にしている子と、かかわれていない子がいることを伝え、みんなで世話をしていく必要性や手順を再確認する。

自分たちであそびをおもしろくしていけるように
- ◆子どもたちが始めた人形劇ごっこがより広がるように、素材を準備したり、「舞台や背景はどうする？」など、工夫するところを考えるきっかけになるような投げかけをする。

もちつきを楽しみにしながら
- ◆いろいろな道具を説明しながら実際に使って、仕組みや扱い方がわかるようにする。もみすりなどを仲間と協力して行うよう声をかけ、教師も一緒に取り組む。　詳細はP.87
- ◆ほうきを作るなど、育てたもち米のわらを使ったあそびを楽しめるような活動を取り入れていく。　詳細はP.87

秋の自然を感じられるように
- ◆秋を感じられる歌や絵本などにふれたり、目につきやすい所に季節の自然物を展示したテーブルを置き、ふれたり、美しさを言葉で伝え合えるようにする。

第2週

前週末の子どもの姿
- もちつきを楽しみにしながら、もみすりやゴミ取りなどに意欲的に取り組んでいた。
- 普段モルモットとのかかわりが少ない子も世話にかかわったり、家から新聞紙や野菜を持ってきたりするようになった。

ねらい・内容
- ○誕生会の司会をする。
- ○当番制で、モルモットの世話をする。
- ◎友達と協力して作りながらあそぶおもしろさを感じる。(3)(9)
- ○作りたい物を友達と一緒に作る。
- ◎自然の変化に関心をもつ。(7)(10)
- ○熟したカキを収穫して食べる。
- ○葉や実を分類したり、あそびに使ったりする。

環境・援助・配慮のポイント

自分たちでできることを意識して行えるように
- ◆今まで教師がしていた誕生会の司会を任せていき、自信をもって取り組む姿や頑張ったことを認める。司会は立候補者のなかから決め、全員に回るようにする。　詳細はP.91
- ◆モルモットの世話をクラスでできるように話し合い、当番制にしていく。仲間で声をかけ合って始められるように伝え、見やすい場所に当番表を掲示する。　詳細はP.91

力を合わせて作っていく楽しさを感じられるように
- ◆子どもたちが仲間と一緒にあそびを始められるように段ボールをたくさん用意し、自由に使ってあそべるようにする。家や船を作りたいという思いをもって取り組む姿などを見守りながら、子どもが困っているときには教師がやり方を伝え、あそびが豊かになるようにする。

自然にふれながら秋を感じる
- ◆色づいたカキに気づき、収穫して食べる際には自分たちで皿や包丁などを準備できるように声をかけていく。
- ◆集めた落ち葉や実の形や色の美しさを感じたり、種類の違いに気づけるよう、教師が一緒に分類する。また、ドングリに顔をかいてみせ、製作あそびにつながるようにする。

振り返り・評価・改善

「主体的に生活する」について
2学期も後半に入り、片付けや動物の世話などわかっているけれど面倒でやらなかったり、人任せにしている姿が見られる。また、あそびが盛り上がる一方で、片付けの時間がわかっていても片付け始めなかったり、やりっ放しということもあった。自分たちでやりたいことを楽しむのと同時に、やるべきこともしっかりと行うよう意識させ、習慣づけるような声かけが必要だった。教師だけでなく、仲間同士で声をかけ合うように促し、できたときは認めていくなど、その都度、場面に合わせて意識できるように繰り返し伝えていった。意識が変わることで、主体的に動き出す姿が出てきたので、今後も継続していきたい。

家庭との連携	教材資料	11月の予定
・保護者会で、今の子どもの様子や育ちを伝えたり、就学の話にもふれながら、卒園までに園と家庭で大切にしていくことを確認する。	真赤な秋 （作詞＝薩摩 忠　作曲＝小林秀雄） きのこ （作詞＝まど・みちお　作曲＝くらかけ昭二） 松ぼっくり 宇宙人 絵本　どんぐりかいぎ（福音館書店） もりのかくれんぼう（偕成社）	・総合防災訓練 ・稲こき、もみすり ・保護者会

(6)思考力の芽生え　(7)自然との関わり・生命尊重　(8)数量や図形、標識や文字などへの関心・感覚　(9)言葉による伝え合い　(10)豊かな感性と表現

第3週

- ●段ボールを使って、仲間と一緒に作りたい物を作って楽しんだり、自分たちなりに工夫したりしている。
- ●誕生会の司会に張り切って取り組んでいる子が多かった。

○当番同士協力して、自主的にモルモットの世話をする。
◎クラスの仲間と目的に向かって工夫し、協力しながらあそびを進めていく。(3)(6)(9)〔第3週〜第4週〕
○みんなでするあそびを話し合って決める。
○あそびに必要な物をグループで作る。
◎消防士の仕事に興味をもつ。(5)(6)(8)
○消防士から話を聞いたり、消防車を見学する。

当番同士気づけるように
◆飼育当番の仲間で声をかけ合って、自分たちで始めることを意識できるように伝えていく。

クラスみんなで作っていくあそびに取り組む
◆先週までのあそびの様子を考慮しながら、どんなことがしたいか投げかけ、話し合って決めることで、力を合わせて作ることに期待をもてるようにする。　詳細はP.88
◆クラスでやってみたいあそびにどんな物が必要かを挙げ、グループで分担して取り組めるようにする。教師は、必要な材料を用意したり、手順を整理したりして、できるだけ子どもたちの力で進めていけるようにする。　詳細はP.88
◆各グループの進行状況を報告する時間を設け、ほかのグループに関心をもてるようにし、クラスの一体感を高める。

仕事や仕組みに興味がもてるように
◆消防士を招く前に、消防士の仕事に関連した本を読み聞かせて、子どもたちが消防車の仕組みや仕事の内容に興味をもち、消防士にしてみたい質問を考えられるようにする。
◆消防車を見学する際、教師が進んで道具や仕組みについて質問し、興味をもてるようにする。

第4週

- ●グループの活動で、意見を出し合いながら進めていくことができるようになってきている。
- ●なかなか思うように作れず、試行錯誤しているグループもある。

○進んで身の回りの整理整とんをしようとする。
○友達とアイディアを出し合い、協力したり、工夫したりして作る。
○友達の得意なことに気づき、刺激を受け合いながらあそぶ。
○目的に合わせて材料や用具を選び、工夫して使う。

整理整とんを意識する
◆素材や材料、道具などを分類して置いておけるように、種類ごとに収納できる箱を用意しておく。使わない物は片付ける、出たゴミを捨てるなど、自分の回りを整理しながら進めていくと、物をなくさずに済むうえ、道具につまずいて転ぶこともないので、安全のためにもよいことを伝え、意識しながらできるように促していく。

仲間と一緒に協力できるように
◆グループで作業をしているときは、それぞれの持ち場でひとりひとりの取り組む様子をよく見ていく。役割を見つけられない子は、できそうなことを一緒に考え、援助していく。また、友達同士で認め合ったり、刺激を受け合ったりできるように、ひとりひとりの工夫や頑張りを周りの子に伝えていく。
◆自分の思いやペースだけで進めていくのではなく、友達と話し合ったり、互いの思いを確認し合ったりしながら、一緒に進めていくことに気づけるように声をかけていく。
◆目的に合わせて、どんな材料や用具を使ったらよいか、どう改良するとよいのかも考え、みんなで工夫していけるように投げかけていく。

「クラスのみんなで目的をもって協力し合う」について
クラスみんなで目的をもってあそびを進めることを通して、力を合わせる経験をし、協力することで大作が作れるという期待が膨らみ、仲間関係が深まってきた。思いを伝え合うこと、役割分担や協力することも自然にできるようになってきた。教師は子どもたちの思いをくみ取り、よりあそびが豊かになる材料や道具、技術を提案していくようにかかわったので、子どもたちは刺激を受け、思いが形になっていくうれしさを感じられたようだ。今後は、この活動で作ったホテルごっこのあそびなどを異年齢児に楽しんでもらい、みんなで作り上げた喜びをさらに味わえるようにしたい。

9・10・11・12月 指導計画

12月の指導計画 保育園

→保育園→月間→P076_5歳12月_保

12月のねらい
◎一日の生活のなかで、自分なりの見通しをもって取り組む。
◎友達と共通の目的をやり遂げる満足感を味わう。
◎冬の健康と安全な生活を意識する。

※幼児期の終わりまでに育ってほしい姿　（ア）健康な心と体　（イ）自立心　（ウ）協同性　（エ）道徳性・規範意識の芽生え　（オ）社会生活との関わり

第1週

前週末の子どもの姿
- 手洗いのとき水を冷たく感じ、手をぬらすだけの子もいる。
- 生活発表会ですることを楽しみに友達と協力し合い、意欲的に取り組んでいる。
- 「寒いから」と言い、保育室に閉じこもりがちな子もいる。

ねらい・内容
◎健康な生活に必要な生活習慣を身につける。（ア）
○手洗いやうがいの大切さを確認し、丁寧に行う。
◎友達と共通の目的に向かってやり遂げる満足感を味わう。（イ）（ウ）
○生活発表会での役割がわかり、友達と協同して行う。
○生活発表会で友達と気持ちを合わせ、劇や合奏を披露する。
◎初冬の自然の変化に関心をもつ。（キ）
○吐く息の白さや風の冷たさなどで冬を感じる。

環境・援助・配慮のポイント

健康に過ごすために
◆自分の体をばい菌から守るために、手洗いやうがいが必要であることを話して、自分から行えるようにする。

生活発表会で、のびのび表現しよう！
◆劇の練習に取り組むなかで、声が大きくなったことや表現の仕方で工夫したことなど、ひとりひとりのよいところをみんなの前で認めたり、褒めたりする機会をつくり、自信につなげていく。
◆生活発表会当日は必要な道具の確認を子どもたちと一緒に行い、安心して臨めるようにする。
◆緊張や不安を見せる子には気持ちを受け止め、安心できるような言葉かけをし、日ごろの姿が表現できるようにする。
◆劇の発表の後は、幕引きやあいさつなど、ひとりひとりが自分の役割を果たしたことや、のびのびと表現できたことを具体的に褒め、達成感を味わえるようにする。

初冬の自然の変化に関心がもてるように
◆戸外に出てあそぶなかで、吐く息の白さや風の冷たさを口にしたときは共感したり、露や霜などの自然の変化に気づけるよう声をかけたりし、冬の自然に関心がもてるようにする。

第2週

前週末の子どもの姿
- 生活発表会が終わり、達成感や満足感を味わっている。
- 登園時、子どもたちが暖房器具の周りに集まる。
- 友達と競い合ってマラソン、ドッジボール、サッカーなどをしてあそんでいる。

ねらい・内容
◎冬の健康と安全な生活を意識する。（ア）（エ）
○冬の健康的な過ごし方を知り、自分から進んでする。
○防災を意識した、安全な冬の過ごし方を知る。
◎寒さに負けず、戸外であそぶ心地よさを味わう。（ア）（エ）
○友達や年下の子どもたちと思い切り体を動かして楽しむ。

環境・援助・配慮のポイント

健康的な生活を
◆厚着をしすぎないことや戸外で体を動かすことが、冬の健康的な生活につながることを話し、どんな行動をしたらいいのかを話し合いながら確認していく。
◆衣服の調節や防寒着の片付け、暖房器具のある部屋での安全な過ごし方などを確かめ合い、身につくようにする。
◆避難訓練をきっかけに、日ごろの生活と結び付け、火事の恐ろしさや火あそびをしてはいけないことなどを知らせる。

戸外で思い切り体を動かしてあそぼう
◆保育士も一緒にマラソンを楽しみ、走ると体がポカポカ温かくなることに子どもたちと共感する。
◆十分な時間や場所を確保し、サッカー、ドッジボールなど今まで楽しんできたあそびに年下の子を誘い、異年齢チームに分け、審判役などは5歳児が行って取り組めるように促す。
◆ひとりひとりの動きや友達との連携の仕方などを見て、子どもたちの成長を認めていくようにする。
◆トラブルが起きたときはお互いに気持ちを出せるようにし、保育士が仲立ちをして、みんなで考えながら解決していけるようにする。

評価・振り返り・改善

「生活に見通しをもつ」について
ほとんどの子は一日の生活に見通しがもてるようになり、時計の針を見て動いたり、前日の帰りの会で話した計画を頭に入れたりして行動できている。ただ、理解するために繰り返し伝えることを必要とする子もいるので、わかりにくいところはホワイトボードを使って説明し、正しい生活習慣や安全な生活ができるようにした。しかし、頭ごなしに注意すると自尊心が損なわれ「わかってる」「もういい」と聞き入れなくなるので、さりげなく時計に目を向けさせたり、ほかの子の様子に気づかせたりすると素直に受け入れてくれた。

家庭との連携
・時間の管理、片付け、着替えなどを自分でしようとする姿勢を大切にするために、家庭に知らせて協力を仰ぐ。
・家庭でも日本の伝統文化や行事を大切にしてほしいことや、年末年始の休み中は、生活リズムを崩さないように、配慮してほしいことを伝える。

教材資料
うた
ひとりぼっちのクリスマスよりも（作詞・作曲＝中川ひろたか）
たき火（作詞＝巽 聖歌　作曲＝渡辺 茂）
いつまでもともだち（作詞・作曲＝中川ひろたか）

うたあそび
もちつき（わらべうた）

絵本
パパとママのたからもの（評論社）
サンタさんからきたてがみ（福音館書店）

12月の予定
・生活発表会　・もちつき会　・消火避難総合訓練
・誕生会　・クリスマス会

食育
・旬の果物、ミカンを製作に使ったり、いろいろな調理方法で味わったりして、食材に関心をもつ。
・もち米やもちの感触や温かさを感じ、日本の伝統行事に興味をもつ。

（カ）思考力の芽生え　（キ）自然との関わり・生命尊重　（ク）数量や図形、標識や文字などへの関心・感覚　（ケ）言葉による伝え合い　（コ）豊かな感性と表現

第3週

●当番活動や身の回りのことなどを自分から行っている。
●トランプ、かるたなどを楽しんでいる子どもがいる。

◎生活や活動に見通しをもって行動する。（イ）
○一日の生活の流れを見通して、考えて行動する。
◎あそびのなかで文字や数字に興味をもつ。（ク）
○郵便ごっこをしてあそぶ。
◎自分なりの目標に向かって、最後まで取り組もうとする。（イ）
○道具を使い、めあてをもってあそぶ。

一日の流れを頭に入れて
◆小学校生活が近づき、いろいろな行事が入り、1日のスケジュールが変わることもある。見通しをもって過ごせるように、朝、一日の予定を知らせ、子どもと一緒に考える。
詳細はP.96

文字を書くことを楽しめるように
◆一部の子が楽しんでいた郵便ごっこが広がるよう、子どもとポストやスタンプなどを作り、準備する。　**詳細はP.96**
◆年賀状を話題にし、自分たちで書けるようにはがきサイズの紙やペン、マーカーなどを準備しておく。字を書くのが苦手な子はひらがなポスターを見ながら書けるようにする。
詳細はP.96

目標に向かって、繰り返しあそぶ
◆試したり、挑戦したりしてあそべるなわとび・ホッピング・フープなどを用意しておく。思うようにできないときは保育士がやりながらコツを知らせたり、友達の様子を伝えたりして意欲がわくようにする。また、子ども同士で教え合う姿を認め、友達との気持ちのつながりが深まるようにする。

第4週

●新しい年が来ることを期待している。
●「サンタさん、ちゃんとプレゼント持ってきてくれるかな？」など、友達同士でクリスマスのことを話している。
●もちつき会を楽しみにして、友達ともちつきを話題にする。

◎進んで掃除をしようとする。（オ）
○みんなで部屋を整理して、気持ちよさを味わう。
◎準備に積極的に取り組み、クリスマスを楽しむ。（ウ）（オ）（コ）
○身近にある材料で、工夫しながら飾りを作って飾る。
○クリスマス会に参加する。
◎日本の伝統的な行事を知り、みんなで楽しむ。（オ）
○もちつきの由来を知る。
○みんなでもちつきをする。

大掃除に意欲的に取り組む
◆12月の大掃除は気持ちよく新年を迎えるための日本の習慣であることを知らせ、だれがどこを掃除するか子どもたちと一緒に考え、分担して掃除をし、みんなできれいにする心地よさに共感していく。

クリスマスに期待をもち、楽しむ
◆子どもたちの夢やうれしい気持ちを聞き出し、楽しい雰囲気をつくる。イメージどおりの飾りが作れるように身近にある素材を用意しておく。また、作ったリースや飾りは、自分たちで保育室に飾って楽しめるようにする。
◆クリスマス会当日は、歌や踊りを楽しんだり、サンタクロース役の保育士が登場して気分を盛り上げたりする。

もちつきを体験する
◆もちつきは年の瀬の伝統的な行事であることを、手伝ってくれている保護者を通して伝える。
◆きねを使って全員が交代でもちをつけるようにする。
◆もち米を蒸すにおい、きねの重さ、つきたての温かくてすべすべしたもちを丸める感触、つきたてのもちのおいしさなど、五感を使ってもちつきの体験を味わえるようにする。

生活発表会を経験して
生活発表会で自分の見せたいこと、やりたいことを保護者に見てもらうことを楽しみに、目的をもち進んで活動に取り組んでいた。また、同じ目的をもつ友達といろいろな考えを出し合い、協力する姿も見られた。なかには自分の思いどおりに進めようとする子もいるが、保育士が助言すると友達の思いも受け入れ、折り合いをつけようとするようになってきた。これまでの生活やあそびの経験が表現活動へとつながり、主体的に取り組むことができた。この経験により、仲間意識がさらに深まり、クラス活動への期待が膨らみ、友達と協同的に活動する喜びを感じている。

9・10・11・12月指導計画

12月の指導計画 幼稚園

→ 幼稚園 → 月間 → P078_5歳12月_幼

12月のねらい
◎友達の気持ちに気づいたり、考えたりしながら、協力してあそびや活動を進めていく。
◎自分たちで主体的に生活を進めていく。
◎自分たちで育てたもち米を食べる喜びを仲間と共有する。

※幼児期の終わりまでに育ってほしい姿 （1）健康な心と体 （2）自立心 （3）協同性 （4）道徳性・規範意識の芽生え （5）社会生活との関わり

第1週

前週末の子どもの姿
- 友達のアイディアを聞いて、認めている姿もあった。
- 道具の扱い方や作りたい物に適した材料を、自分たちで考えられるようになってきている。

ねらい・内容
◎自分たちで主体的に生活を進めていく。(2)(3)〔第1週〜第2週〕
○時間を意識し、片付けを自分たちで始める。
◎クラスの仲間とあそびを進めていくおもしろさを感じる。(2)(9)〔第1週〜第2週〕
○積極的に自分の役割を見つけ、仲間と役割分担をする。
○クラスの仲間と年下の子を楽しませる。
◎保護者と一緒に生活展を楽しむ。(9)(10)
○保護者にあそびを紹介したり、ほかのクラスのあそびを楽しんだりする。

環境・援助・配慮のポイント

時間を意識できるように
◆あそび始める前に片付けの時間を確認するよう声をかけたり、片付けの時間が近づいたら時計を見るように促したりしながら、自分たちで気づけるようにする。

自分たちで作ったあそびで楽しんでもらう工夫を
◆クラスに異年齢児を招待することを伝え、先月から仲間と作ってきたホテルごっこなどを楽しんでもらうために、どのようにかかわったらいいかを考えたり、仲間と役割を確認したりする時間を設け、自分たちで進められるようにする。
◆年下の子とのやり取りがより活発になるように、始めは教師が間に入り、5歳児が力を発揮して意欲的に取り組むきっかけをつくる。
◆異年齢児の喜んでいた姿を伝えて、協力することの大切さや人の役に立つことの喜びを味わえるようにする。

生活展を保護者と楽しむ
◆生活展当日はホテルごっこなど、自分のクラスのあそびを保護者に紹介したり、ほかのクラスのあそびを親子で楽しんだりして達成感や充実感を味わえるようにする。

第2週

前週末の子どもの姿
- 集団あそびや伝承あそびでは、仲間を集め、やり方を自分たちで決めてあそぶようになってきている。
- 友達が傷つくようなことを言ったり、言葉が足りないことで誤解が生じトラブルになることがある。

ねらい・内容
○時間に見通しをもって生活する。
○友達の意見を受け入れ、協力し合ってあそびを進める。
◎自分たちで育てたもち米を食べる喜びを仲間と共有する。(7)(10)
○自分たちでもちつきの道具の準備をする。
○もちつきに参加し、もち米からもちになる過程を体感する。
○つきたてのもちを味わう。

環境・援助・配慮のポイント

時間に見通しをもてる配慮を
◆保育室に片付けの時間を表示し、確認するよう声をかけ、同時にそれまでにするべきことも伝える。

仲間の気持ちに気づけるように
◆じっくりとあやとりなどのあそびに取り組むなかで、友達と協力したり教え合ったりする姿を見守っていく。困っている友達の存在を伝え、仲間の気持ちに気づいたり、考えたりしていけるような投げかけをしていく。また、友達の話を最後まで聞いてから、発言するように声をかけていく。

育てたお米でもちつきをする喜びを味わうために
◆もちつきの前日に、みんなで蔵に道具を取りにいったり、もち米を研いだりして準備をし、もちつきを楽しみにできるようにする。 詳細はP.95
◆もち米を育ててきた達成感やもちのおいしさを仲間と共感できるよう、これまでのお米の活動を振り返り、「みんなで頑張って育ててきてよかったね」と声をかける。 詳細はP.95
◆ふかしたもち米を食べたり、においをかいだり、もちをついたり丸めたりできるよう声をかけ、お米がもちになるまでの過程を体感できるようにしていく。 詳細はP.95

振り返り・評価・改善

「友達の気持ちに気づいたり考えたりする」について
先月から続いているホテルごっこでは、異年齢児をお客さんとして迎え、あそび方を教えたり、やり取りを楽しんだりする姿が見られ、仲間と協力する楽しさを経験することができたと思う。今月は、仲間の気持ちを考えることを大事にしていき、子ども同士のかかわりのなかで、自分だけの思いで進めていないか、友達の思いを聞いているか、相手への言い方を考えているかなど、その都度、考えていくように問いかけた。探検ごっこでは、教師がいなくても仲間と相談したり、怖がっている子を励ましたりする姿が見られ、子どもからも、「みんなで頑張った」「○○君が優しくしてくれた」などの感想が出てきた。3学期は、仲間のよさが

家庭との連携	教材資料	12月の予定
・生活展では、壁面でこれまでの育ちを写真や文章で伝えたり、終了後に面談の時間を設けたりして、一緒に育ちを喜び合うようにする。また、子どもの作品作りを通して、工夫した点、協力し合っていた姿を伝え、子どもを認める機会になるようにしていく。 ・冬休みの過ごし方や、正月のあそびを子どもと楽しむ機会をつくってもらえるようお便りで伝えていく。	**うた** 赤鼻のトナカイ（作詞・作曲＝ジョン・マークス 訳詞＝新田宣夫） もちつき（作詞＝小林純一 作曲＝中田喜直） **うたあそび** ジングルベル **絵本** 14ひきのもちつき（童心社） サンタクロースってほんとにいるの？（福音館書店）	・生活展 ・もちつき ・探検ごっこ ・終業式

(6)思考力の芽生え　(7)自然との関わり・生命尊重　(8)数量や図形、標識や文字などへの関心・感覚　(9)言葉による伝え合い　(10)豊かな感性と表現

第3週

- ●やっともちつきができる喜びを感じ、準備を協力して行う子が多かった。もちのおいしさを仲間と共感していた。

◎5歳児としての自覚をもって生活を進めていく。(2)
○共同で使う場所の片付けを積極的に行う。
◎仲間の気持ちを考えたり、仲間と協力したりして活動を楽しむ。(3)(4)(9)
○グループのなかで、リーダーを話し合って決める。
○ルールを守り、友達と協力して探検ごっこに参加する。
○友達のよさを教師に伝える。

5歳児としての役割を意識できるように
◆自分があそんだ物の片付けだけでなく、廊下や園庭など全学年で共有している場所の片付けにも気づいていくこと、みんなのために役立つことの大切さを伝えていく。

仲間のことも考えていけるように
◆5歳児だけで森に探検に行くことを伝え、その練習を行う機会を設ける。そのなかで、ルールを守ることの大切さを話し、協力する気持ちをもてるようにする。　**詳細はP.92**
◆探検のグループは、仲間関係や個々の育ちを考慮しながら教師が編成する。
◆昨年の5歳児が探検の際に困ったことを話し、リーダーがいるとよいことを提案する。リーダーになる条件を考え、グループで話し合って決める。話し合いでは、仲間のよさを感じられるような投げかけをしていく。　**詳細はP.92、93**
◆コースには、道に迷うことがないよう、子どもがたどれる目印となる紅白のポイントを設置しておく。　**詳細はP.92、93**
◆教師はゴールした子どもを迎え、探検中の出来事を聞き、友達のよさや協力できたことがクラス全体に伝わるように認めていき、自信につなげていく。

第4週

- ●クリスマスや正月の話をして、楽しみにしている子が多い。
- ●探検では、散策に不安を感じ、途中で怖くなって泣いたりしながらも、みんなでやり遂げたことに自信をもっている。
- ●片付けのときに、子ども同士声をかけ合っている。

◎1年の終わりを感じ、冬休みを楽しみに活動に取り組む。(1)(2)
○ロッカーの掃除をする。
○冬休み中の健康な過ごし方を知る。
○きちんとした態度を意識して、終業式に参加する。
◎クリスマスを仲間と楽しむ。(6)(8)
○サンタクロースのイメージを膨らませる。
○サンタクロースからプレゼントをもらう。

1年の終わりを感じ、冬休みを元気に過ごす
◆掃除の手順を表にして、見ながら行えるようにする。
◆2学期が終わると今年が終わること、新しい年が始まることを伝えながら、冬休みを楽しみにできるようにする。
◆3学期も元気で会えるよう、冬休み中、健康管理や規則正しい生活について子どもが意識できるように話をしていく。
◆終業式に参加する態度をひとりひとりが考えるようクラス全体に投げかけ、出た意見を取り上げながら確認していく。

クリスマスを楽しみ、表現できるように
◆クリスマスが近づいていることを話し、関連した歌をうたったりダンスをしたりして、楽しみにできるようにする。
◆絵本を読んだり、絵をかいたりすることを通して、サンタクロースのイメージを膨らませていき、楽しみにする気持ちがもてるようにする。　**詳細はP.94**
◆あらかじめ保護者にサンタクロース役を頼んでおき、5歳児全員を園庭に集め、登場の際は鈴のBGMを流して、わくわくする気持ちを共有できるようにする。「プレゼントのこまを冬休み中に練習してうまくなるように」というサンタからの手紙を添えて、挑戦しようという気持ちをもつきっかけにしていく。　**詳細はP.94**

わかり認め合うこと、助け合うことをしながら、生活をしていくことを目標にしていきたい。

「もちつき」について
1学期から始めたもち米作りの最後の活動になったもちつき。進んで準備し、もちつきをするときのかけ声も自然に大きくなり、やっともちが食べられるといううれしさが伝わってきた。つきたてのもちを食べることでおいしさを味わい、頑張って育ててよかったという思いをクラスのみんなで共感できた。これまでしてきたことを振り返ったことで、食べ物を作る大変さや感謝の気持ちを感じる機会にもなった。

9・10・11・12月 指導計画

9月 10月 11月 12月の保育資料

風を感じて

指導計画 P.65

吹く風が涼しく、心地よい季節。子どもたちも秋の風を感じられるよう、いろいろな工夫をしています。

風の動きを見て

保育室の前に風を感じる飾りを付けます。子どもたちが興味をもったら、風の動きに気づくような声をかけていきます。「きれいね」「風が吹いている」「気持ちいいね」「涼しいね」など。

いろいろな色のすずらんテープを、さおに結び付けた物。風が吹くたびに、テープが揺れて、とってもきれい。

紙飛行機を作って

●折り紙の本を見て

あそびでも風を感じようと、風車や紙飛行機作りのために、折り紙、広告紙、新聞紙などさまざまな素材を準備しました。子どもたちは、折り紙の本を見ながら、思い思いの物を作り始めます。なかでも紙飛行機は大人気で、自分の作った紙飛行機で、友達と飛ばしっこを楽しむ姿も見られました。

●いろいろな飛ばしっこを

保育室で、だれの飛行機が一番よく飛ぶか競争をしているうちに、立つ場所を決めたほうがいいことに気づいたり、「順番にしよう」「並ぼう」など声をかけ合ったり、どうしたら競争が楽しくなるかを考えながらあそんでいます。

また、「的の中を通したい」という声を受け、どうしたらいいのか子どもと一緒に考え、フープとすずらんテープを使って的を作りました。

ここにテープをはってね。

みんな同じ場所から飛ばしたほうがいいという子どもの声を受けて、立つ位置にテープをはる。

保育室にあった折り紙の本を見ながら、紙飛行機を折る。

フープとすずらんテープで的を作り、的の中に飛行機を通せたら「大成功」ということに。

敬老の日のプレゼント

指導計画 P.66

おじいちゃん、おばあちゃんへの思いをみんなで話し、それぞれ思いを込めてプレゼントを製作しました。

おじいちゃん・おばあちゃんの話をしよう

「おじいちゃんやおばあちゃんは、みんなのことがかわいいし、大切に思っている。一緒に暮らしていなければ、心配もしていると思うよ」と話し、「みんなは、おじいちゃんやおばあちゃんにどんな気持ちを伝えたい？」と聞きました。子どもたちから、

- 夏休み、お出かけに連れて行ってくれたのがうれしかった
- お泊まりに来てくれるのがうれしい
- 優しくしてくれる
- 折り紙を教えてくれる

など、いろいろな意見が出たところで、「みんなが毎日園であそんでいることをおじいちゃんやおばあちゃんにも伝えてあげよう」と投げかけ、プレゼント製作につなげました。

フォトプレートを作ろう

用意する物

厚紙、麻ひも、絵をかく紙（白）、自然物（収穫した米・枝・硬い葉・ヒマワリの種・小豆など）、ボンド、子どもの写真（事前に知らせておき、持ってくる）、郵送用の封筒（園で用意した物を各家庭に持ち帰り、送り先の住所・宛名を保護者が書き、切手をはる。裏に子どもが自分の名前を書く）

準備（保育者が行う）

① 厚紙に写真をはり、裏に子どもの名前・日付を記入する。
② ①に穴を開け、麻ひもを通す。

こんなふうに

※ほとんどの子は2つ作る（父方と母方の祖父母に1つずつ贈るため）。

1日目…絵をかく

園で好きなあそびやうれしかった出来事などおじいちゃん・おばあちゃんに伝えたいことを油性ペンでかく。

2日目…飾りを付ける

台紙の余白に飾りを付ける。1枚は自分たちで育てたお米、もう1枚はその他の自然物をボンドではった。

※出来上がったら封筒にプレゼントと園からの手紙を入れ、のりで封をする。保育者が投かんしておく。

9・10・11・12月 保育資料

みんなで作るリズム体操

指導計画 P.64

5歳児にとっては、園での最後の運動会。子ども同士で話し合いながら、活動を進めていきます。

こんなふうに

●**普段のあそびのなかで自然に**

運動会ではリズム体操を行いますが、初めは普段のあそびに自然に取り入れるようにしています。
子どもの好きな曲や日ごろから親しんでいる曲を流すと、自分なりに体を動かし始めます。繰り返しあそぶうちに、「ここはこうしよう」「～ちゃんはここ、次はこうね」など、子ども同士で動きや振りを相談する姿が見られ始め、意欲的になっていきます。

●**どうしたらいいか考える**

すると、何やらトラブル発生。位置や動きを理解するのが難しく、それが原因でもめているようです。保育者が「みんな一緒に場所を移動するから、わからなくなるよね。どうしたらいいかな」と言うと、子どもたちは一生懸命考えます。そしてある子から、「印をつけたら？」という意見が出ました。「それいいね」ということになり、さっそく床に印をつけて、「～ちゃんはここだから、次はここだよね」などと言いながら位置の確認をしています。

実践者より

主体性を大切にするために

子ども同士意見を出し合いながら進める様子を見ていると、保育者として「こうしたほうがいい」と思うこともあります。しかし、それをそのまま伝えるのではなく、子どもたちの考えを尊重し、「これは、いいね」「さっきのもいいかも」などと声をかけていくようにしました。ただ、このように子どもの主体性を大事にしようとすると、それだけ時間はかかります。保育者が十分に見通して計画し、余裕をもって取り組みを始める必要があります。

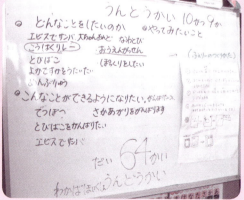

やることを保育者が提示するのではなく、「どうしたらいいかな？」とみんなで話し合いながら、ホワイトボードを活用し、内容を決めていく。

意欲的に取り組む運動会

指導計画 P.68

運動会に向けて個々に目標を設定し、その頑張りを形にすることで、子どもたちは意欲的になりました。

こんなふうに

ひとりひとりが目標に向けて頑張れるよう、「がんばりひょう」を取り入れました。

あそびのなかで楽しんでいた跳び箱、縄跳び、フープ回しなどから、子どもたちと相談して種目を決め、それぞれ自分の目標を設定して、書き込みます。自分で頑張ったと思う日にシールをはるようにすると、「○個シールが付いた」「鉄棒がまだ付いていない。あしたは鉄棒をやってみよう」など、やったこと、できるようになったことが見てすぐにわかります。運動会前日には、個々の「がんばりひょう」を見ながら、一番頑張ったこと、見てほしいことを発表する場を設け、「みんなで頑張ろう」という気持ちを高めました。

さらに手作りカレンダーには、子どもたちが運動会の予定を書き込むことで、取り組みの見通しがもてたようです。

「跳び箱は○段」「鉄棒で○○をする」というように、自分で決めた目標を書き入れ、頑張った日にはシールをはった。

実践者より

帰りの会などで、「今日は、うれしいお知らせがあるよ。○○くんが△△をできるようになったんだって」など、クラス全体で喜びを共有するようにしました。すると、友達に刺激され、「ぼくもできるようになるかも」と、意欲が高まっていったようです。

子どもたちが日付を書いたカレンダー。運動会の日もしっかり書き込み、楽しみにする。

サツマイモを収穫して

指導計画 P.69

ずっと生長を見守ってきたサツマイモを、いよいよ収穫。その喜びが、次の活動へとつながっていきました。

こんなふうに

掘る前に、畑の方からサツマイモの栽培過程について話を聞きました。6月の苗さしから今までの活動を振り返ることで、収穫できる喜びを感じたようでした。芋掘りの後は、その経験を思い出し、保育室でイモ作りから、出来上がったイモを使った園庭での焼き芋ごっこにまで発展していきました。

サツマイモの植え方、栽培計画などを、絵で示してわかりやすく教えてくれた。

長い、太い、小さいなど、いろいろな形、大きさのイモを収穫。

自分で掘ったイモを思い出しながら、紙を丸めてサツマイモを作り、すずらんテープを編んで作ったイモのつるに付けた。

落ち葉をかぶせて、焼き芋ごっこ。

いらっしゃ〜い！おいしいおイモですよ〜。

なべをたたいてお客さんを呼び込む焼き芋屋さん。

4歳児へのプレゼント

指導計画 P.70

当園で毎年、運動会後に行う4歳児へのプレゼント。1人1本ずつの縄を5歳児から渡します。

園長先生からの手紙

ある日保育者が、「園長先生から、みんなにお願いがあるって言われたんだ」と言って、子どもたちに手紙を見せました。「みんなから年中さんに、縄をプレゼントしてほしいんだって。みんなも、年中のときに年長さんからもらったよね。覚えてる？」と聞くと、子どもたちからは「○○組のお兄さんにもらった！」「うれしかった！」など声があがります。
今度は自分たちがプレゼントする番だという意欲が高まったところで、実際に贈る縄を見せ、今回はどのようにプレゼントしようか、みんなで話し合いました。

> うめぐみさんへ
> あした、ねんちゅうさんに、なわを ぷれぜんとしようと おもっています。
> うんどうかいで、かっこいい くみたいそうや なわたいそう、かけあしなわとびを みせてくれた ねんちょうの みんなから、ぷれぜんとしてもらえたら、きっと、ねんちゅうさんも よろこぶと おもうので、おねがいします。
> どうやってわたすか、みんなで かんがえてくださいね。
> ねんちゅうさんには ないしょですよ。
> えんちょうせんせいより

＜子どもたちから出た意見＞
① 4歳児に目をつぶっていてもらい、「せーの」で目を開けるのと同時に縄を差し出す。
② 4歳児に目をつぶっていてもらい、その間に縄を腰に巻いてあげる。
③ 縄をあげるときに、「大事に使ってね」「いっぱいあそんでね」とメッセージを添える。
など

4歳児役と5歳児役に分かれ、意見として出された①～③の方法をやってみて、今回は②の方法に決めました。

プレゼント贈呈

4歳児の部屋に行き、決めた方法でプレゼントを渡した後、5歳児が保育者の質問に答える形で、縄についての説明を行いました。

4歳児が目をつぶっている間に、縄を腰に巻いてあげる。

 4歳児担任　　 5歳児

Q「年中さんの縄は真っ白。年長さんの縄は、いろいろな色だね」
「どうやったら、そういう色になるの？」
→ A「絵の具みたいな色のついた水（染め粉を溶いた水）の中に縄を入れるの」
「色がついたら、お水で洗って乾かしたよ」
「自分で好きな色を選べるんだよ」

Q「縄でどんなことしてあそぶのが楽しい？」
→ A「跳ぶ」
「鉄棒でブランコをする」
「しっぽとりゲーム」
「縄体操」（5歳児が運動会で行ったもの）
※実際にやって見せる場合も。

4、5歳児一緒に、縄体操。4歳児は5歳児のまねをして動く。

「コビト」の世界にひたって

指導計画 P.71

子どもたちの大好きな『こびとづかん』の絵本からイメージを広げ、いろいろなあそびに発展していきました。

捕まえ方を考える

絵本に載っている「コビトの捕まえ方」を試してみました。

かごとひもを使って「コビトを捕まえる仕掛け」を作る。

参考図書

『こびとづかん』
作＝なばたとしたか
長崎出版刊　定価＝1,500円（税別）

<こんなお話>
「ぼく」は、じいじから借りた手作りの図鑑「コビトの記録」を頼りにいろいろな種類のコビトを見つけていく。

コビトを探そう

いよいよコビト探しスタート。園内のあちこちを回って。

● 園庭で探す

ここにコビトが来ました！

コビトが現れそうな所に食べ物を置いておき、翌日に確認すると、なくなっている！ コビトが現れた印に、コビトの絵をかいてはった。

「木の中にもいるんだって」と言って、木の穴を枝でぐりぐり。

● ポスター

コビト探しをほかのクラスの子に伝えるポスターを作ってはる。

コビトに変身して遠足へ

遠足で行く森でも、コビト探し。コビトが「人間だ！」と思って逃げてしまわないよう、絵本に載っていた「とうちん」（コビトの頭についている触手のような物）を作り、それを色帽子に付けて出かけました。

「とうちん」は、中に針金を入れ、好きな形に曲げられるようにした。

とうちんを付け、コビトに変身した子どもたちは、友達と協力しながら、川を渡り、山を登る。

9・10・11・12月 保育資料

米作り③ 観察と収穫

指導計画 P.66、67

夏休み明けの9月、久しぶりにクラスみんなで稲を観察。そして収穫の作業に取り組みます。

収穫前の活動

●田んぼを見に行く

クラス全員で田んぼに行って観察。保育者は夏休み中の経緯を伝え、問題になっていることについて、子どもたちと解決策を話し合います。

＜実際に試した解決策＞
- 鳥が嫌いな「きらきらする物」やかかしを作り、田んぼのそばに置く。
- お米が食べられなくなったスズメのために、えさをあげる。
- 暑さからお米を守るために、田んぼを氷で冷やす。

観察後に気になったことをホワイトボードに書き出し、解決策を話し合った。

実践者より

夏休み明け1週間後くらいには収穫できるのですが、長い休みが入ったことで子どもの気持ちが、お米から離れてしまっています。苦労して育てたからこそ得られる「収穫の喜び」を感じてほしいという思いから、休み明けすぐに収穫するのではなく、9月初めの数週間、収穫前の活動を行っています。

きらきらする物

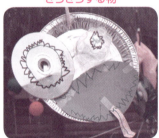

CDやアルミ皿などで作ったきらきらする物。

えさをあげる

小麦粉、小豆、ヒマワリの種などでバードケーキを作り、田んぼの近くに置いておく。

氷で冷やす

ゼリーの空き容器などを使って氷を作り、ひもでつるす。

●米作りを振り返る

今までの活動を振り返り、楽しかった、大変だった、頑張ったなどの気持ちを言葉にし、写真と共に掲示していく。

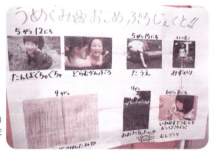

5月の土作り（田んぼぐちゃぐちゃ）から、現在の米が実ったところまで、写真と絵で振り返る。

収穫する

●稲を刈る

いよいよ稲刈り。「刈る→1か所に集める→束ねる→干す」という一連の作業を保育者に教わりながら行う。子どもがかまを持ち、保育者が手を添えて行うが、子どもが刈る感触をしっかり感じられるように、保育者の手の位置に注意する（子どもの手ではなく稲を持つなど）。

※事前に、かまはよく切れる道具であること、振り回さないことを伝えておく。

はしを持つ方の手でかまを持ち、もう片方の手で稲の束をしっかり持つ。

●観察する

収穫した稲を部屋に持ってきて、お米のつき方、米粒の筋や毛を見たり、1本の稲に付いている米の粒を数えたりする。

1つの稲に米粒がいくつ付いているか数え、テープで画用紙にはってみた。

米作り④ 稲こき体験

指導計画 P.74

11月に入ると、田んぼの活動もいよいよ大詰め。来月のもちつきに備えて、稲こき（脱穀）を体験しました。

いろいろな道具を使って

9月に刈った稲をいよいよ脱穀する時期。道具の仕組みや扱い方の説明を受けた後、実際に稲こきを体験しました。子どもたちは初めて使う道具に緊張しながら、慎重に取り組んでいました。

脱穀して取れた米粒を集める。ひと粒ひと粒がおもちになることを意識し、米粒をしっかりと拾う。

千歯こき（左）や足踏み脱穀機（下）の使い方を教えてもらい、交代で稲こきを行う。

集めた米はうちわであおいだり、ふるいにかけたりして、小さなワラを取り除く。

実践者より

道具の進化の過程を知らせる

道具の使い方を説明する際に、昔の人の知恵や、どのように道具が進化してきたのか、ということも伝えています。
「大昔の人は、手で一粒ずつお米を取っていたんだ。でも大変だから、千歯こきという道具を考えて、一度にもっと多くのお米が取れるようにしたんだよ」と言って、千歯こきで稲こきをして見せました。そして、「その後、もっと便利な道具はできないかな～と、考えたのが脱穀機という道具。ペダルを踏むと、中の機械が動いてお米が早くたくさんとれるんだよ」と言って、今度は足踏み脱穀機で稲こきをして見せました。子どもたちは、初めて見る機械やその仕組みに興味津々で、意欲的に取り組んでいました。

ワラで製作

脱穀で米から取り除かれたワラを使って、ほうきや人形を作りました。

人形

ワラを束ねて半分に折り、輪ゴムで留める。

下をはさみで切りそろえて。

完成！

モールや木の実をボンドで付けて。

ほうき

両面テープをはった段ボールの上にワラを並べて。

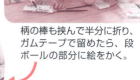

完成！

柄の棒も挟んで半分に折り、ガムテープで留めたら、段ボールの部分に絵をかく。

作ったほうきは飼育動物のゲージ掃除に使う。

9・10・11・12月 保育資料

クラスみんなでつくるあそび —— 指導計画 P.75

共感や刺激をし合いながらイメージを膨らませ、クラスのみんなで協力する楽しさを味わうあそびを行いました。

何を作ろうか？

① 保育者が投げかける
まず保育者から「これから、クラスのみんなで力を合わせてあそびを作りたいと思うんだ。どんな物を作りたい？」と聞く。

② 何をするか話し合い、決定
みんなから出された案を書き出し、そのなかから1つに絞り、作っていくあそびが決定。そのあそびをするために、作る物を出し合い、5つほどに絞る。
例）お化け屋敷の場合…墓、トンネル、ビックリハウス、のっぺらぼう、ろくろっくび。

③ グループ分け
②で決まった物から自分の作りたい物ごとに分かれてグループになり、何を作るか、どうやって作るかを相談しながら製作を進める。

みんなで輪になり、顔を見合って相談する。

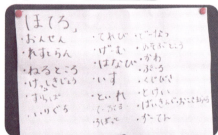
子どもたちから出た意見。ここから5つくらいに絞っていく。

製作例 〜温泉ホテル〜

段ボールで温泉の湯船を作ったことをきっかけに、ホテルごっこをすることになりました。「お客さんが楽しむためには」という意図から作る物を決定。客席、レストランなどグループごとに相談しながら製作を進めました。

作った物（例）

- **温泉**
  温泉の囲い、お湯をかき混ぜる棒、屋根（露天風呂のイメージ）
- **レストラン**
  テーブル、キッチン、メニュー、食べ物、店員のエプロン
- **ゲームセンター**
  転がしゲーム、輪投げ
- **マッサージ室**
  ベッド、壁、カーテン、マッサージメニュー
- **客室**
  ベッド、テレビ、テーブル

※そのほか、くじ（次に来たときに無料で泊まれる券を入れる）、打ち上げ花火なども作った。

温泉

温泉からホテルを連想した子どもたち。

レストランのテーブル

段ボールに透明コップをつなげた脚を付けてテーブルに。安定させるのが難しい。

転がしゲーム

段ボールをはり合わせて、転がしゲーム作り。うまく転がるか、何度も実験する。

ゴールもいろいろ工夫して。

やった！立った！

友達と大きな物作り

指導計画 P.72

友達と共通のイメージをもち、協力しながら製作あそび。いろいろな素材を工夫して楽しんでいます。

こんなふうに

自由な発想で作れるよう、保育室に空き箱やトイレットペーパーのしんなどいろいろな素材を豊富に用意しました。みんなで協力して大きな物を作ってほしいという思いから、大きな用紙や段ボールなども出しておきました。すると、散歩で町探検をした経験から、大きな地図作りが始まり、立体のお店屋さんごっこに発展していきました。

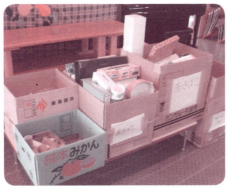

自由に取り出せるように、製作素材を置いておく。

実践者より

なかなかイメージがわかない子には、一緒に考えたり、友達の作品を知らせたりしていきました。作った物を壁にはると、それを見てイメージを膨らませている子もいたようです。

大きな地図作りは、すごろくの要素も加わって、あそべる地図に。

紙をはり足していくうちに、どんどん大きくなる。

お散歩で見たお店の商品を作り、お店屋さんごっこが始まる。

9・10・11・12月 保育資料

地域の職場訪問

指導計画 P.72、73

勤労感謝の日の話をきっかけに、製作や地域の職場訪問から食育など、様々な活動につながっていきました。

仕事について考えよう

●どんな人が仕事をしている？

「勤労感謝の日」があることを伝え、身近にどんな人が仕事をしているか問いかけました。イメージしやすいよう、家族や、園に出入りしている業者の方などを切り口に話します。

駐車場の警備員さんは「こっちでーす」ってしてくれる。

僕のおじいちゃんは園に野菜を届けてくれるよ。

●「ありがとう」を伝えたい！

その後、散歩でいつも前を通るお店についてもふれ、保育者は「そうだね、○○はこんなところが大変だよね」など、仕事の大変さや頑張っている大人の姿を伝えます。すると、子どもたちから「みんなで『いつもありがとう』って言いに行くのはどう？」と声があがり、「わたし、お手紙書こうかな」「プレゼント作りたい」「運動会みたいな金メダルは？」など、これまでの経験から次々とアイディアが出てきました。

実践者より

多少不格好でも、子どもが自分で作ることを大切に考え、製作が苦手な子には、はさみの線を書いて上を切るよう促すなど、必要な部分だけ援助しました。

プレゼント例

ネックレス
ストローや様々な形に切った色画用紙を、糸に通す。

ペンダント・メダル
画用紙や折り紙で作り、リボンを付ける。

絵・手紙
絵や文字で、感謝の気持ちを表現。

実際の仕事を見てみよう

プレゼント贈呈も兼ねて、地域の職場を訪問します。訪問先には事前に連絡しておき、仕事内容も見学。魚屋さんではサメ、アナゴ、カジキマグロなどスーパーではあまり見かけない魚に加え、いけすの中にいる生きたエビやイカ、サザエなどを見せてもらいました。

※魚屋さんへは、折り紙で折った魚を金の画用紙にはって作った「金メダル」を贈った。

魚屋さんの大きなまな板や包丁すべてが新鮮で、じっと見入る子どもたち。

実践者より

魚をさばく様子を見て

魚屋さんで購入したイワシを園に持ち帰り、園長が手開きの様子を見せました。
「ここから指を入れるよ」と言って腹わたを取り出そうとした瞬間、肛門からふんが出て、子どもたちは「うわぁっ」とびっくり。エラや腹わたを取り出し、口を開けて見せると、「歯がある！」「口でかいねぇ」「ちょっとくさい」「痛そう」などつぶやきます。「血が……」と、言葉を失う子もいました。そこで保育者は、「みんなのおなかにも同じように胃や腸があるんだよ」「けがをしたら血が出るでしょう」など、自分の体とイメージをつなげられるよう伝えました。
切り身の魚しか知らない子どもがほとんどで、実際にさばく様子はとても印象深かったようです。さばいた魚は保育者が持ち帰ったのですが、翌日「先生、きのうの魚どうやって食べた？」など多くの子が関心を示していました。「命をいただく」ということや体の仕組みを考えるよい機会になりました。

園長コックの包丁さばきに、くぎ付けの子どもたち。

できることを主体的に

指導計画 P.74

わかっているけど面倒でやらないという姿が見られるころ。改めて主体的な活動を考えていきました。

飼育動物の世話

●モルモットの世話の必要性を再確認

「最近、モル君のお世話してる?」と聞いてみると、自信をもってやっていると言う子どももいるけれど、そうでない子も。そこで、世話をすることについて、クラスみんなで再確認をしました。

保育者が、「4月に、○○組でモルモットを飼うって決めたとき、みんなはモルモットのお父さんやお母さんになるっていう話をしたこと覚えてる?」(P.35参照)と話し、飼い始めたころのことを思い出し、「ひとりひとりがモル君のことを大事に思って、毎日お世話をすることが、お父さんやお母さんの大切な役目だと思うんだ」と、子どもたちの役割を伝えます。そして、「最近、お世話をしてくれる人が決まってきているけど、任せきりにしないで、みんなで世話していこう」とつなげました。

いつも世話をしている子に、みんなの前で実際に掃除をしてもらい、やり方を確認。

当番の3人で協力しながら行う。

実践者より

世話をしていないことを責めるのではなく、ひとりひとりがもう一度、みんなで飼う意味を再確認し、責任をもってすることの大切さや必要性を感じられるように、話を進めていきました。

●当番活動にして

飼育ケースの掃除は、1日1回。みんなができるようにするには、当番で順番にしようということになり、カード式の当番表を作り、3人ずつ一日交替で行うことに。「掃除は必ず、3人一緒に行う」「なるべく、朝のうちにする」ことを約束しました。

誕生会の司会

いつもは保育者が行っている誕生会の司会に挑戦。3、4人で前に出て、いくつかの言葉を言います。大きな声で、声を合わせることを伝えると、「せーの」と声をかけ合っていました。前に出ることに緊張したり、恥ずかしがったりする子もいますが、友達と一緒ということが心強く、頑張れるようです。

実践者より

異年齢児と一緒に行うことも多いので、終わった後には頑張りを認め、かっこよさを年下の子に伝えるなどして、自信がもてるようにしています。

進行(例)
※「 」内を、子どもが言う。

1. 始めの言葉
「これから、○月生まれのお誕生会を始めます」
2. 誕生者紹介
3. プレゼント贈呈
「次は、カードとペンダントのプレゼントです」
4. 歌
5. おうちの人紹介
「次は、おうちの人紹介です」
6. 保護者の出し物
7. 保育者による出し物やゲーム
「次は、先生たちのお楽しみです」
8. 終わりの言葉
「これでお誕生会を終わります」

これから、11月生まれのお誕生会を始めます。

3人で声を合わせて……。緊張しながらも一所懸命。

司会の言葉を紙に書いて説明。

9・10・11・12月 保育資料

森の探検ごっこ

指導計画 P.79

スタートからゴールまで、子どもだけで行動。仲間とのつながりが深まり、大きく成長する取り組みです。

探検の練習

森に行く前にホールで練習。ここでやり方や約束を覚えます。慣れている場所のためか不安はなく、楽しんでいました。ただ、同じグループで遅れている子に気づかずに進んでしまう子、早くゴールしたくて、1人でどんどん進んでしまう子など、仲間との協力ができていない姿も見られました。

てのひらに、はんこを押すんだよ。

ここで、「どんぐりころころ」を歌うんだって。

ホールに設定されたコースをグループごとに回り、指令をクリアしていく。

リーダーを決めよう

練習後に困ったことを出し合うなかで、保育者はグループにリーダーが必要だと話します。「リーダーってどんな人？」と投げかけ、それぞれのリーダー像を発表。話し合いの後、グループごとにリーダーを1人決めました。

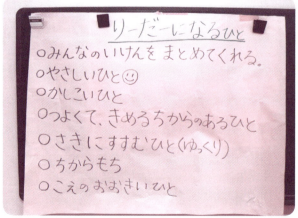

子どもたちから挙げられた「リーダーの条件」。

実践者より

リーダーになりたがる子が多く、懸命にアピールする姿が見られました。また、「いつも優しいから○○君がいいと思う」と推薦される子もいれば、よくない点を指摘され、悔しくて、怒ったり泣いたりする姿も見られました。
しかし、こうしてじっくりと話し合うことで、リーダーになれなくても納得して仲間に譲ることができるようになっていったようです。

力の強さをアピール！

さあ、探検本番！

準備
- 園近くの造園屋さんの土地である森を借りて、探検コースを作る。スタート・ゴールの看板、たどる目印となる紅白のポイントや指令の札を設置（持ち主の了解済み）。
- 安全を確認する（子どもの目の高さに木の枝がないか・足場がしっかりしているか　など）。

こんなふうに
約束を確認し、グループごと時間差をつけてスタート。近所とはいえ、森の奥まで入るのは初めての子が多いため、ドキドキです。

スタート。

たんけんたいの みんなへ。
きょねんの ねんちょうさん、たんけんに いって、みんな ゴールできました。みんなも 3つのおやくそくを まもって、がんばってね。
もりのなかで、ほかのグループが みえたら、みえなくなるまで とまっていましょう!!
くっついてしまうと、みもしろくなるよ。
がんばれ たんけんたい！

スタート地点にはられた探検のお約束。みんなで確認して進む。

道が狭いので1列になって歩くことが多い。泣いている子や怖がっている子を列の真ん中に入れてあげていた。

やっほー!!

見晴らしのいいポイントでは、「ようちえんにむかって、やっほーをいう」の指令。

ゴール。

最後のグループを応援する子どもたち。

怖かった……。
ほっとした……。

ゴールして緊張が解け、思わず泣き出す子ども。

実践者より

友達同士、励まし合い、頼り合って

森の中に隠れて様子を見守っていると、子どもたちの声が聞こえてきます。「○○ちゃん大丈夫?」「ここ気を付けて」と友達を気づかったり、「勇気を出して行こう!」と励ましたりするグループがあるなか、途中でリーダーが怖がって泣いてしまい、仲間で話し合った結果、リーダーを交代することにしたグループもありました。
スタート前には、不安で泣いてしまっていた子を、「みんながいるから大丈夫」「手をつないで行こう」と励ます姿も見られました。保育者がいなくても、協力してゴールできたこと、助けてもらった友達の優しさや強さを感じられたこと、友達が自分を頼りにしてくれたことなどが自信となり、仲間関係が深まる経験になりました。

安全確保と子ども同士のかかわりを見るため、職員は隠れて見守る。

等身大の絵をかいて

指導計画 P.72

健康や食への関心を高める活動として、等身大の絵をかき、体の仕組みを考えていきました。

食べ物の行方を追う

まず、体の仕組みがわかる視覚教材を使い、「食べた物がどこへ行くのか」という話をしました。口から入った食べ物がかみ砕かれ、長い小腸を通りながら栄養を吸収すること、その後大腸に進み、うんちとなって体外に出されること、うんちは自分の健康状態を知るバロメーターであることなどを、目で見て理解していきました。
すると、ある子どもから「僕も同じかな?」という声。保育者が、「自分の体をかいてみようか?」と言うと、子どもたちは大賛成。かき方については、以前、自分のてのひらをなぞってあそんでいたことを思い出し、「体を写してかいたらいいんだよ」という意見が出てきました。

役割分担をして協同し、絵をかこう

体をなぞってかく作業は、1人ではできません。「僕が紙の上にゴロンって寝るから、○○ちゃんがなぞってかいてみてよ」というアイディアが出たので、友達同士誘い合って数名のグループを作り、紙に寝る子、それをなぞる子、動かないように支える子など、役割分担をして取り組みました。
体の輪郭をかき上げると、今度は図鑑を見ながら、食道や胃、小腸、大腸などをかき入れていきます。「細長いトンネルをかいて……丸い穴（胃）があったね」など友達と会話を楽しみながら、かいていました。

出来上がった絵はパネルに。子どもたちは、食べ物の行方を、指さしで追いながら確認する。

9・10・11・12月 保育資料

クリスマスを楽しみに！

指導計画 P.79

クリスマスが楽しみな子どもたち。様々な活動を通して、サンタクロースのイメージを膨らませていきます。

サンタの国をかく

用意する物・準備
色紙（三角や四角に切っておく）、台紙、きらきらの紙（星形に切っておく）

作り方
① 台紙と色紙を選び、色紙を組み合わせてはり、クリスマスツリーを作る。
② 白クレヨンでツリーの周りに絵をかき、自分のイメージするサンタの国をかく。
③ きらきらの紙の星をツリーのてっぺんにはる。

絵本にあった「サンタさんが大切にしている大きなクリスマスツリー」をイメージして。

サンタ登場

ある日、子どもたちが園庭に出ると、2階から保護者が扮したサンタクロースが……。子どもたちは突然のサンタの登場に驚き、「サンタさんだ」と指さしたり、呼びながら手を振ったりしています。サンタさんが英語で話し始めると、内容はわからないものの、真剣に聞き入っていました。
サンタが去った後、置いていった手紙を保育者が読みます。部屋にプレゼントがあることがわかり、子どもたちが一目散に部屋に戻ると、大きな袋を発見。中には、こまのプレゼントが入っています。みんなで声をそろえ、サンタさんがいるらしい空に向かってお礼を言いました。

2階からサンタさん登場。

サンタさーん！

サンタさんを見つけ、大声で叫ぶ子どもたち。

サンタさんからの手紙（英文）を、通訳して読む。

米作り⑤ もちつき

指導計画 P.78

大切に育ててきたお米でのもちつき。
今までの活動を思い出しながら、より意欲的に取り組みます。

振り返り

5月から行ってきたお米の活動の写真を見直し、振り返ります。お米を育てるためには長い時間とたくさんの工程があったということを実感し、お米ひと粒ひと粒を大事にしようと思えたようです。そして、みんなで大切に育ててきたお米をいよいよ食べることができるということで、もちつきへの期待も高まりました。

みんなで準備

① 必要な道具を子どもたちと取りに行き、蔵から園庭に運ぶ。道具をたわしで洗う。
② 米をといで水につける。
※前月脱穀した米（P.87参照）は、知り合いの方に精米してもらった。それを受け取った子どもたちは洗う前に、ごみを取り除いておく。
※米を洗った水が白から透明になっていくことに気づき、興味をもっていた。

小さいスプーンを使って、米に混ざった小石などを取り除く。

重たい道具も友達と力を合わせて運ぶ。

米をとぐ。自分で育てたお米ということで、大切に扱い、1粒でも落ちたら拾っていた。

もちつき当日

① 米をせいろに入れて蒸す（子どもたちは見学）。
② 軟らかくなった米を一口ずつ食べる。
③ 順番にもちをつく。
④ つき上がったら、しょう油などを付けて食べる。

下で火をたき、湯気で米が軟らかくなる仕組みを聞き、興味津々。

「うちの御飯より硬い」「かんでいるとおもちになる」など、いつも食べている御飯との違いに気づく。

協力したお父さんが力強くつく姿を見て、頑張ってきねを動かす子どもたち。

つきたてに、しょう油を付けて……伸びる伸びる！

9・10・11・12月 保育資料

文字・数量・時間を意識して

指導計画 P.77

もうすぐ小学生という意識が高まる子どもたち。あそびのなかで文字や数量にふれる機会を作ります。

文字に親しむ環境作り

保育室内の環境やあそびのなかに、文字や数量を取り入れ、自然に親しめるよう、工夫しています。

おもちゃの棚には、「かるた」「ぱずる」など、子どもが書いた名札が付けてある。

ままごとで使用しているメニュー表。写真と共に、書いてある文字にも注目。

郵便ごっこ

環境設定
- テーブルの上にはがき大の紙、鉛筆や水性マーカーを置いておく。
- ひらがな表をはる。
  ※文字を身近に感じ、わからなくなったときに確認するため。郵便ごっこがはやる前からはっておく。
- スタンプ
  ※文字が書けない子も手紙のやり取りを楽しめるように。

こんなふうに
1人の子が保育者とお手紙ごっこを始めたことから、子ども同士のやり取りにつながりました。書いた手紙を届けているうちに、「郵便屋さんやりたい」という子どもが出てきて、郵便局作りに発展。切手や封筒、ポストを作って、お客さんとのやり取りや、配達を行いました。

切手 紙をピンキングばさみで四角く切る。
封筒 広告紙を折って作る。
ポスト 段ボール箱に赤い紙をはり、差し入れ口と取り出し口の穴を開ける。

「切手を一枚ください」「○円です」「はいどうぞ」など、郵便局員とお客さんとのやり取り。

生活の流れを見通して

時間の感覚が育ち、1日の流れから、数か月の見通しまでもてるようになってきました。生活のなかに意識的に見通しをもつ機会を取り入れています。

週、月単位の見通しを
大きなカレンダーに行事を記入し、おおまかな行事や予定についても知らせ、「あといくつで（何日したら）○○がある」と伝える。

毎月のカレンダー。日付の数字は子どもたちが書いている。

一日の見通しを
ホワイトボードにおおよその時間と活動を書いておき、一日の流れを見通せるようにした。朝にその日の予定を伝えたり、帰りの時間に今日行ったことを確認し翌日の予定を一緒に考えたりするときに活用する。

実践者より
自分で気づけるように
- ボードと時計を見比べ「もうすぐ長い針が○○になるよ」と、気づいて行動する子どもも出てきました。気づいた子を褒め、意欲につなげました。
- 「小学校の給食時間は20〜30分」と言われます。そこで、おしゃべりで遅くなっていたら、時計を指しながら、「少しお話をやめて、○分までに終わるようにしてみよう」と促し、時間を意識できるようにしていきました。

1月 2月 3月
指導計画と保育資料

指導計画と保育資料は連動しています。

1月の指導計画 保育園

→ 保育園 → 月間 → P098_5歳1月_保

1月のねらい
◎冬の生活の仕方に気づき、健康に関心をもつ。
◎友達と一緒にルールを工夫して楽しむ。
◎正月あそびを通して、文字や数量に親しむ。
◎冬の自然事象に興味をもち、あそびに取り入れて楽しむ。

※幼児期の終わりまでに育ってほしい姿 （ア）健康な心と体 （イ）自立心 （ウ）協同性 （エ）道徳性・規範意識の芽生え （オ）社会生活との関わり

第1週

前週末の子どもの姿（1月当初の子どもの姿）
- 生活リズムが乱れ、不規則になっている子もいる。
- 久しぶりに会った友達や保育士と新年のあいさつを交わし、会話を楽しんでいる。
- 友達と正月に経験したあそびをしている。

ねらい・内容
◎冬にふさわしい生活の仕方に気づき、健康に関心をもつ。(ア)
○生活リズムを整えていく。
○手洗い・うがいなどをすすんで行い、感染症予防に努める。
◎正月の雰囲気を味わう。(オ)〔第1週～第2週〕
○日本古来の伝統的な食事や行事を経験する。
○自分が経験した正月あそびを、友達と一緒にする。
◎思いを伝える楽しさを味わう。(ケ)(コ)
○感じたことや思ったことを、保育士や友達に伝える。

環境・援助・配慮のポイント

健康に関心がもてるように
◆自分の体の健康について関心がもてるように、早寝早起きや食事など、いろいろな角度から話をしていく。
◆ひとりひとりの状態を見守り、自分から気づけるように、うがいや手洗いなどの必要性を話し合っていく。

正月らしい体験を
◆おせちや七草がゆなどの伝統的な食べ物の由来や食材について知ることができるよう、図鑑やポスターなどを用いて話す。
◆自由に正月あそびを楽しめるよう、こまやかるたなどをすぐ使用できるところに、用意しておく。
◆郵便ごっこの参考になるように、正月にもらった年賀状を持参するよう伝え、紹介したり掲示したりする。

伝える楽しさを味わうために
◆休み中のことを発表する機会をつくり、伝える楽しさを味わえるようにする。
◆経験したことや感じたことを、相手にわかるように話すためには、どうすればよいかを一緒に考え、必要に応じて適切な言葉を補っていく。

第2週

前週末の子どもの姿
- 材料を持ち帰り、親子でのたこ作りを楽しみにしている。
- 正月あそびを友達と共に楽しんでいるが、あそびのルールが統一されておらず、トラブルになることもある。
- 郵便ごっこの流れで年賀状のやり取りをする子もいる。

ねらい・内容
◎ルールのあるあそびを、工夫することを楽しむ。(イ)(エ)
○自分で考えたルールを友達と伝え合い、あそびを進める。
○ルールを守ってみんなであそぶ。
○もぐらうちに興味をもって参加する。
◎自然を利用したあそびを楽しむ。(カ)(キ)
○風の強さや吹く方向などを意識して、たこ揚げをする。

環境・援助・配慮のポイント

一緒に楽しめるように
◆子どもの考えたルールがうまく伝わっていないときは、補ったり、正しい言葉に替えたりしていく。　詳細はP.116
◆すごろくなどのゲームに負けた悔しさに共感し、あきらめずに挑戦する姿を認め、次への意欲につなげていく。
◆達成感が味わえるように、繰り返しやろうとする姿を認めたり、工夫している点を友達に知らせたりする。

地元の伝統行事にふれる機会を
◆地域の老人クラブの方を招いて、地元の伝統行事「もぐらうち」に興味がもてるように話をしてもらい、意欲的に参加できるようにする。
◆安全のため、地面をたたく棒は立てて持つことを伝える。

自然現象に興味が向くあそびを
◆親子で作ったたこを持参し、自分なりのめあてをもって、飛ばし方を工夫している姿や友達と互いに教え合っている姿を認めていく。
◆風の向きや強さを意識できるよう「今日は風が強いね」「こっちから風が吹いている」など、子どものつぶやきを受け止め、気づきや思いを周囲にも知らせる。

振り返り・評価・改善

「友達とルールを工夫する」について
子どもたちが知っているトランプやかるたのあそびを友達と伝え合うなかで、異なったルールが出てきた。初めは、自分の思いを通そうとする姿が強く、トラブルになる姿もしばしば見られた。子どもたち同士での解決が難しそうな場面では、保育士が見守り、仲立ちしながらお互いの思いを受け止めた。自分の考えを認めてもらうことで満足したのか次第にあそびを楽しくしようと、お互いの意見を譲歩し合い、あそびを作り上げていくことができた。しかし、なかには、考えが伝えきれずに相手の言うとおりにしてしまう子もいたかもしれないので、ひとりひとりの考えや思いを引き出すよう配慮が必要だと思った。

家庭との連携	教材資料	1月の予定
・生活リズムを整えるための配慮や、感染症予防のためにするべきことをお便りで知らせ、家庭でも実践できるようにしていく。 ・伝統的な行事やあそびについて保護者に伝え、家庭でも子どもと一緒にあそび、会話を広げるきっかけになるようにする。	**うた** 一月一日 （作詞＝千家尊福　作曲＝上 真行） こんこんクシャンのうた （作詞＝香山美子　作曲＝湯山 昭） **うたあそび** 十四日のモグラ打ち **絵本** ぐりとぐらのおきゃくさま（福音館書店） おもちのきもち（講談社） ないた赤おに（金の星社）	・七草がゆの会食　・避難訓練　・どんど焼き ・誕生会　　　　　・もぐらうち

食育

・行事食を通して、日本古来の伝統的な食に関心をもつ。
・時間や食べられる量など、見通しをもって食事をする。

(カ)思考力の芽生え　(キ)自然との関わり・生命尊重　(ク)数量や図形、標識や文字などへの関心・感覚　(ケ)言葉による伝え合い　(コ)豊かな感性と表現

第3週

- 参加人数や個々の経験の差に合わせて、かるたやすごろくのあそび方を変えて楽しんでいる。
- すごろくなどを通して、数字や文字に興味をもっている。
- 雪が降る様子をみんなに伝え、驚きを共有しようとしている。

◎ルールのあるあそびを、友達と一緒に工夫して楽しむ。(エ)
○友達とひょうたん鬼のルールを作る。
◎文字や数量に関心をもつ。(ク)(ケ)
○アイディアを出し合いながら、すごろくやカレンダーを自分たちで作る。
◎冬の自然に関心をもつ。(カ)(キ)
○氷や霜、つららを通して、自然の美しさや不思議さに気づく。

ルールのあるあそびを工夫する

◆アイディアが出すぎて、なかなかまとまらないときは、保育士が仲立ちをしてルールを整理する。
◆ルールがうまく機能しないときは、その都度柔軟に変え、保育士も一緒にあそび、楽しめるようにする。　　　**詳細はP.116**

オリジナルのすごろくやカレンダーを作る楽しさを

◆子どもたちの「こんなものを作りたい」などの思いを受け止め、イメージがつながるように、どんなすごろくやかるたを作りたいのか聞き出しながら整理する。
◆友達と協力して、作る楽しさを感じられるように、場所や十分な時間の確保を行っていく。また、自分たちで文字を調べられるよう、あいうえお表や絵本などを用意しておく。

雪や氷に関心をもてるように

◆子どもの気づきを受け止め、興味が広がるように様々な器を用意する。
◆自然現象の不思議さに対する疑問や気づきに共感し、クラスで共有できるように周囲へ伝えていく。
◆子どもの好奇心が満たされるように、自然現象に関する図鑑や絵本などを用意する。

第4週

- 片付けの時間を意識しながらあそんでいる姿が見られる。
- 協力してすごろくを作り上げていくなかで、自分の思いを通そうとするあまり、トラブルになることもある。
- 友達の気づきに共感しようとする子どもが増えてきた。

◎一日の見通しをもって過ごそうとする。(イ)(ク)
○友達と生活やあそびの進め方を話し合う。
◎友達と作り上げた達成感を味わい、つながりを深める。(ウ)(エ)
○作った物で友達とあそぶ。
○友達と互いのよさを認め合う。
◎節分について知り、積極的にかかわろうとする。(オ)(コ)
○イメージを膨らませ、鬼のお面や三方などを作る。

見通しをもって過ごすために

◆活動の内容ややり方について話し合う場を設け、自分たちで活動の終了時間にも気づけるようにする。
◆時間、曜日などを意識的に伝え、パネルを用いて表示したり、時計を一緒に見て確認したりすることを習慣にする。

仲間とあそぶきっかけを

◆力を合わせて作り上げたという満足感や達成感を味わえるよう、作ったもので十分にあそべるような機会を作る。
◆友達の存在やよいところを意識できるように、子どもたちが工夫し合ったり、譲り合ったりする姿を認める。
◆外あそびなどで「ずるをした」などと言い合うトラブルであそびが中断しても、自分たちで解決している姿を見守りながら、必要に応じて話を引き出して仲介する。

節分に興味をもつ

◆絵本を読み聞かせたり、園長先生から話をしたりする機会をもち、節分の由来を知らせる。
◆自由にお面の製作ができる環境を整え、みんなにどんなお面にしたいかを聞き、イメージがわかなくて困っている子がヒントを得られるようにする。

「文字や数量に関心をもつ」について

読み書きに関心があり、すでに読み書きができる子、反対にあまり興味がなく、ほとんど読めない子との差が大きかったため、最初は、固定された少人数でトランプやかるたをしてあそんでいることが多かった。しかし、保育士も一緒にあそびながら、意図的にほかの子どもを誘ってあそんでみると、みんなでやる楽しさに気づき、誘い合ってあそぶ姿が見られるようになっていった。また、得意な子が苦手な子とチームを組むよう工夫をすると、尋ねたり、教えたりする姿が見られるようになった。

1月の指導計画 幼稚園

1月のねらい
- ◎思いを伝え合ったり、相手の気持ちを考えたりしながら仲間とあそびや生活を進めていく。
- ◎正月あそびで挑戦や勝ち負けの楽しさを味わう。
- ◎お話のイメージを膨らませながら、表現を楽しむ。
- ◎冬の自然にふれ、発見や試すことを楽しむ。

※幼児期の終わりまでに育ってほしい姿　(1)健康な心と体　(2)自立心　(3)協同性　(4)道徳性・規範意識の芽生え　(5)社会生活との関わり

第1週

前週末の子どもの姿（1月当初の子どもの姿）
- ●友達や教師と新年のあいさつを交わし、冬休みの楽しかった出来事を伝え合っている。
- ●友達と誘い合って正月あそびを楽しんでいる。

ねらい・内容
- ◎新年を迎えたことを喜び、3学期に期待をもつ。(1)(5)
- ○友達や教師と新年のあいさつを交わし、干支について知る。
- ○場に応じた態度で、始業式に参加する。
- ◎正月あそびに興味をもち、仲間と一緒に楽しむ。(3)(4)(8)〔第1週〜第2週〕
- ○友達とルールを確かめ合いながらあそぶ。
- ○「お正月あそび集会」に参加する。

環境・援助・配慮のポイント

3学期に期待をもてるように
- ◆新年のあいさつをクラスみんなで交わしたり、干支に関連した絵本を読んだりしながら、新しい年を迎えられたことを感じ、喜べるようにする。
- ◆始業式の前にどのような態度で参加するのがよいのかを自分で考え、意識することが大切だと話す。　詳細はP.116

仲間と正月あそびを楽しむ
- ◆園長先生から、お年玉としてかるたをプレゼントしてもらい、親しめるようにする。また、職員室にかるたの貸し出しコーナーを設定し、いろいろな種類のかるたのなかから友達と一緒に選んだり、貸し出しの記録を自分たちで紙に書いたりする経験ができるようにする。　詳細はP.110
- ◆かるたあそびには教師も参加しながらも、子ども同士で読み手を決めたり、ルールの確認をしたりして、勝ち負けを楽しめるように、できるだけ見守っていく。　詳細はP.110
- ◆正月あそびを紹介する集会のなかで、教師が羽根つきやこま回しなどの技を披露し、子どもたちが挑戦しようという気持ちをもてるようにする。また、全学年の前で5歳児がこま回しを披露する場も設け、ほかの子の刺激になるようにし、やってみようとする意欲へとつなげる。　詳細はP.110

第2週

前週末の子どもの姿
- ●こま回しができるようになった子は繰り返し楽しんでいるが、できない子は挑戦しようとしないことがある。
- ●友達とのかかわりのなかで、相手の気持ちに気づかないで、受け入れようとせず、トラブルになることがある。

ねらい・内容
- ◎相手の立場や気持ちを考えてかかわろうとする。(4)
- ○友達の表情や態度から気持ちを読み取る。
- ○友達と刺激を受け合いながら、挑戦する。
- ◎緊張感を味わいながら、お茶会を楽しむ。(4)(5)
- ○日本の伝統文化にふれる。
- ○保護者と一緒に作ったお茶わんで、お茶会をする。

環境・援助・配慮のポイント

相手の考えや気持ちに気づいていけるように
- ◆子ども同士のやり取りをよく見ていき、相手の表情や気持ちに気づけるように「先生が今のような言い方をされたら嫌な気持ちになるよ」など、教師の価値観を伝えていく。また、トラブルのときはどうしたらよいか考えられるように投げかけていく。

挑戦する気持ちをもって楽しめるように
- ◆こまを回せない子や、負けるのが嫌でかるたに参加したがらない子に、やっている子の頑張る姿や楽しんでいる姿を伝える。また、やってみる意欲が出るよう、教師が楽しんだり練習したりする姿を見せ、励ましていく。

緊張感を味わいながら伝統文化を体験する
- ◆正座をすることや、静寂な雰囲気でお茶をいただくことを話し、5歳児だからこそできるお茶会であることを伝え、誇りに思ったり、緊張感を心地よく感じられるようにする。
- ◆お茶会ができたうれしさを仲間と共感できるように、お茶会の後に、感想を伝え合う場を作る。また、場に応じた態度で参加できたことを認めていく。

振り返り・評価・改善

「仲間の気持ちを考え、受け入れる」について

生活やあそびなど様々な場面で相手の思いや気持ちに気づき、そこから子ども同士で考えていくことができるよう、丁寧にかかわっていった。自分の一言で相手を嫌な思いにさせてしまっている、相手が納得できていないのに進めてしまうというときに、教師はそこを見逃さずに気づけるような声かけをしたり、子ども同士で話す場を設け、教師の価値観も伝えていきながらかかわっていった。今後も、相手の気持ちを尊重したり、助け合ったりしながら生活していくようにしたい。

家庭との連携	教材資料	1月の予定
・家庭にこまを持ち帰って練習したいという子の保護者には、教えたり励ましたりするよう伝える。 ・友達の言葉に傷ついたときも、相手と話し合い、自分たちで解決しようとしていることを伝えていく。	**うた** カレンダーマーチ (作詞＝井出隆夫　作曲＝福田和禾子) 友達っていいな(作詞・作曲＝柚 梨太郎) **うた あそび** 茶々つぼ アルプス一万尺 **絵本** 十二支のおはなし(岩崎書店) ロボット・カミイ(福音館書店)	・始業式 ・お茶会

(6)思考力の芽生え　(7)自然との関わり・生命尊重　(8)数量や図形、標識や文字などへの関心・感覚　(9)言葉による伝え合い　(10)豊かな感性と表現

第3週

- ●年長組にしかできないお茶会をすることができる喜びを共感したり、お茶会ごっこを友達と楽しんだりしている。
- ●教師に声をかけられることで、友達の気持ちを考えてかかわろうとする姿が見られた。

◎友達の思いや考えに気づき、受け入れようとする。(4)〔第3週～第4週〕──────→
○思いや考えを伝え合い、受け入れる。
◎クラスの仲間と劇ごっこを楽しみながら、お話のイメージを膨らませていく。(3)(10)〔第3週～第4週〕──→
○お遊戯会で行う劇を表現してみる。
○仲間とお話のイメージを膨らませ、アレンジを考える。
◎冬ならではの活動をするなかで、仲間と気持ちを共感する。(7)(9)
○仲間と一緒にたき火を囲み、話をする。
○たき火でいったギンナンを食べる。

思いを伝え合い、受け入れ合えるように
◆思いを伝え合う姿を見守りながら、友達の意見のよさにも気づけるような声かけをし、受け入れる・受け入れられる経験が、いろいろな場面でできるようにかかわっていく。

物語に親しみ、劇ごっこを楽しむ
◆2月のお遊戯会に向けて、絵本『ロボット・カミイ』をもとに劇ごっこをしてみる。オリジナルの劇にすることを提案し、劇ごっこをしながらイメージを膨らませて、元の話をアレンジしていけるようにする。　**詳細はP.112**
◆お話のなかでアレンジをした部分は、紙芝居などを作って子どもたちに紹介したり、部屋に掲示をしたりして、クラスで共通のイメージがもてるようにする。　**詳細はP.112**

冬の自然を利用して
◆寒さが厳しい日には、園庭にたき火を設定する。火を囲みながら暖かさを共感したり、会話を楽しんだりしてほかのクラスの友達とつながれるようにする。
◆秋に収穫をしたギンナンを教師がたき火の火でいって、みんなで食べる。殻を金づちで割ってむくことが難しい3歳児に、やり方を教えたり、代わりに割ってあげたりするように声をかけていく。

第4週

- ●お遊戯会でする劇のお話のおもしろさを感じ、役になり切って表現したり、せりふを言ったりすることを楽しんでいる。
- ●登園時や外あそびのときに、たき火で温まって火の暖かさを共感したり、ほかのクラスの友達と会話を楽しんでいる。

○自分たちでトラブルの折り合いをつける。

○役を決め、なり切って表現する。
◎冬の自然に関心をもち、発見したり試したりすることを楽しむ。(6)(7)
○氷や霜柱を集めたり、観察したりする。
○氷に興味をもち、考えたり試したりしてあそぶ。

思いをわかり合いながら一緒に解決していけるように
◆意見が違ったときやけんかになったときは、その場で自分たちで話し合って解決できるよう言葉をかけ、子どもたちのやり取りを見守っていく。折り合いをつけることができたときには認め、難しいときには教師が間に入り、解決法を考えていけるような投げかけをしていく。

劇ごっこをしながらお話のイメージを膨らませる
◆やりたい役ごとに集まり、友達と一緒に演技をしてみる。イメージが膨らむよう教師は場面を説明したり、登場人物の気持ちがどうであるか投げかけたりする。　**詳細はP.112**
◆出番を待っている子は、演じている子の姿が見えるような場所を作り、話の流れやイメージをみんなで共有していくことができるようにする。　**詳細はP.112**

冬の自然の発見や試してみることを楽しむ
◆園庭の様々な場所に氷や霜柱があることを伝え、自分たちで探したり集めたりして、ふれることを大事にする。そのなかで、氷の厚さを比べたり、霜柱を虫眼鏡で見たりすることを提案し、違いや気づきを共有していく。
◆氷を作ることを提案し、必要な材料や置き場所などを仲間と相談しながら考えて、試せるようにする。　**詳細はP.111**

「仲間と正月あそびを楽しむ」について
こま回しやかるたなどの正月あそびは、子ども同士で教え合ったり、ルールを確認したりしながら楽しむ姿が見られた。一方で、得意でない子に対しては、教師も一緒にあそびに入りながら励まし、挑戦してみようという気持ちがもてるように声をかけていくことで、あそびに入ってくるようになった。

1・2・3月 指導計画

2月の指導計画（保育園）

2月のねらい
◎生活に見通しや目標をもって活動に取り組もうとする。
◎自分の成長を感じ、就学に向けて自信をもつ。
◎あそびを通して友達とのかかわりを深める。
◎冬の自然事象や春の訪れに興味や関心をもつ。

※幼児期の終わりまでに育ってほしい姿　（ア）健康な心と体　（イ）自立心　（ウ）協同性　（エ）道徳性・規範意識の芽生え　（オ）社会生活との関わり

第1週

前週末の子どもの姿
- 節分や鬼について話したり、鬼のお面を作ったりしている。
- 節分にちなんだ絵本の続きの話を考え、絵で表現したり保育士や友達に話したりしている。
- 園庭の日陰で霜を見つけて喜んでいる。

ねらい・内容
- ◎冬の健康な生活の仕方を身につける。(ア)〔第1週～第2週〕
- ○鼻水が出たら自らはなをかむ。
- ◎節分の行事に意欲的に参加し、自分の成長を感じる。(イ)(オ)(コ)
- ○作ったお面を披露する。
- ○豆を食べるとき、年下の友達を手助けする。
- ◎冬の自然を生かしたあそびを楽しむ。(カ)(キ)
- ○氷や霜の不思議さにふれ、調べたり試したりする。

環境・援助・配慮のポイント

冬の習慣を怠らないように
- ◆鼻水が出ている子には、はなをかむと気持ちがよくなり、集中してあそべることを伝え、自分でできるようにする。

節分を楽しもう
- ◆節分に関連した絵本の続きを考えて紙芝居にすることを提案し、鬼のイメージがより広がるようにする。　詳細はP.115
- ◆子どもが作った鬼のお面を、豆まきの前に1人ずつ披露し、作り方を発表する場を設ける。保育士は工夫した点を聞き出し、作り上げた充実感を得られるようにする。
- ◆節分の由来を話し、季節の変わり目であることを知らせる。年の数だけ豆を食べるよう伝え、自分の年齢や成長を確認できるようにする。また、異年齢で豆を食べ、年下の友達に優しく接したり、困っていることを手助けしたりする姿を認めながら、交流する場を大切にしていく。

冬の自然を取り入れて
- ◆子どもたちが気づいた、自然の変化、不思議さ、美しさに共感し、氷作りなど寒さを生かしたあそびに広げていく。
- ◆氷作りが楽しめるよう関連した絵本や図鑑を保育室に置いておく。様々な形の容器や素材、材料を子どもたちと相談しながら用意し、子どもの思いが実現できるよう援助する。

第2週

前週末の子どもの姿
- 地域の小学校に行くことの話題で盛り上がっている。
- 自分たちであそびを進め、興味をもった年下の友達を受け入れ、あそびを教えたりする姿が見られる。
- 風邪をひいてせきや鼻水が出ている子どもが増えている。

ねらい・内容
- ○感染症にかからないように、手洗い・うがいをすすんで行う。
- ◎就学に期待をもつ。(オ)
- ○小学校に体験入学する。
- ◎様々な友達に親しみをもち、かかわりを深める。(イ)(ウ)(エ)
- ○年下の友達をいたわりながらあそぶ。
- ○あそびのなかで思いを主張したり、認め合ったりする。

環境・援助・配慮のポイント

健康な生活を
- ◆自ら手洗い・うがいができるよう、手やのどにはたくさんばい菌が付いていることを絵本やペープサートで伝える。

小学校の体験入学を楽しみに
- ◆事前に昨年の卒園児の名前を思い出したり、小学校のイメージを出し合ったりして、期待が高まるような言葉をかける。
- ◆当日、不安そうにする子どもには保育士が優しく言葉をかけて、小学生とお絵かきや会食などを楽しめるようにする。
- ◆園に戻ってから小学校で見たことや経験したことを話し合い、その後の安心や期待に結び付けていく。

友達とかかわり合えるように
- ◆友達のよいところや自分の得意なことを発表し合う機会をつくり、お互いに認め合う姿を認め、必要に応じて「今、どんな気持ちかな」と聞き、うれしい気持ちを確かめ合う。
- ◆氷鬼などのあそびで、年下の友達の気持ちを受け入れて、優しく接する姿を認め、思いやりが深まるようにしていく。
- ◆あそびのルールが通じずトラブルが起きたときには、自分の考えを相手に話し、折り合いをつけられるように見守り、解決できたときには十分に認める。

評価・振り返り・改善

「作ることの楽しさ」について

「この後どうなるんだろう」と読み終えた節分に関する絵本のその後が気になり、友達と続きを考え話したりして、紙芝居作りに発展した。お面製作では、これまでの経験を生かし、自分のイメージや思いを実現できるように考えて工夫し、友達のよいアイデアを取り入れ、挑戦しながら作り上げようとしていた。しかし、思いどおりにいかず、くじけそうになったりすることもあった。子どものイメージや発想を大切にしたいので、保育士は手助けを控え、うまくいく方法や手順などを一緒に考え、自分で気づくようなかかわりを心がけた。出来上がると充実感や満足感をもち、節分当日は自信をもって発表していた。

家庭との連携
・路上歩行訓練に協力してくれる保護者を園便りで募る。
・就学に期待や安心感をもてるように小学校の教師との懇談会を開き、保護者が話を聞いたり、個別に面談したりする機会をつくる。　**詳細はP.125**

教材資料
うた
　ゆげのあさ（作詞＝まど・みちお　作曲＝宇賀神光利）
　豆まき（絵本唱歌）

うたあそび
　おにのパンツ
　猛獣狩りに行こうよ

絵本
　ふくはうち　おにもうち（岩崎書店）
　ちびっこちびおに（偕成社）
　おにたのぼうし（ポプラ社）
　おくりものはナンニモナイ（あすなろ書房）

2月の予定
・節分　・誕生会　・体験入学
・避難訓練　・交通安全教室（路上歩行訓練）

食育
・異年齢児と豆を食べるときは食事のマナーに気を付けて楽しく食事する。
・様々な食べ物を味わうなかで、食べ物を大切にしようとする気持ちをもつ。

(カ)思考力の芽生え　(キ)自然との関わり・生命尊重　(ク)数量や図形、標識や文字などへの関心・感覚　(ケ)言葉による伝え合い　(コ)豊かな感性と表現

第3週

- ●小学校の体験入学を通して小学校への期待が膨らんでいる。
- ●年下の友達に親しみをもってあそんだり、あそびに誘ったりする姿が見られる。

◎生活やあそびに見通しや目標をもって活動に取り組もうとする。(イ)(ク)〔第3週～第4週〕
○1日の生活の予定を確認する。
◎就学に向けて交通ルールを守り、安全な歩き方を身につける。(ア)(エ)
○横断歩道の渡り方や路上の歩き方を知る。
◎あそびのなかで文字や数量に関心をもつ。(ク)
○文字や数量を使ったあそびをする。

見通しや目標をもてるように
◆朝、「今日必ず行うこと」や「集まる時間」などについて具体的に話し合い、子ども自身が一日の生活の見通しをもち、予定を立てられるようにする。

安全を心がけ、交通ルールを守れるように
◆散歩のときに路上歩行と同じコースを、危険箇所や正しい交通ルールを伝えながら歩く。
◆交通安全指導員から交通ルールに関する話を聞いたり、映像を見たりして交通ルールを意識できるようにする。
◆路上歩行訓練当日、緊張や不安を感じている子どもには、その気持ちを受け止め、緊張がほぐれるような言葉をかける。
◆保育士や協力する保護者はコース付近の少し離れた場所から子どもの安全を確保できるよう見守る。無事に歩き終えたら、十分に認め、やり遂げた満足感や自信がもてるようにする。

数量に親しむ
◆ボウリングなど、ゲームをする感覚で文字や数量に親しめるあそびを取り入れる。
◆カードゲームやトランプ、すごろくなどを、取り出しやすい場所に分類して置いておく。

第4週

- ●一日の生活の流れを予想して、自分たちで行動したり、友達に教えたりする子どももいる。
- ●友達と相談しながら自分たちであそびを進めている。

○卒園までの予定を確認する。
◎自分なりに考えたり、工夫したりしながら製作を楽しむ。(コ)
○自分のイメージするひな人形を作る。
◎身近な自然の変化に興味をもつ。(キ)
○初春の木々や植物の生長・変化に気づく。

卒園までの見通しがもてるように
◆卒園までの予定などがわかるような表やカレンダーを利用して印を付けたり、スケジュールを確認したりしながら見通しをもって活動できるようにする。

自分なりの工夫を加えられる環境を
◆使いたい素材や材料、作り方など子どもたちの思いが実現できるように一緒に準備し、工夫したり、試したりしている姿を認めていく。
◆より本物らしく作ろうとするときには、実物のひな人形を製作コーナーに持ってきて、細かい部分まで見ることができるようにする。
◆製作するコーナーを設置し、作る期間を知らせ、ひとりひとりが見通しをもって仕上げられるようにし、完成した喜びに共感し、認めていく。

春の訪れを感じよう
◆日ざしの暖かい日は機会を逃さず戸外に誘い、チューリップの芽やウメの花に目が向くような言葉をかけ、季節の変化を感じ取れるようにしていく。
◆春になったら、子どもたちも植物も大きくなることを伝え、自分の成長を喜べるようにする。

「小学校へのあこがれと期待」について
地域の小学校に体験入学したことで、あこがれや期待感を示す会話が聞かれるようになる。それと同時に卒園に向けての準備も始まり、うれしさや寂しさ、不安を感じている子どもがいる。その思いを受け止めながら、友達同士でお互いのよいところ、得意なことを発表し合う場を設けた。自分を認めてもらう喜びを感じ、自立心が出てきたようで、生活やあそびの様々な場面で苦手なことに挑戦したり、進んで活動に取り組んだりする意欲につながってきた。この気持ちを大切にしながら卒園までの見通しをもち、充実した園生活が送れるようにしたい。

2月の指導計画 幼稚園

2月のねらい
◎見通しをもって、自分たちで生活を進めていく。
◎卒園が近づいていることを感じながら、仲間と主体的に活動に参加し、達成感を味わう。
◎自分なりの目標をもって取り組み、繰り返し挑戦する。

※幼児期の終わりまでに育ってほしい姿　(1)健康な心と体　(2)自立心　(3)協同性　(4)道徳性・規範意識の芽生え　(5)社会生活との関わり

第1週

前週末の子どもの姿
- 氷や霜柱にふれ、美しさや冷たさを感じたり、自分たちで考えたことを試したりして、あそびに取り入れていた。
- 友達とのトラブルがあったときに、自分たちで話し合って解決をしようとする姿が増えてきた。

ねらい・内容
◎見通しをもって自分たちで生活を進めていく。(1)(2)〔第1週〜第2週〕
○一日の流れを確認しながら行動する。
◎主体性をもって仲間と教え合いながら活動を進める。(3)(9)(10)
○同じ役の仲間と相談しながら衣装や小道具作りをする。
○せりふや出番など仲間と教え合って劇を進める。
○子ども劇場に参加し、ほかのクラスに見てもらうことを喜ぶ。
◎節分の由来を知る。(5)
○自分の課題を考え、豆まきに参加する。

環境・援助・配慮のポイント

一日の流れに見通しをもって過ごす
◆劇に関する活動が多くなってくるので、予定を見通せるようにあらかじめ伝え、自分たちで活動の開始時間に気づきながら、行動できるようにしていく。

自分たちの劇ということを意識できるように
◆衣装や小道具作りは同じ役の仲間と取り組み、使う色や材料などを話し合いながら作るよう伝える。工夫した点などそれぞれのよさを認め、周りの子への刺激にする。　詳細はP.113
◆出番やせりふを言うタイミングなどを子ども同士で声をかけ合うように、教師はできるだけ口を出さずに見守る。
◆子ども劇場では、ほかのクラスの子がお客さんになることを伝え、本番のような緊張感のなかで頑張る気持ちにつなげていく。クラスで団結できるよう「間違ってもいいから大きな声でせりふを言う」など、共通の目標を伝える。　詳細はP.113

豆まきをする意味を考える
◆節分の由来を子どもたちに聞いたり、教師から伝えたりする。また、子どもたちの心のなかにも「泣き虫鬼」や「怒りんぼう鬼」などの鬼がいることを話し、自分のなかのどの鬼をやっつけたいかを考える機会をつくっていく。

第2週

前週末の子どもの姿
- 節分では、鬼の嫌いなヒイラギの葉を園庭で探したり、自分のなかにいる鬼の話を友達と伝え合う姿が見られた。
- 子ども劇場では、本番のような雰囲気を感じ、緊張しながらもお互いに声をかけ合って劇を進めていこうとしていた。

ねらい・内容
○仲間と声をかけ合い、劇の準備をしたり、ふさわしい態度で練習したりする。
○昼食のあいさつや片付けを自分たちで進んで行う。
◎お遊戯会で仲間と協力して達成感を味わう。(3)(10)
○クラス全員で、劇の背景画を作る。
○クラスの仲間と劇を楽しみ、自信をもって表現する。
○みんなで作り上げた喜びと達成感を仲間と共有する。

環境・援助・配慮のポイント

自分たちで生活を進めていくことを意識して行動する
◆劇の練習をするときの準備や態度を自分で考えたり、気づいていない仲間に教えたりすることを伝え、ひとりひとりが意識して取り組めるようにする。
◆昼食時の「いただきます」「ごちそうさま」などのあいさつや片付けでは「自分たちで進めていこうね」と声をかけて見守り、進んで行動していく意識をもてるようにしていく。

劇を楽しみながら、協同性や達成感を味わう
◆自分たちの劇をもっとよくしようという気持ちをもって取り組めるよう、練習の最初に目標を確認する。また、仲間と助け合う姿を認めていく。
◆思いを込めて劇の背景画を作ることを伝え、ひとりひとりが劇にちなんだものを丁寧にかいていけるようにする。
◆お遊戯会当日は、緊張する気持ちに共感しながらも、自信をもってできるように励ましていく。発表後はひとりひとりが最高の力を発揮していた姿を認めたり、クラスでひとつのことをやり遂げた喜びに共感したりして、達成感を味わえるようにする。

評価・振り返り・改善

「仲間と協力し合って達成感を味わう」について
2月は、お遊戯会や卒業遠足、クラスの活動などで、仲間と力を合わせたり助け合ったりすることを大切にしてきた。お遊戯会の劇では、イメージを共有し表現することを楽しむだけでなく、互いに教え合ったり仲間の頑張りに目を向けたりしながら協力して進めていくことを経験できるようにかかわっていった。ひとりひとりが頑張り、力を合わせる経験をするなかで、達成感を味わったり、うれしさを仲間と共感する姿が見られた。残りの園生活が充実するよう、自分に自信をつけることや友達のよさをわかり、互いを認め合えるような場をつくっていきたい。

家庭との連携	教材資料	2月の予定
・就学への期待や不安な気持ちを受け止め、就学に向けて安心して過ごせるようにする。 ・ひとりひとりの自信につながるように目標をもって取り組む姿やできるようになったことを伝え、家庭でも励ましたり、認めたりするよう伝える。	**うた** ドキドキドン！一年生 (作詞＝伊藤アキラ　作曲＝櫻井 順) ゆびきり (作詞＝新沢としひこ　作曲＝中川ひろたか) **うた あそび** おにのパンツ **絵本** 泣いた赤おに(偕成社) ランドセルがやってきた(徳間書店)	・個人面談 ・豆まき ・お遊戯会 ・小学校見学 ・卒業遠足

(6)思考力の芽生え　(7)自然との関わり・生命尊重　(8)数量や図形、標識や文字などへの関心・感覚　(9)言葉による伝え合い　(10)豊かな感性と表現

第3週

- ●お遊戯会では、ひとりひとりが頑張ろうという気持ちをもって取り組み、終わった後の達成感を仲間と共有していた。
- ●昼食時には、意識して仲間同士で声をかけ合い、あいさつや片付けなどをスムーズに進められるようになってきた。

◎仲間と協力し合って活動に取り組もうとする。(3)(9)
〇仲間と相談や協力をしながら造形活動やゲームをする。

◎自分なりに目標をもって取り組み、繰り返し挑戦しようとする。(2)〔第3週〜第4週〕
〇こま回しやなわとびなどに目標をもって取り組む。

◎小学校の様子を知り、就学を楽しみにする。(2)(5)
〇小学校内を見学し、小学生と交流する。

協力し合って取り組む
◆仲間同士、自分の意見を出し合い、役割なども相談しながら進めていける造形活動やゲームを取り入れる。その際、子どもたちに、仲間と一緒に取り組んでいくことを意識できるように伝え、協力したり認め合う姿を見守っていったり、時には、協力の仕方を提案したりする。　**詳細はP.114、115**

できるようになりたい気持ちがもてるように
◆こま回しやなわとびを頑張っている姿をクラスの仲間の前で伝えるなどして、その子の自信につなげていく。また、最初はできないことも練習すればできるようになることを話し、それぞれが目標をもって取り組めるようにする。

就学を楽しみにできるように
◆事前に小学校の様子がかいてあるポスターを保育室に掲示したり、どこを見たいか子どもたちに聞いたりして、見学に行くことを楽しみにできるようにする。
◆当日は、小学生から鉛筆の使い方を教えてもらうなどの交流を通して、小学生や学校の先生の優しさが感じられるよう声をかける。園に戻ってから、体験したことを話し合って共有し、就学への安心感や期待感へつなげていく。

第4週

- ●小学校見学では、緊張もしていたが、学校の先生や小学生との交流を喜び、校内見学を仲間と一緒に楽しんでいた。
- ●なわとびなど苦手なことも仲間の刺激を受けたり、教師に励まされたりして、毎日続けて挑戦する子が増えてきた。

◎仲間と励まし合いながら活動する。(3)(9)
〇卒業遠足に参加し、仲間と励まし合って歩く。
〇仲間と様々な集団あそびをする。

〇こま回しやなわとびを仲間同士教え合う。
◎卒園が近づいていることを感じる。(2)
〇在園した証を残す意味を知り、丁寧に卒園製作に取り組む。

卒業遠足で仲間と励まし合えるように
◆ゴールの公園まで長い距離を歩く遠足であることを話し、自分たちがどれだけ成長したかを伝え、自信をもって参加できるようにする。
◆疲れてきた子や転んでしまう子がいたときにタイミングを逃さずに声をかけて、仲間と励まし合ったり助け合ったりしながら、歩けるようにする。ゴールしたときは達成感をみんなで共感できるように認めていく。
◆クラスの仲間がたくさん参加して、氷鬼やドロケイなどの集団あそびを楽しめるような雰囲気をつくり、仲間同士で声をかけ合ってあそびを進める姿を見守っていく。

仲間で教え合えるように
◆苦手な友達に得意な子が教えられるよう、きっかけをつくる。その子が何ができなくて困っているのかを教える側の子に伝え、その子なりに教え方を考えられるようにする。

卒園することを感じ、丁寧に取り組めるように
◆卒園製作として粘土で自分の顔を製作することを伝える。過去の卒園児が作った物を見せ、ずっと残る物だということを実感し、丁寧に作れるようにする。

「卒園に関する取り組み」について

卒園や就学が近づき不安や期待が入り交じるなか、教師が気持ちに共感したり、自分と同じ気持ちをもっている仲間の存在に気づけるようにかかわることで、安心できるようにしていった。小学校見学では、学校の先生に褒めてもらったり、小学生に優しく教えてもらったり、仲間と一緒に学校の様々な場所を楽しんで見学し、その体験を話し合うことで、就学を楽しみにする気持ちがまたひとつ大きくなったようだ。

3月の指導計画 保育園

3月のねらい

◎生活に見通しをもち充実感を味わいながら、友達と協同していろいろな活動を進めていくことを楽しむ。
◎就学する自覚と喜びをもち、自信を高める。
◎身近な動植物の変化に気づき、春の訪れを感じる。

※幼児期の終わりまでに育ってほしい姿　（ア）健康な心と体　（イ）自立心　（ウ）協同性　（エ）道徳性・規範意識の芽生え　（オ）社会生活との関わり

第1週

前週末の子どもの姿
- 友達と誘い合い、好きなあそびをするなかで、友達の考えを受け入れたりルールを守ったりしながら進めている。
- 製作したひな人形を飾り、ひな祭り会を楽しみにしている。
- チューリップの発芽を楽しみに、プランターを見ている。

ねらい・内容
◎基本的な生活習慣に自信をもって取り組もうとする。(ア)(イ)
○身の回りのことを再確認する。
○正しい生活習慣の大切さを知る。
◎卒園が近いことを感じ、異年齢児とのふれあいを楽しむ。(イ)(オ)
○お別れ遠足に参加し、年下の友達に優しくかかわる。
◎地域の人と一緒にひな祭り会を楽しむ。(オ)
○地域の人へ招待状を送る。
○ひな祭り会で歌や踊りを披露し、会食をする。

環境・援助・配慮のポイント

身の回りのことを確かめて
◆身の回りの片付け、手洗い・うがいなどを続けること、丁寧に行うことの大切さを伝え、できていることを確認し合い、自信がもてるようにする。

異年齢児との思い出づくりを
◆事前に、お別れ遠足でしたいあそびを子どもたちと話し合い、あそびに必要な用具を一緒に準備する。当日は年下の子とペアになり、散歩などで学んだ交通ルールを守りながら手を引いて優しく接したりしている姿を認めていく。**詳細はP.118**
◆異年齢で楽しめるフォークダンスやボール回しリレーに保育士も加わり、年下の子を教えたりしている姿を認める。

ひな祭りを楽しむ
◆自分たちで作ったひな人形を飾り、ひな祭りの雰囲気を楽しめるようにする。
◆ひな祭り会には、事前に地域の高齢者に向けて、保育士と子どもが一緒に招待状を作って配布する。当日は、参加者の前で子どもたちの踊りや歌を披露し、一緒に会食をするなど、かかわりを楽しめるように工夫する。

第2週

前週末の子どもの姿
- 自分たちで予定を書き込んだカレンダーを見て、卒園式までの日数を数えたり、行事に期待をもったりしている。
- 年下の子どもとのかかわりが増え、親しみを抱いている。
- 卒園製作は何がいいのか、アイディアを出し合っている。

ねらい・内容
◎就学を意識し、期待をもつ。(オ)
○一日の活動を確認しながら過ごす。
○小学校に出かけ、教室を使用してみる。
◎成長した喜びを感じ、周りの人に感謝の気持ちをもつ。(イ)(オ)
○お別れ会食のカレーを作る。
○在園児のことを思いながら、卒園記念製作に取り組む。
○全園児参加のお別れ会で思い出を振り返り、発表する。

環境・援助・配慮のポイント

充実感を味わって
◆あそびと活動のメリハリをつけて過ごせるように、一日の予定を確認し、見通しをもてるようにする。また、食事の時間を意識できるよう「○時までに食べよう」などと声をかける。
◆小学校へ行き、実際に空き教室を使う機会をつくる。小学校の雰囲気を感じ、期待がもてるよう小学校の先生の話を聞いたり、机といすにつき、鉛筆を握ったりする。

お別れ会食で交流を
◆カレー作りでは、子どもたちと材料の購入に出かけ、買い物体験を楽しめるようにする。当日は異年齢児との交流が増えるよう、5歳児と3歳児が交互に座って食べる。また、担任以外の保育士と話せるよう、席の配置を工夫する。

感謝の気持ちを込められるように
◆年下の子どもたちが喜ぶ姿をイメージしながら、感謝を込めて卒園製作の掲示物作りに取り組めるよう、素材や用具を多めに準備し、丁寧に取り組めるようにする。
◆お別れ会では、園生活で楽しかったことやできるようになったこと、友達のよいところなどを発表し合う場を設定し、自信をもったり、思い出を振り返ったりできるようにする。

振り返り・評価・改善

園での思い出をたくさん詰め込んで

友達や保育士と一緒にひとつひとつの行事を経験しながら、卒園式に向けての準備を進めていった。慌ただしさがあったものの、子どもたちは日々の充実感や満足感を体で感じることができたように思う。楽しさばかりでなく、友達と共に苦労したこと、悩んだことも多数あったが、それは一緒に過ごした大切な日々であり、そのおかげで今があることを伝えていく。また、ひとりひとりの不安や期待をくみ取り、できるだけ就学への喜びや楽しみにつなげ、小学校という新しい世界へと送り出したい。そこで大切なことは発達の連続性を踏まえることで、年に3回、小学校の授業の参観や体験入学などをして交流をしてきた。子どもの育ち

家庭との連携	教材資料	3月の予定
・保護者とともに子どもの成長を喜びながら、よい面や課題を伝え合い、安心して就学を迎えられるようにする。 ・「早寝 早起き 朝御飯」の習慣に取り組む必要性を伝える。また、就学前に親子で通学路を歩き、道順などを把握して、安全に登校できるように働きかける。	**うた** みんなともだち （作詞・作曲＝中川ひろたか） きみとぼくのラララ （作詞＝新沢としひこ　作曲＝中川ひろたか） **うたあそび** いつまでもともだち じゃんけんランドセル **絵本** ものすごくおおきなプリンのうえで （教育画劇）	・ひな祭り会　・お別れ遠足 ・小学校体験入学　・お別れ会食 ・卒園式　・誕生会 ・避難訓練

食 育

・おいしい給食を作ってくれた人に感謝の気持ちをもって食べる。
・食習慣や食事のマナーを身につける。

(カ)思考力の芽生え　(キ)自然との関わり・生命尊重　(ク)数量や図形、標識や文字などへの関心・感覚　(ケ)言葉による伝え合い　(コ)豊かな感性と表現

第3週

- さまざまな行事に参加し、卒園式を間近に控えて楽しみな半面、「寂しい」という言葉も聞かれる。
- 卒園式に向け、みんなで歌ったり、お別れの言葉を友達同士で練習したりしている。

◎園生活を振り返り、自分の成長を感じる。(イ)
○保育室の掃除をして、部屋を引き継ぐ準備をする。
○1年分の製作作品を整理する。
○4歳児への当番活動の引き継ぎを行う。
◎卒園式で友達と気持ちを合わせる。(イ)(ウ)
○友達と協力して会場を装飾し、卒園式に参加する。
◎自然の変化に気づき、春の訪れを感じる。(キ)〔第3週～第4週〕
○チューリップなどの生長に気づく。

自分の成長を感じられるように

◆床のぞうきんがけ、ロッカーや棚ふき、窓磨きなどを子どもたち自ら分担して、積極的に保育室の掃除が進められるように、「きれいにすることで感謝の気持ちを伝えようね」と呼びかける。
◆1年分の作品の整理がしやすい広い場所を確保する。自分の作品をまとめながら、思いを話し合う姿に共感していく。
◆当番活動を4歳児と一緒に行い、丁寧にやり方を伝えている姿を見守る。これまで5歳児が頑張ってきた姿を4歳児に伝え、しっかりできたことに自信がもてるようにする。

心に残る卒園式を迎えるために

◆卒園式が思い出深いものとなるよう、会場の設定や装飾などを協力して行う。また、保育士が保育室に思い出の写真をはり、写真について話しながら成長を喜び合えるようにする。
◆卒園式当日は自信をもって参加できるよう励ましたり、言葉かけをしたりして温かく見守っていく。

季節の変化に気づくきっかけを

◆チューリップの変化に気づけるよう、目に付きやすい場所にプランターを移動し、春の訪れを共有できるようにする。

第4週

- 卒園式にひとりひとり自信をもって参加し、やり終えたあんど感が感じられる。
- 就学を楽しみにしている様子と別れを寂しく思う気持ちが混じり合った言葉が聞かれる。

◎就学に向けて自信を深める。(イ)
○交通安全に気を付けて散歩する。
○安定した気持ちで過ごす。
◎残り少ない園生活を存分に楽しむ。(イ)(エ)
○保育士や友達とのかかわりを楽しみ、のびのびとあそぶ。
○異年齢児と過ごし、親しみをもってかかわる。
○友達と散歩をしながら気づいたことを伝え合う。

1年生になる心構えを

◆1年生になると自分たちで通学することを知らせ、交通安全のルールを再確認しながら散歩に行く。
◆期待感や不安感など、ひとりひとりの就学に対する気持ちを受け止め、温かく見守り、それぞれのよいところを認める言葉をかけ、自信をもって就学を迎えられるようにする。

一日一日を大切に過ごせるように

◆子どもたちで考えを出し合い、好きなあそびを進めていけるよう、保育士も仲間に入り必要な物を用意していき、十分に楽しめるようにする。
◆年下の子の部屋で一緒に生活をする機会をつくり、年下の子どもに優しく接したり、相手の歩調に合わせて行動したりする姿を認め、褒めていく。

春をいっそう感じて

◆散歩に出かける前に、春の自然にはどんなものがあるか、どんな様子が見られるかなどについて子どもたちと出し合っておき、行き先で春探しごっこをする。
◆サクラの開花など、さまざまな変化に気づいた子どもたちに共感し、周りにも伝え、一緒に春の訪れを感じていく。

を支える教育につなげていくために、小学校との連携を今後も大切にしていき、子どもたちの育ちを見守っていきたいと思う。

大きくなったことに喜びをもつ

成長するためにたくさんの人とのかかわりがあったことをわかりやすい言葉で子どもたちに伝えると、子どもたちからは「ありがたいね」「うれしいね」「よかった」という声が聞かれた。これからも自分を取り巻く周りの人に感謝の気持ちをもちつつ、大きくなってもらいたいと願う。

3月の指導計画 幼稚園

3月のねらい
◎1年生になる期待をもつ。
◎仲間同士認め合いながらきずなを深める。
◎仲間と協力しながら自分の力を発揮し、自信をもつ。
◎残り少ない園生活を十分に楽しむ。

※幼児期の終わりまでに育ってほしい姿　(1)健康な心と体　(2)自立心　(3)協同性　(4)道徳性・規範意識の芽生え　(5)社会生活との関わり

第1週

前週末の子どもの姿
- 「こま大会をやりたい」と言う子や、こま回しのいろいろな技に挑戦する子がいる。
- ドッジボールでは仲間と誘い合い、チーム分けを相談し、ラインを自分たちで引いて、主体的にあそびを進めていた。

ねらい・内容
◎仲間同士認め合いながら、きずなを深める。(1)(3)(9)
○仲間のよいところを認め合い、発表し合う。
◎仲間と協力しながら自分の力を発揮し、自信をもつ。(1)(3)(4)〔第1週～第2週〕
○こま大会の準備をする。
○こま大会に参加したり、友達を応援したりする。
◎自然の変化に気づき、春の訪れを感じる。(7)
○園庭の自然や気温の変化に気づく。

環境・援助・配慮のポイント

仲間のよさを認め合う場をつくる
◆仲間のよいところを発表する場をつくる。その子のよいところや、活躍した場面を教師からも具体的に伝え、みんなで共有する。また、認められたうれしさに共感し、仲間のよさに気づけたことを認め、きずなが深まるようにする。

主体的な取り組みを支えていく
◆こま大会の係を募る。昨年の経験を思い出しながら、どのような大会にしたいのか意見を出し合うよう促し、子どものやりたいことを整理していく。また、主体的に取り組んだり、仲間と協力したりする姿を認めていく。
◆大会当日は、本番に向けて練習をする子、自信がなく戸惑っている子、友達を応援する子など、ひとりひとりの様子にも目を向け、認めたり励ましたりする。

春の訪れに気づけるように
◆屋外で日ざしや風の暖かさに気づけるように声をかけたり、園庭でお弁当を食べたりしながら、季節の変化を感じられるようにする。
◆サクラのつぼみ、カエルの卵など園庭にある身近な自然にふれたり、モモの花を保育室の季節のテーブルに飾ったりして、春の訪れを感じられるようにする。

第2週

前週末の子どもの姿
- こま大会に向けて準備や練習など、主体的に取り組んでいた。また、仲間を応援したり励ましたりする姿も見られた。
- 仲間のよいところをよくわかっていて、具体的な場面での出来事を発言する子が多かった。

ねらい・内容
◎園生活で成長したこと、大切にしてきたものを振り返る。(2)(10)
○等身大の自分の体や飼育動物の絵を丁寧にかく。
○仲間と協力して練習し、ドッジボール大会に参加する。
◎卒園する喜びと期待をもつ。(4)〔第2週～第3週〕
○卒園式の意味を知る。
○卒園式の練習に参加する。

環境・援助・配慮のポイント

成長を感じて丁寧に表現できるように
◆成長を感じられるように、身長や手足が入園時より大きくなったことを話題にする。大きな紙に等身大の自分をかくことを提案し、さらに成長することに期待をもち、丁寧に取り組めるよう声をかける。
◆飼育動物の世話やふれあいを振り返る話をし、ひとりひとりが動物への愛着を表現できるようにする。　　詳細はP.117

仲間と気持ちを合わせて取り組めるように
◆クラス対抗のドッジボール大会があることを伝え、対戦表を掲示する。団結することをクラスで確認し、誘い合って練習できるように声をかけていく。ボールを独占したり、反対に得意な子に任せてしまったりする姿があったときには、協力することやひとりひとりが自分にできることを考えられるように声をかけていく。
◆当日は、クラスで力を合わせるよう声をかけ、それぞれの頑張りを認めていく。

卒園式の意味がわかるように
◆卒園式は周りの人に成長した姿を見せる機会であることを伝えてから練習を行う。全員が、証書の受け取りや、卒園生の言葉などを、自信をもってできるように励ましていく。

振り返り・評価・改善
「仲間同士認め合いながらきずなを深める」について
仲間のよいところを発表する場では、友達のよさにも目を向けられていることを感じた。また、こま大会では、参加しない子も友達を応援し、自分のことのように仲間の勝ち負けに一喜一憂したり、励ましたりするなど仲間とのきずなが深まっている姿が見られた。これまでの保育のなかで、ひとりひとりが力を発揮できるような場をつくったり、教師がその子のよさを具体的に伝えたりすることを繰り返ししてきたことが、互いに認め合い、クラスの仲間とのきずなを強くしてきたと思う。

家庭との連携	教材資料	3月の予定
・子どもたちの頑張りやクラスの友達とのきずなの深まりを感じられるよう、こま大会やドッジボール大会に保護者の参観を促す。 ・個人面談では、1年間の成長を伝え、喜びに共感していくとともに、保護者の協力に感謝の気持ちを伝えていく。	**うた** こころのねっこ(作詞・作曲＝南 夢未) みんなともだち(作詞・作曲＝中川ひろたか) **うたあそび** ずいずいずっころばし 今週のおかいどく **絵本** かわいそうなぞう(金の星社) おおきくなるっていうことは(童心社)	・個人面談 ・こま大会 ・ひな祭り誕生会 ・ドッジボール大会 ・卒園式

(6)思考力の芽生え　(7)自然との関わり・生命尊重　(8)数量や図形、標識や文字などへの関心・感覚　(9)言葉による伝え合い　(10)豊かな感性と表現

第3週

- ●卒園式の練習で、参加する態度を考えたり大きな声で返事をしたりするなど、緊張感をもって臨んでいた。
- ●暖かい日は「外でお弁当を食べたい」と言ったり、カエルの卵を見にいくなど、春が近づいていることを感じている。

◎クラスの仲間と充実した園生活を楽しむ。(1)(2)
○クラスのみんなでやりたいあそびやゲームをする。
◎周りの人へ感謝の気持ちを表す。(4)(10)
○保護者や園の職員に「ありがとうカード」を作る。

○4歳児からプレゼントを受け取る。
○喜びや感謝の気持ちをもち、卒園式に参加する。

最後の園生活を楽しむ工夫を
◆みんなで過ごす最後の日は何をしてあそぶか話し合う機会をつくる。最後の日は、みんなで決めたあそびを行い、楽しい時間を過ごせるようにする。　**詳細はP.119**

感謝の気持ちを表す機会をつくる
◆園生活を振り返り、保護者や園の職員など周りの人に支えられて大きく成長したことを話す。卒園を前に感謝の気持ちを手紙にして伝えられるよう、「どんなことにありがとうを言いたい?」などと、投げかけていく。

自信をもって卒園できるように
◆4歳児からのプレゼント贈呈では、4歳児の気持ちが伝わるように「どうしてプレゼントしてくれるのか」「どんな思いで作ってくれたのかな」などと5歳児に投げかけていく。これまでの4歳児とのかかわりを振り返るひとときをもつことで、自分たちがあこがれの存在であったことをうれしく感じ、自信がもてるようにする。
◆卒園式では、みんなでこの日が迎えられたことの喜びを共感したり、立派に式に参加できたことを認めたりしながら、卒園の喜びを仲間と共有できるようにする。

第4週

春休み

春休み中にすること
・指導要録を書く
・小学校へ指導要録などの送付
・保育室の掃除
・保育室の備品の整理・注文
・園長と面談
　(1年間の保育の振り返りと来年度に向けての課題)
・外部の研修に参加

「自分の力を発揮し、自信をもつ」について
こま大会やドッジボール大会では、見通しをもって準備や練習をしていた。仲間と誘い合う、教え合う、協力することが自然にできるようになったと思う。教師は、子どもの考えを尊重して実現できるように援助したり、任せて見守ったりしながら、主体的に取り組む姿を支えていくことを大事にしていった。また、ひとりひとりの頑張りをその都度認めていくことで、自分の力が発揮されていること、人の役に立っていることを感じることができ、自信につながったと思う。こうした自信や主体的な姿勢を、就学後ももち続けてほしいことを残りの園生活のなかで伝えていきたい。

1月 2月 3月 の保育資料

お正月あそびを楽しんで
指導計画 P.100

休み中に家庭でも経験したお正月あそびへの興味が高まり、かるた、こま、羽根つきあそびが盛り上がります。

友達とかるたあそび

●かるたを借りる
かるたあそびは、職員室の「貸し出しコーナー」でかるたを借りるところから始まります。友達と相談してかるたを選び、貸し出し用紙に記入して借りていきます。

貸し出し用紙にクラス、名前、日付、かるたの名前を記入する。

かるたを取り、そのかるたのあった場所に用紙をはる。
※返すときは貸し出し用紙をはがして、かるたを元の場所に戻す。

●かるたであそぶ
まず、読み手を決めます。自信がある子が立候補して、数人いた場合は順番などを話し合って決めます。
基本的なルールは今までの経験から身についているため、「同時に取ったときには手が下にある人がもらえる」などと確認しながら進めていきます。時には2〜3人組のチーム対抗にして、取ったかるたの合計枚数で勝敗を決めることもあります。

ござを広げた上に、かるたを並べて。さあ、勝負！

お正月あそび大会

羽根つきやこま回しなどの正月あそびを紹介する集会。保育者の技の披露をメインとし、こま回しでは5歳児が披露する場も設けます。

園庭の中央にこまを回す板を設置し、その周りに集まる。

立候補者のなかから選ばれた5歳児が前に出て、保育者とこま回し対決をする。

刺激を受けた子どもたちもこま回しや羽根つきに挑戦。

実践者より

クラスでは普段あまり目立たない子が注目を浴び、自信をもつきっかけにしたいと思い、事前の打ち合わせで、（立候補者のなかから）当ててほしい子を司会役の保育者に伝えておきます。そして集会の後、クラスに戻ってから、みんなの前で回した子を褒めることで、その後、さらに目標をもって挑戦していました。また、回せない子のなかにも友達や保育者の姿に刺激を受けて、練習しようと意欲的になる子が出てきました。

氷であそぼう

指導計画 P.101

気温が下がり、霜や氷を見つけては保育者に教えてくれる子どもたち。
いろいろな氷あそびを楽しみました。

いろいろな氷作り

●大きな氷
大きなタライや大火鉢に、井戸からといをつなげて水を入れ、そのまましばらく置いておきました。

●きれいな氷
咲き終わった花や葉、色画用紙、毛糸などを入れたり、色水を使ったり工夫しました。

といをつなげて、離れた井戸から水を送る。

氷の上に乗ってみて、割れないことを確かめる。

実践者より
完全に凍っていない氷の中に水が入っていたり、中に入れた花や葉が一緒に凍っていたりすることを発見し、そのきれいさを感じていました。

氷の中に、花びら見っけ！

スケート場を作ろう

夜から明け方にかけて、すごく寒くなるという予報が出た日、園長の提案で始まった「スケート場作り」。どうやったら作れるか、園長先生に教えてもらったり、みんなで考えたりしながら、挑戦しました。

実践者より
スケート場作りを呼びかけると、次々と仲間が集まり、大きなブルーシートをみんなで持って敷いたり、タンクやバケツに水をいっぱい入れて砂場に運んだり、とっても意欲的。スケートをしたい！という思いが原動力になっていたようです。結局、ところどころに厚い氷はできたものの、完全には凍らず、スケートはできませんでした。子どもたちは、できなくて残念……とがっかりしていましたが、自然現象を体験するよい機会になったようです。もっともっと寒い日が続かないと大きな氷はできないと気づくことができました。

作り方

①砂場のでこぼこを削って、平らにする。　②板を敷き詰める。　③ブルーシートを敷いて水を入れる。

  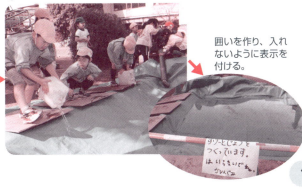

囲いを作り、入れないように表示を付ける。

1・2・3月 保育資料

劇ごっこから発表へ

指導計画 P.101、104

絵本を基にした劇作りから、ごっこ→発表へ。クラスのみんなで考え、相談しながらつくり上げていきます。

絵本を基にお話作り

①絵本を読み、題材を選ぶ
あらかじめ候補の絵本を保育者が選んでおいて、読み聞かせを行い、そのなかから題材を選ぶ。

＜題材を選ぶときのポイント＞
- 起承転結がわかりやすく、長すぎない。長い場合、省略しても話の流れがわかるもの。
- 子どもたちのアイディアでアレンジできそうな場面がある。
- 登場人物が5人くらい（2～3人だとクラスの人数に見合わない）。
- 劇にしたときに、いろいろな身体表現ができるもの。

保育者が読み聞かせる絵本に夢中の子どもたち。

②絵本をアレンジしてお話を作る。
「去年の5歳児さんは、自分たちでお話を考えて、劇をもっとおもしろくしたんだって！ みんなも○○組だけのお話を作ってみない？」と保育者が提案。子どもから出たアイディアを実際に表現してみながら、どのアイディアがよいか決めていく。ここで登場人物を増やすこともある。
※アレンジする場面は、保育者が考えておき、提案する。

実践者より
周りで見ている子にどんな表現が良いかを聞いたり、アイディアを出した子に実際にやってもらったり、また、みんなでやってみたりしながら、よいものを取り入れ、みんなで決められるようにしました。

みんなで劇ごっこ

①自由に表現してみる
アレンジした部分を演じてみる。配役は決めずに自由に演じることで、みんなのイメージを共有する。

②役を決める
それぞれ自分のやりたい役を言う。基本的にはやりたい役をやるが、希望者が偏った場合は話し合って人数調整をする。
※1つの役で最高5～6人までがよいことをあらかじめ伝えておく（同じ役の仲間とせりふを一緒に言うため）。

話の流れを理解しイメージを共有していくために、アレンジしたお話を保育者が簡単な紙芝居にして、見せる。

登場人物のペープサートを作って演じる。これも仲間同士のイメージ共有になる。

③決まった役で劇ごっこ
アレンジした部分のせりふは、子どもと一緒に考えて作りながら、場面を区切って劇ごっこをしていく。
※絵本のなかにあるせりふで言いやすいものはそのまま使う。また、子どもたちから自然に出てくるせりふも流れを大切にして、そのまま使う。

せりふを言う。同じ役の友達と声をそろえて言えるよう、保育者が合図を出す。

出番を待つ子の席を前に設定し、待つ間は友達の表現を見る。そうすることで、お話のイメージがもちやすく、意見も出るようになった。

デザイン画をかいて衣装作り

配役が決まったら、同じ役のメンバーで衣装や小道具作りを始めます。

●色を決める

保育者がカラーポリ袋で作った衣装を見せ、自分たちで作ろうと投げかけます。そして、「同じ役の仲間と話し合って衣装の色を決めてね」と伝えると、さっそく相談しながら色を選んでいました。

> **実践者より**
> 同じ役の男の子4人のうち、3人はシルバーがよく、Yくん1人だけ緑がいいと言い、じゃんけんで決めることに。Yくんが負けて泣いてしまうと、ほかの3人は「Yくん、緑が良かったんだよね」「負けて嫌だったんだね」とYくんの気持ちをくんで、優しく声をかけ、「また明日、決める」ということに。翌日もう一度話し合って、シルバーに決めたようです。仲間の気持ちを考えながら決めるということを、子ども同士でできるようになったのだと、成長を実感しました。

●作ろう

ポリ袋に顔と腕を出す穴を開けて服の形にした後、保育者が「もっとおしゃれにできるよ」と言って、様々な材料（モール・ビニールテープ・不織布など）を見せました。すると、同じ役の子ども同士、イメージを伝え合いながらデザイン画をかき、それに基づいて装飾を行います。ボタンやリボン、ベルトなどを付け、小道具が必要な場合も、みんなで意見を出し合い、作っていきました。

裁断の仕方は、紙にかいてわかりやすく。

顔や腕を出す部分の切り取り線をペンで書き、線に沿って裁断する。
※裁断した切れ端は、装飾や小道具作りに使う。

役柄ごとにデザイン画をかいて、壁に展示。

デザイン画を基に、新しいアイディアもプラスしながら、衣装の装飾。
※装飾で取れやすそうな所や着脱を繰り返すと破けやすくなるわきの部分などは、透明テープで補強する。

演じてみよう

役ごとに、そして全体で合わせた練習を進め、当日の流れに近い形での予行練習も行い、本番を迎えます。

●せりふの練習

同じ役の仲間とタイミングを合わせ、大きな声で言うことを意識して練習をします。字幕を見ないで言えるようになると自信もつき、大きな声が出るようになってきました。
※せりふが覚えられず不安な子には、せりふを書いた紙を渡し、自宅へ持ち帰って練習できるようにすることも。

●子ども劇場（予行練習）

本番同様の舞台で、予行練習を行います。子どもたちは、舞台の照明や音響、お客さん（ほかのクラスの子）がいる状態など当日の雰囲気を感じると共に、ほかのクラスの演技を見ることもできます。
※保育者は、この機会に、舞台設定・演技時間・役の動きなどを確認する。

なかにはスムーズに進まず、途中までしかできないクラスもあります。保育者は、よかったことを認めながらも、「こうするともっとよくなる」と、子どもたちが劇の完成に向けて意欲が継続するように話します。また、他クラスの保育者の感想を聞く機会も設けています。

> **実践者より**
> お客さんに見てもらううれしさと緊張とが混ざり、「ドキドキする〜」と言って仲間と共感している姿もありました。そんななか、「みんなで力を合わせれば大丈夫だよ！」と言い出したTくん。周りの子どもたちも「そうだね!」と言い、自然とみんなで「エイエイオー!」をしていました。クラスのきずなが深まっていることを感じました。

せりふの紙を見ながら練習。

同じ役の子同士、声をそろえて。

他クラスの劇終了後、拍手で迎える子どもたち。

友達と相談しながら

指導計画 P.105

仲間意識が高まる時期、子ども同士で相談し合い、協力して進める活動を多く取り入れています。

指令ゲーム

保育者が各グループに指令を出し、グループの仲間同士で協力して、その指令にこたえていきます。

こんな指令が…

みんなで声を合わせて質問する。

○○先生の趣味はなんですか？

○○先生はピアノが趣味。だから、みんなで「さよならの歌」を弾けるように練習する。

※そのほかの例
・サイクリングが趣味→自転車をおしゃれにペイント。
・縫い物が趣味→大きなバッジを縫って作る。
・読書が趣味→保育者の好きな本を、みんなに読む。

先生の顔を作ろう

5〜6人のグループごとに1つの作品を製作します。「点々で色をつけていく方法があるよ」と教え、その方法で、保育者の顔を作ります。

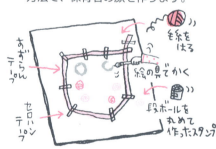

作り方

① 大きな段ボールの台紙に、すずらんテープで顔の大きさを決める。

② 絵の具と段ボールで作ったスタンプを使い、顔の色をつける。
※顔の色は、よく見るとオレンジやピンクなど、いろいろ混ざっていることを伝える。

③ 素材をはったり絵の具でかいたりして、目や口、髪の毛などを作る。

口はすずらんテープ、鼻はマツボックリ、目はペットボトルのキャップに黒目をかいて……。

協力する場面を作る

活動のなかで、子ども同士協力する場面を作るため、子どもの知らない「協力の仕方」を保育者が伝えます。

大きな台紙を立て、ほかの子が遠くから見て目や口の位置のバランスを確認する。

毛糸を同じ長さでたくさん切るために、1人が腕を固定し、もう1人が毛糸を巻き付ける。

思い出の紙芝居作り

① 4月から順に印象的だった出来事を聞き、保育者は出た意見を月ごとに整理して書いていく。

② 1年分聞いたら「楽しかったことを絵にして思い出の紙芝居を作ろう」と話し、自分がかきたいものに手を挙げていく。

※だれも手を挙げなかった項目は削除。1人しかいない項目は、ほかに加わってくれる子がいないか相談しながら調整する。

③ 同じ項目を選んだ子ども同士で集まり、1人1枚絵をかく。

※同じテーマでいろいろな内容の絵ができてくる。

④ 全員かき終えたら4月から順に並べ、保育者が絵に合わせて話を作りながら発表。多くの経験をして子どもたちが成長したことも伝える。その後、自由あそびの時間には、子ども同士で話を考えて他クラスのお客さんの前で発表する姿が見られた。

子どもから出た「印象的な出来事」を、月別に分けて記入した。

園庭にお客さんを招き、手作り紙芝居を読み聞かせ。

紙芝居の最後は、「なかまといっしょに、すてきなおにいさんおねえさんになりました」で締める。

続きのお話作り

指導計画 P.102

絵本のストーリーに興味をもち、「この後どうなる?」という疑問から、お話作りへと広がって行きました。

こんなふうに

● 「続きが知りたい」という思いから

絵本『泣いた赤おに』の読み聞かせをすると、「この後、赤鬼さんと青鬼さんはどうなるの?」という子どもの声。保育者は「そうだね、どうなるのかな? ○○ちゃんはどうなると思う?」と聞きました。
数人の話を聞いた後、保育者が「○○ちゃんのお話も、△△君のお話もおもしろそうだね。どんな絵になるのか、見てみたいな」と話すと、「続きのお話をかいてあげる!」と言う子が……。そこで、「楽しみだな! 早く見たいな～」と言葉をかけ、紙やペンなど、子どもと一緒に必要な材料を選び、文字やストーリーは子どもが言ったことを保育者が書き、一緒に作っていきました。

● クラス全体に広がって

出来上がったらみんなの前で発表。それがきっかけで、ほかの話を作ったり、人形劇や紙芝居を作る子も出てきました。その後、年下の子どもたちの前で発表する機会を設けたことでクラス全体に広がっていきました。紙や色鉛筆、ひらがな表などを準備しておくと、気の合う友達と誘い合ってお話や紙芝居作りを楽しむ姿が多く見られるようになりました。

実践者より

この経験を生かし、卒園に際して、在園児へのプレゼントとして、紙芝居を作ろうということになりました。絵をかく子、お話を作る子など、役割分担をして作っていきます。保育者が計画したことでなく、その時期に楽しんでいたあそびから子どもたちの気持ちが高まり、プレゼントにつながっていったのです。

折り紙で作った人形たち。

お客さんを呼び、子どもたちが考えたストーリーで演じる折り紙人形劇。舞台の枠は段ボールで作った。

エピソード・問題発生からルール変更へ 指導計画 P.98、99

あそぶうちに問題が出てきたら、子ども同士で話し合い、ルールを変えたり工夫したりするようになりました。

こんなふうに

●中央で動かない子が続出……

ある日の朝、園庭にひょうたん鬼ができるような円を2つかいておくと、早速友達同士誘い合ってあそび始めました。
ところが、すぐに問題発生です。円が小さく逃げづらいため、中央に入ったままなかなか動かない子が続出。まったく捕まえられないので、あそびが止まってしまいました。

中央に止まって動かない子がいて、あそびがストップしていたが、「座って休憩もアリ」にしたら、楽しめるようになった。

●「10数えたら必ず動く」ことに

子どもたちは集まって、どうしたらいいか考えます。そして「10数えたら、必ず、動かないといけない」というルールを作って再開しました。
ただ、そうすると動きが多くなり、すぐに「疲れた」と言ってやめてしまいます。

●「疲れたら、休憩もOK」

再度みんなで考え、今度は、「疲れたら、その場で座って休憩もOK」にしました。座った子は捕まえることはできませんが、またやりたくなったら、立ち上がってあそびに参加します。そうやって、ひとりひとり自分の動きを調整しながら、楽しむことができていました。

実践者より

年度当初は2、3人での小さなあそびでの相談はありましたが（P.45参照）、鬼ごっこのような少し大きな集団あそびにおいても、みんなで話し合い、あそび方を決めていく力がついてきました。

場に応じた態度を 指導計画 P.100

3学期の始業式での参加の仕方を考えるなかで、5歳児にふさわしい態度についても話していきます。

こんなふうに

●始業式では
→ 参加の仕方を自分で考える。

これまでも、式の参加態度は伝えているので、3学期は自分で考えられるように投げかける。そして式の前には、「自分で考えてできることが大事だよ」と伝える。

●行事では
→ 気持ちをコントロールできるように。

楽しい気持ちが大きくなりすぎて、羽目を外したり、ふざけたりしてしまうこともあるので、楽しむこととふざけることの違いをみんなで考える。また、周りの人たちがどんな気持ちでいるのか、迷惑になっていることにも気づけるように話をする。

●クラスの集まりや話し合いでは
→ 話を聞く態度を身につける。

話が始まることに気づき、自分で聞く姿勢をとることが大事。友達とのおしゃべりをやめ、前を向くことで、「聞く準備ができている」という合図になると伝える。
話している人の目を見て聞き、発言は、話を最後まで聞いてからすることを伝える。

●そのほか…あいさつ・マナーなど

就学も意識し、日常的なあいさつやマナーについて、以下のようなことを伝える。
・園長の部屋や職員室に入る際、ノックをし、「失礼します」「失礼しました」など大きな声で相手に聞こえるように言う。
・職員室では具合が悪い子が休んでいるときなど、状況を見て声の大きさを考える。
・大人に対しては「やってください」「貸してください」など丁寧な言葉を使う。
・他クラスの保育者、お客様にも大きな声であいさつをする。

飼育動物図鑑を作ろう

指導計画 P.108

4月から共に過ごしてきたモルモット（P.35、91参照）。飼育を引き継ぐため、1年間を振り返って表現していきます。

こんなふうに

4月からクラスみんなで世話をしてきたモルモットともももうすぐお別れ。次の5歳児クラスに引き継がなくてはなりません。そこで、1年前自分たちが引き継いだころ、世話の仕方がよくわからなかったことを思い出しながら、「自分たちが卒園してからも、きちんとお世話ができるように」と、世話の仕方をかいた「モルモット図鑑」を作り、次の5歳児クラスに残していこう、ということになりました。

「どんなことが（図鑑に）載っているとわかりやすいかな？」と聞いたところ、子どもたちからは、世話の仕方についていろいろな意見が出てきました。

実践者より

子どもたちは、モルモットの特徴（模様、目、つめ、よくトンネルに入っている　など）をとらえて絵にしています。「これを教えてあげたい」という思いも強く、自分がモルモットにふれてきたなかで、いちばん印象に残っていることを選んでかいていました。

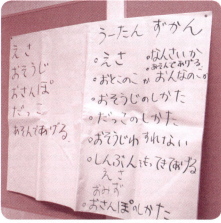

えさのこと（好きな野菜）、掃除の仕方、散歩の仕方、抱っこの仕方など、子どもたちから出た意見を書いていく。

「今、出たなかから、自分が教えてあげたいことを1つ選んでかいてね」と言って、用意していた画用紙（下記）を見せ、かき方を説明した後、それぞれ製作開始。出来上がったら全員分をまとめて1冊の本にしました。

知っておいてほしいと思うことを、自分の言葉で書く。

じっくり観察してかく活動も…

図鑑作りとは別に、モルモットを見ながら、丁寧にかく、という活動も行った。

うまくかけたでしょ。

出来上がった絵を、モデルのモルモットに見せている。

1・2・3月 保育資料

お別れ遠足

指導計画 P.106

もうすぐ卒園。異年齢児との思い出作りとして、2〜5歳児が一緒にお別れ遠足に出かけます。

お弁当作り

この時期の5歳児は、生活や行事の見通しがもてるようになっています。そのため、毎年3月に行うお別れ遠足のことも覚えていて、楽しみにしています。
遠足の日が近づくと、色画用紙などでお弁当を作ったり、ままごとでピクニックシートを広げてあそんだりして、期待感も高まります。

お弁当できた！

色画用紙などで自分のイメージした食材を作り、空の弁当容器に詰める。

みんなで準備

●ペアを決める

遠足先まで徒歩で向かうため、手をつなぐ相手について、事前に子どもたちと話し合って決めました。

●持ち物チェック

前日には、持ち物について文字や絵で示しながら「どうしてこれがいるのかな？」「これはいると思う？」など、ゲーム感覚で確認しました。特に「おしぼり」など日ごろ使わない物は意識しにくく、「あー忘れてた！」など盛り上がります。

実践者より

保育者が「卒園したら、園内でのきょうだいのかかわりがなくなるから」と思って、きょうだいをペアにしようとすると、本人は「いつも妹（弟）ばかりだから違う子がいい」と主張するなど、保育者と子どもの思いのずれに気づかされることがありました。

遠足当日

●出発前のチェック

子どもたちは、出発前に排せつをすませ身支度を整えます。よくあるのがリュックや水筒のひもが長すぎて歩行の妨げになってしまうケース。細かいところまで気を付けて確認します。
また、保育者は当日の天気予報を把握しておき、活動に合わせて脱いだ上着を管理できるよう準備します。例えば、出発時に着る防寒着は動き出すと不要になり、食事中じっとしていると必要になって、帰りは再び荷物になる……といったことがあります。そのため、人数分の上着が入るかごや大きい袋を持って行くことも考えます。

●出発〜帰園

目的地まで徒歩約20分の道のり。車道側を年上の子が歩き、その外側を保育者が歩きます。保育者は「小さい子（のペース）に合わせて歩いてね」などと声をかけます。
着いたら、全員でのレクリエーションを楽しみ、その後しばらく自由あそび。お弁当は仲良しの子同士集まって食べました。
帰園は、最初に2歳児、次に3〜4歳児、最後に5歳児……と時間差で出発。小さい子が帰った後、一緒のときにはできなかったサッカーや鬼ごっこなど、広い空間を利用したダイナミックなあそびをしました。

みんなで一列になり、ボール回しゲーム。

実践者より

5歳児は、自然に年下の子の面倒をみるようになっています。自由あそびでは、かくれんぼ、草花あそび、芝の坂での転がりあそびなど小さい子の楽しめるあそびを選んで一緒に楽しみ、お弁当のときには、シートの出し入れ、水筒のお茶注ぎなどを手伝っている様子も見られました。保育者は「小さい子のことがよくわかってえらいね」などと声をかけながらも、一方で、最後に5歳児だけでダイナミックにあそぶ時間も確保するなど、5歳児自身にとって楽しい思い出になるように配慮しました。

クラスで過ごす最後の日

指導計画 P.109

卒園式の前日、クラスみんなで過ごす最後の日として、子どもたちが決めた好きなあそびを思い切り楽しみます。

何をしようか

前日に、「あしたがみんなで過ごす最後の日だね。何してあそびたい？」と子どもたちに聞きます。
子どもたちからは、ドロケイ・ドッジボール・フルーツバスケット・こま回しなど、今まで経験して楽しかったあそびが挙げられました。
そのなかから実際に行うものを決めますが、

・多数決で2つ決める
・多数決で1つ決め、もう1つは保育者が考えたあそびをする

というように、決める方法はクラスごとに違います。一日の過ごし方が決まったら、簡単なプログラムも作ります。

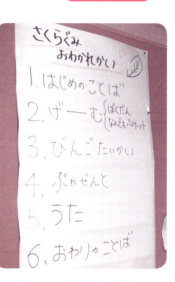

みんなで決めたプログラム。

お楽しみ会として

当日は、「クラスのお楽しみ会」と称して、思い切り楽しみます。クラスの仲間と共感したり、協力したりする姿が見られ、ひとりひとりが充実した時間を過ごすことができました。

●新聞じゃんけん

2人組になって1枚の新聞紙の上に乗り、代表者が保育者とジャンケン。負けたら新聞紙を半分に折り、またジャンケン……を続ける。どちらかが新聞からはみ出したら負け。

●友達ビンゴ

①紙を1人1枚配る。子どもはそこに9マスの表を書き、1マスに1人ずつ好きな友達の名前を書く。

②保育者が全員の名前のくじが入った箱から1枚引き、出た名前が書いてあれば○を付ける。

③名前の出た子について、その子のよいところをみんなで考えて発表する。

実践者より

帰りの会などで行っている「友達のよいところ発表」を、あそびに取り入れたものです。名前のくじは、全員分引くようにします。しっかりとした友達関係が築かれている時期ならではのあそびです。

抱っこしたりおんぶしたり、2人で協力して頑張る。

自分の好きな友達9人の名前を書く。

保育者が名前のくじを引く。

言われた名前があったら、丸を付ける。

週（日）案の工夫

月の計画を立てて、週、日へと落とし込んでいくなかで、より子どもの姿が見え、明日へつながる書き方とは、どのようなものでしょうか。園による書き方の工夫を紹介します。

保育園 佐賀市公立保育所ワーキンググループ（佐賀県）

5歳児　ゆり組　8月第2週

・この週に予想される活動・子どもの姿（黒）
・実際の様子等の付け加え（紺）
・今週盛り上がると予想される活動　◯
・環境構成●　・配慮事項▲

◎ねらい	◎家庭連絡事項
・異年齢の友達とかかわりながらあそびを楽しむ。	・盆保育について

	9日（月）天気 晴れ／曇り	10日（火）天気 晴れ	11日（水）天気 雨
行事	・お集まり　・フッ素洗口　・食育		
子どもの予想される活動・保育士の援助・準備など・実際の姿	**健康** ▲体の仕組みを知り、水分補給の大切さを感じる。自ら水分補給ができるように声をかける。 ▲プールあそびも終わり、体温が高くなるので、シャワーや水あそび、タオルで体をふくなどして体温調節を行う。 ・体の仕組みを知り、水分補給の大切さはわかっているが、まだ、促さないとあそびに集中して水分補給をしたがらない子もいる。 **人間関係—言葉** ▲同じことでトラブルになりがち（玩具の片付け方や玩具の取り合い）なので、その都度、納得できるよう話をしたり、話し合う場を設けたりする。 ▲自分たちで話ができるように見守りつつ声をかける。 ・折り合いがつけられず、ぐずって泣いたり、主張が強すぎたりすることもある。 ・保育士に頼り、自分で話をしようとしない子もいる。 ・特定の子同士がトラブルになることが多いので、思いを伝える大切さを知らせ、少しずつお互いの思いを受け入れられるような声かけが必要。	**食事—食育** ▲姿勢や皿の置き方などの食事マナーを知らせ、意識できるようにする。 ▲食事マナーを知らせ、守って楽しく食べられるようにする。 ▲異年齢児や保育者に自分たちで育てた夏野菜を食べてもらうことで喜びを感じ、夏野菜をより大切にできるようにする。 ・2歳児クラスへ何名かずつ（各グループごと）行って食事をしたことで、手本となるように食べたり、優しく接したりすることができる。 ・自分の皿がきれいに食べられるようになることで、喜びを感じている。 ・食が進まない子もいるので家庭と連携しつつ、食事量を調節する。	
特記事項			
保育士の反省・課題	給食の時の2チームが同時に当番活動をすることは、テーブルに座っている子も落ち着かずざわついた雰囲気になっていた。食材を3つの仲間に分ける活動は、給食を食べた後の方が子ども同士で考えたり思い出したりしやすいようだ。	園庭で見つけた、セミやバッタ、トカゲをテラスに出ていた0歳児クラスへ見せて喜んでいた。桃の木の下にいたヘビらしきものは、「毒ヘビかもしれんよ」「かまれるからね」と3歳児に教える姿が見られた。子どもたちが友達の年齢に合わせて対応の仕方が違う姿が見られたのはよかった。しかし、手を出したり、強い口調になったりして教える子もいるので、小さい子への接し方も個別に知らせていきたい。	台風のことが気になり、外の様子や雨の様子を見に行っていた。自然への興味も高まっていて、雲や風の様子にも気づく子がいた。室内あそびでは、ままごとを整理して片付けることが難しい様子なのでどのようにして知らせればいいのか悩む。室内ではアイドルごっこが始まったが、出番の順番や曲を決めることなどでトラブルになる姿があった。自分たちで解決しようとしていたが、気持ちの整理がつかず、トラブルになっていたので仲立ちのタイミングを考えたり、必要に応じて声をかけたりしていく。

> **point**
> ・週、日案という形式をとっている。
> ・年間のつながり、園の行事とのつながり、前週までのあそびのつながりを考えて記入する。
> ・クラスや友達との関係を考えて、させたいこと・してほしいことなどを計画する。

	前週末に 検印	園長	主任	担任

◎反省および来週に向けて
・異年齢児とかかわり食事や水あそびができ、優しくする姿も見られてよかった。
　今後も、機会があればぜひしていきたい。

12日(木) 天気 晴れ	13日(金) 天気 曇り	14日(土) 天気 曇り

好きなあそびをする
製作・ごっこあそび
●あそびが展開していくように、素材をそろえておき、イメージが膨らみやすいようにする。
▲保育者も一緒に行い、製作では難しいところを援助するようにし、盛り上げるような声かけを行う。
▲子どものアイディアを大切にし、認め、広げるようにしておく。
・なかなか自分の好きなあそびを見つけることができず、部屋をうろつく子もいるので、声をかけたりテーブルを準備したりして
　子どもたちがあそびやすい環境設定をする。
ブロック　－　●種類別に分けるようにし、使いやすいようにする。

うつし絵
▲紙をなくしたり、無駄遣いをする子もいるので、名前を書いて使うようにする。
・じっくり線をなぞって色塗りまで行う。

すごろく・カード
▲苦手意識がありつつも、興味をもち出している子は保育者も一緒に行い、楽しさを伝える。
・カードゲームに興味をもち、取り組もうとする子が増える。

積み木
▲ビー玉転がしは、ビー玉の数を確認しておく。
・順番やビー玉の数でトラブルになりがちなので、見守りが必要。

戸外あそびを行う際は朝からすぐに行えるように、所持品の片付けがしやすいよう、場の工夫をした。また、水分補給がきちんとできるような場所にお茶を準備しておいたので、子どもが待つ時間やトラブルが少なかった。きちんと1日の流れを確認し、準備することが大切だということを改めて感じた。2歳児クラスと共に給食を食べたことで食事のマナーを気にしたり、苦手なものも頑張って食べようとしたりする姿が見られ、年長児としての気持ちの芽生えが見られる。	以上児3クラス＋すみれ組 合同保育 室内で過ごす。(ホール)	合同保育

	今週末に 検印	園長	主任	担任

週（日）案の工夫

幼稚園　宮前幼稚園（神奈川県）

5月 第3週　週案　　　組　担任

ねらい	達成度
●進んであいさつしようとする ●あそびを通して、新しい友達とかかわり、親しむ ●身近な自然に興味をもち、ふれることを楽しむ	＜達成度＞　1　2　③　4　5 ・教師があそびのきっかけづくりをすると、子どもたちが集まり、新しい友達とも楽しさを共感するようになっている。

		10日 月曜日	11日 火曜日	12日 水曜日
※1	予定	給食 つくしんぼ教室（2歳児教室）		内科検診（第1・3園舎）
	ねらい	●良い土作りをクラスの友達と主体的に取り組む ●気持ちを解放して泥の感触を楽しむ	●クラスの友達と一緒にあそぶ楽しさを感じる	●クラスの友達と一緒にあそぶ楽しさを感じる
	幼児の活動	○田んぼぐちゃぐちゃをする 廃材で製作 —————————————————— カプラ —————————————————— サッカー —————————————————— こおり鬼 ——————	○タッチリレーをする 泥だんご ——————————————	○好きなあそびをする 草花でアクセサリー作り
	指導の要点	・誘い合ってあそびを始めたり、集団あそびでは鬼やチームを決めたりすることを、少しずつ子ども同士でできるように教師が投げかけていきながら、友達とあそびの楽しさを味わえるようにしていく。 ・教師も子どもと一緒にあそびを楽しみながら、そのなかで子ども同士のかかわりを仲立ちしていく。 ・ダンゴムシやアリ、ザリガニなど身近な生き物に興味が向くように声をかけ、探したりふれたりできるようにする。虫など捕まえた後、どうすると良いのか一緒に考え、生き物に命があるということに気づけるようにする。			
※1	持帰・配布	誕生会招待状		
	研修・打合せ		主任打ち合わせ	県新採研
	園長		理事会	県新採研

> **point**
> ・週のねらいがどのくらい達成されたのかを振り返る視点として、達成度を5段階評価でつけ、その理由を記入できるようにして次週の保育計画へとつなげている。
> ・学年の打ち合わせで、次週のねらいにあった指導の要点について、教師同士で話し合ったり、主任が伝えたりしたことを、各担任がクラスの様子も考えながら自分で整理し文章にして記入している。

♪うた　つばめになって・バスごっこ・さんぽ・おもちゃのチャチャチャ　　バス緑1

活動予定		
<活動予定>・田植え導入・背の順を決める		
13日 木曜日	14日 金曜日	15日 土曜日
ひとみ座　くまさん文庫貸し出し	つくしんぼ教室	休園
●お話の世界に浸り楽しんで観る●参加する態度を考える	●苗の成長を楽しみにしながら丁寧に植える	
○ひとみ座の人形劇を観る	○田植えをする	
→泥絵チョコレート作り、お店 →		

・もち米づくりに期待がもてるように、土作りでは行なう意味を伝えていったり、田植えの前に、実際に苗にふれて、そこからもち米ができることを伝え、丁寧に植えられるようにする。

・進んであいさつしている姿を認めたり、あいさつの気持ちよさを伝えたりして、あいさつが習慣づくようにする。

	月刊えほん	
	学年打ち合わせ	

日案　裏側には、上段に簡潔に日案を記入。下段には評価・反省を書く。

14日

9：35　集まり・田植え導入
・苗を丁寧に植えていこう！「いいお米ができるようにっていう気持ちを込めてできるといいね」※2

10：00　田植えのやり方を聞く時の姿勢を整えてから始める
・気持ちが込められるように声かけ
・丁寧に取り組んでいる姿を認める
・友達がやっているところにも注目できるように声かけ

10：55　まとめの話
・これから、水やりをしたり苗が元気かちゃんと見たりしながら自分たちで育てていくことを伝える

<田植え>　やり方をよく聞いていたので、植えるところに指で穴をあけることや植えた後に泥をかぶせることを、その都度言われなくてもやっていた子が多かった。2回目の方が、やり方がわかり、上手になっていた。バタバタしてしまい、植えているときの声かけが少なかったところが反省点である。導入も、もちつきをするための米作り・おいしいおもちが食べられるようになど、もっと簡潔に伝えた方が、子どもたちにも響いたと思う。

※1 大型園のため、全員で把握できるよう、「予定」「配布・持帰」「打ち合わせ・研修」「園長」には、園全体についてのことを記入している。
※2 メインの活動については、子どもの参加意欲が増すような導入の言葉かけを、具体的な話し言葉で書いている。

保護者とのかかわり

子どもを共に育てていく保護者とのかかわりはとても大切。
各園における保護者連携の実践を紹介します。

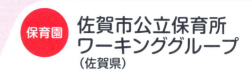

保育園 佐賀市公立保育所 ワーキンググループ（佐賀県）

● 保護者との信頼関係を築くために

園と家庭との信頼関係を築くためには、保育のあり方、年間を通した行事の大切さなどを保育者同士で共通理解したうえで園の思いを保護者に伝えること、また、園での子どもの様子を日常的に伝えていくことが必要です。

その際、よいところを多く伝えながらも、子どもが困っていることについても知らせていきます。ただ、保育者が答えを出すのではなく、保護者がどのようにしていきたいか、答えを導き出すような対応を心がけます。

● 就学前に確認して

就学が近づくと、読み書きは？ 給食は？ 友達はできる？ など不安はつきませんが、過剰な心配は子どもを不安にし、自信をなくすことにもつながりかねません。就学前には、具体的な学力などより、人としての基本的な力を見直してほしいと思い、次の3つが身についているか確認するように伝えています。

1. 自己肯定感
笑顔、温かいまなざし、抱っこ、話を聞く、読み語りなどを通して家族が愛情を伝え、その人（家族）にとって自分は大事な存在だと認識できるように。

2. 人とかかわる力
子どもは、日常生活のなかでコミュニケーションの仕方を学んでいく。トラブルを避けず、大人が過剰な介入をしないことで解決の仕方を学んでいけるように。

3. 意欲的に学ぶ力
たくさんあそぶことで身につく。物を与えすぎず、工夫することを大切に。そして、できたことや頑張ったことを共に喜ぶことが意欲につながる。

● いろいろな機会を活用して連携

子どもの育ちをほかの子どもと比べて焦ったり、不満に思ったり、それが園への苦情につながったりすることがあります。

保育者は、そういった苦情や焦りのなかに、親の願いがあることを受け止め、何を願っているのか知ることが大切です。そして保護者には、ひとりひとり成長の早さが違うことや、その子自身のよさをきちんと伝えます。それが保護者の安心感につながります。同時に、保育者がどのようにその子どもにかかわっているのかを丁寧に伝えることも大切です。

5歳児保護者関連の行事予定

	行事・取り組み	内　容
4月	健診結果個別報告	健診の結果を受け、今後の健康管理について園と家庭とで共通理解を図る。
5月	保護者会総会	園の方針や管理運営の説明を確認し、理解を得る。
	保育参加・試食会	普段の保育に保護者が参加。保護者同士の交流の機会にもなる。試食会では、薄味や調理法を伝え、食育活動の紹介も。
6月	クラス懇談会	4、5月の子どもの様子から、クラス担任として1年間の保育の説明・思いを伝える。
7月		
8月	プール大会（見学）	水あそびを楽しむ姿を見てもらい、共に喜び合う。
9月		
10月	親子遠足	秋の自然を感じながらバス旅行を楽しむ。親子のふれあいを喜び、ほかの親子とも親しむ。
	健診結果個別報告	前回から今回の結果を受け、今後の健康管理について話し合う。
11月		
12月	生活発表会	様々な表現活動の経験から子どもが発揮したり、表現したりする楽しさを共有し成長を喜ぶ。
1月		
2月	育児講演会	P.125参照
3月		

指導計画 P.103

実践より 2月 育児講演会

この時期の保護者にとって最も関心の高い就学や学習に関することをテーマに、講演会を行います。

　就学前ということで、校区内の小学校の先生を呼び、話をしていただきます。

　前述の通り、この時期の保護者は、「文字・数量」や「友達」について気にしすぎているところがあります。そこで、幼児期に育ってほしい姿とは何か、また小学校における学習の土台となる力とは……といった内容を、プリントをもとに話します。

　なかでも学習に関することは、保育者が話しても説得力に欠けるようで、小学校側から具体的に話したほうが、保護者には伝わりやすいようです。

こんなプリントを配って

●幼児期の育ちについて

幼児期は、あそびながら学んでいく時期であること。また、直接的・具体的な経験により人格形成の基礎となる「豊かな感情」「ものごとにかかわる意欲」「生活に必要な態度」が育ち、それが小学校以降の生活や学習の基礎となっていくことを、普段の保育の様子を紹介しながら解説している。

●「ことば」「かず」「やくそく」の土台の力

早くから勉強すればいいというものではなく、「ある力を得るためには、それを可能にする土台となる力がある」ということを伝える。「ことば」「かず」「やくそく」という項目別になっていて、それぞれ子どもの育ちの様子を踏まえたうえで、その土台となる力について、わかりやすく解説している。

125

保護者とのかかわり

幼稚園 宮前幼稚園（神奈川県）

● 様々な場面で保護者参加の機会を

保護者には、「子育ては大変だけど楽しい！」という気持ちをもってほしいと思います。そこで、子どもが園生活を楽しむことはもちろん、親も楽しみ、そして保護者同士も気持ちを共有できる場を設けています。

その一つが、保護者のサークル活動。保護者が趣味を通してよき仲間と出会い、一緒に手を動かしながら子育てについて会話することで、1人で悩みを抱え込まず、気持ちをリフレッシュして、家庭に戻れることを目的としています。

また、夕涼み会やクッキング保育などでは、有志で手伝いを募り、保護者が受け身ではなく、一歩前に出る機会も作っています。子どもたちがより楽しみ、よい思い出を作るために保護者が協力する、そして保護者同士・保護者と子ども、保育者が響き合っていくことを大切にしたいと考えています。

● 5歳児の保護者として伝えたいこと

年長児とはいえ、まだ5～6歳。抱っこなどのスキンシップをたくさんとること、そして、絵本の読み聞かせや子どもの話をしっかり聞くなど、子どもと向き合う時間を大切にしてほしいと伝えています。

また就学に向けて、読み書きや計算ができることより、基本的な生活習慣を身につけることが重要です。「早寝、早起き、朝御飯」といった生活リズムを、今のうちからしっかりつけること、さらに、幼稚園での育ちが小学校に行ってどのように生きていくのかも話し、園生活を充実して過ごす大切さを伝えています。

● 園に来やすくするために

基本的に保護者は、園の教育方針に賛同し入園されているのですが、各家庭の価値観もあるので、時に理解しにくいこともあるようです。

そこで、ホームページに毎日のあそびや活動の様子の写真やエピソードを載せたり、自由に参観できる日を設けたりして、子どもたちが生き生きとした表情で園生活を送っている姿を見てもらうようにしています。具体的な様子を見て安心してもらうと同時に、子どもの心に共感することやあそびの大切さ、人とかかわる力をどのようにはぐくんでいくか、といったことを感じてもらい、教育方針や保育内容への理解を得られるよう努めています。

5歳児保護者関連の行事予定

	行事・取り組み	内　容
4月	保護者会	学年全体会（園長・主任から教育目標や昨年度からの変更点など伝える）／各クラス（担任あいさつ・保護者自己紹介・クラス役員・係決め）。
	三者面談	親子で担任と面談。進級後の園や家庭での様子を伝え合う。
5月	ファミリーデー	親子で登園し、一緒に園でのあそびやクラスの活動を楽しむ。
6月	保育参観開始 カレークッキング（手伝い）	P.127参照 各クラス約5名、保育で行うクッキングの手伝いを保護者から募る。
7月	個人面談	1学期の成長や、これからの課題などを伝える。
8月	夕涼み会	売店や縁日のゲームコーナーなど手伝いを有志で募る。
	お米の観察会	クラスで育てている米の観察や世話を行う。親子で自由参加。
	大掃除※	P.62参照
9月		
10月	クラス懇談会	
11月	保護者会	学年の全体会（2学期前半の成長、今後の保育、育ちの見通し、就学に向けてなど、園長や主任から話す）。
12月	大掃除※	
1月		
2月	個人面談	1年の成長を伝える。これまで、園に協力していただいたことへの感謝の気持ちを伝える。
3月		

※大掃除は年3回。各学期1回。クラスを1/3に分けて行う。
※その他、誕生会を毎月行っているが、保護者には自分の子どもの誕生会に参加してもらう（事前に、園で準備した材料を使ってプレゼントのペンダントを製作してもらう）。

実践より 4月〜 保育の可視化への取り組み
〜子ども・保護者・保育者それぞれが喜びを感じられる記録を目指して〜

〝あそび〟を通して子どもたちが経験していること、学んでいること、育っていることを可視化し、子どもの育ちを園と家庭で共有することを大切にしています。週に2枚ずつの作成を目標にしています。

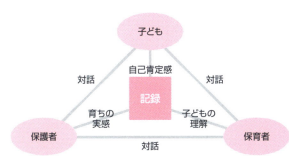

●子ども・保護者・保育者がうれしい記録を目指して

「子ども→自己肯定感」「保護者→育ちの実感」「保育者→子ども理解」と、3者にとってうれしい記録作りを目指しています。

●実例　協同的なあそびの中で【エピソード】

〝こびと〟のイメージを共有しながらあそんでいた男の子3人組。
「こびとの身長を測りたい！」という気持ちから身長計作りが始まりました。
①目盛りづくり→ Rくんのアイディアから、本物の定規をあてながら目盛りを写しています。
②計測箇所が動くように→ 幼稚園の身長計のように計測する部分がスライドするようにしたい！という思いをもっている子どもたち。
Kくんのアイディアからセロハンテープとトイレットペーパーの芯を合体させて本当に動くような仕組みを考えつきました。
試行錯誤しながらも仲間とアイディアを出し合いながら「いいね！」と認め合える関係性が育っているという記録です。

●記録のカタチ

〈クラスポートフォリオ〉
クラスひとりひとりの良さが記されたた記録となるように、クラスポートフォリオと呼んでいます。いつでも、だれでも手に取れる場所に置いています。

〈個人ファイル〉
子どもたちひとりひとりが輝いていた1枚をクラスポートフォリオからピックアップし、個人面談の際に渡しています。右側は保護者の方からのメッセージを記入していただいています。卒園時、幼児期に愛された記録として子どもたちへプレゼントしています。

●共有方法

〈参観にて〉
週1回設定している自由参観日の様子。子どもたちがどのようにしてあそんでいるか、参観だけでは見られないあそびの過程を知ることができます。

〈個人面談にて〉
学期に1回の個人面談。ひとりひとりのポートフォリオをもとに、子どもの育ちを伝えています。子どもの良さを保護者と共有する大切な機会です。

執筆園紹介

5歳児 保育園

**佐賀市公立保育所
ワーキンググループ**（佐賀県）

佐賀市では、市内の全幼稚園・保育所と全小学校が「安心感をもち、学ぶ意欲のある子どもを育てたい」と幼保小連携に取り組んでいます。その取り組みを進めるなかで、幼保と小のそれぞれの保育と教育の充実が一番重要なことを感じ、より一層保育の充実を目指していきたいと考えています。そこで、「計画と実践と振り返り」を大切に、日々、取り組みを進めていきます。

5歳児 幼稚園

学校法人 亀ヶ谷学園
宮前幼稚園（神奈川県）
亀ヶ谷忠宏・柴野良子・久山裕子
亀ヶ谷忠宏・永野薫・市川詩織・亀ヶ谷元譲（第2版）

宮前幼稚園では、幼児期は「人の基礎となる根っこをしっかりと育てる時期である」という考えから、ひとりひとりの子どもの個性や主体性を大切にしながら、あそびのなかで生きる楽しさ、喜びを教師や友達と共感できるように、日々取り組んでいます。また、教師は保育のプロとして、愛情にあふれ、明るく、ユーモアを大切に、向上心をもった教師を目指して、頑張っています。

総園児数（在籍数） ……………………………… 480人
総職員数（正規職員） …………………………… 30人
5歳児園児数 …………………………… 6クラス164人

※第2版刊行（2018年）に当たり、各執筆園において、記述の見直し・確認、加筆等を行いました。
園についての上記内容は、初版（2013年）当時のものになります。

指導計画と「振り返り」のヒント集

Special対談

感じ、考え、「気づく」保育を目指して —保育の本質を考える—

めまぐるしく状況が変化する現在の保育。
保育者はどんな思いをもって保育をしていけばよいのでしょうか。
新年度を迎える際の心構えや、指導計画を立て、実践し、振り返り、
次の保育へ生かしていくうえで、何が本当に大切で必要なのか―。
この本の監修者である秋田喜代美先生と
0．1．2歳児版※の監修者である増田まゆみ先生に語っていただきました。

秋田喜代美先生
（学習院大学教授）

増田まゆみ先生
（元東京家政大学・大学院教授）

計画どおりでなくても
子どもがどう表現するのかを
感じ取れたら
より保育が楽しくなります。
（秋田）

子どもの視線や動きを見て、
子どもの興味に「気づけ」ば、
活動も変わってきますよ。
（増田）

※『発達が見える！0.1.2歳児の指導計画と保育資料 第2版』（2018年　学研プラス刊）

> 計画ありきではなく、子どもに寄り添いながら
> 見通しと柔軟性のある保育になるとよいですね。
> （秋田）

新年度に向けて

秋田先生（以下秋田） 4月は子どもも不安でしょうが、保育者も、自分の思いの枠を超える子どものことがわからず、不安になる時期ですよね。慌ただしい日々ですが、子どもたちが、「この保育室が自分たちの居場所」と思えるような環境を準備してほしいですね。

増田先生（以下増田） 泣き出す子どもも多くて不安もあるけれど、新たな出会いがあって期待感も高まる時期だと思うのです。保育者の興味を膨らませながら、「この子どもはどんなことに興味をもつのだろう」と、ひとりひとりの子どもが、「楽しい！」ということを見出す努力をしてほしいですね。

秋田 それと、この時期は新入園の子どもに気をとられがちですが、進級児が遠慮や我慢をしていることもあって、見えないところでいろいろなひずみが起こりやすいのです。そんなときはひとりで何でも抱え込まず、同僚と協力し合って子どもを受け止めるようにしてほしいと思います。

増田 「このクラスの担任はわたしだから、すべてをやらねば」なんて思わずにね。子どもや仲間を信頼するとよいと思います。

秋田 子どもがずっと泣いていたりして行き詰まったときには、ひと心地振り返って、考えることも大事ですね。この子が泣いているときはどんなときだろうと考えてみると、お迎えの時間が近づくと泣きやむとか、泣かない時間が少し長くなっているなとか、見方が変わると開けてくる面もあるはず。

増田 「ああ、困ったどうして？」と思っているだけでは、ちっとも子どもが見えてこないんですね。子どもが始めたことには、必ず意味があって、何かしらの思いが込もっている。だから普段の保育でも、何かをやらせるのではなくて、子どものちょっとした視線や表情の変化とか、子どもが始めたことに着目していくと保育が見えてきます。そうすると見通しをもった保育になり、より深く、広い保育ができるようになると思うんですよ。

本質をとらえた保育とは？

秋田 増田先生がおっしゃったようにかかわっていくと、指導計画も、今度はこれを準備しようという計画ありきではなく、子どもに寄り添いながら、見通しをもった柔軟性のあるものになるのでしょうね。

これは1つの例なのですが、ある園にうかがったとき、子どもたちが混色あそびをしていたんです。赤や青や黄色とか、いろいろな色を混ぜて。でも、そのなかで1人だけ、青だけをひたすら塗っている子がいました。活動の後、「その子が混色を経験できなかったと考えるのではなくて、青にもいろいろな青があって、どんな青があるか広げてみるとよいのでは」という話が出たんです。青だけでもいろいろな濃淡があって、「僕のは〇〇ブルーだ」とか名前をつけていくとか、そうやって輪が広がると、保育者の思い通りじゃなくても、その子が生きてくる活動ができるのですよね。こんなふうに、子どもの姿から活動を組み立てられる力もつけていってほしいですね。

増田 それ、とってもすてきなお話ですね。子どもって、保育者のねらい以外のことを始めるのですよね。絵の具を使って塗るのをねらいにしていても、筆を洗ってできた色水のほうで盛り上がったり。でも、子どもの視線や動きを見ていれば、「あ、この子はこれがおもしろいんだな」とわかることも多いはず。子どもの興味に「気づく」保育者になってほしいと思います。

秋田 「どうしよう、この子にも色を混ぜさせなきゃ」と思うのではなく、自分

> 子どもが始めたことには、必ず意味がある。
> 何かしらの思いが込もっているから、
> 子どもが始めたことに着目して。
> （増田）

> 子どもが出合う先がどういうものかを考え、
> みんなが深く良質の「本物」を作っていくという方向が、
> 保育を本当に意味あるものにします。
> （秋田）

の思いとは違う行為を見て、この子ってすごいなと思い、次にこうかかわったら、ほかの子がこう動き出すと読める力というのでしょうか。そんなふうに働きかけられたら、色を混ぜるよりも、微妙な青の違いを感じる子のほうがずっとおもしろいと思うし、その子がどう表現するのかを感じ取れたら、自然にいろいろな子どもの言葉が出てきて、より保育が楽しくなるでしょうね。

考え、気づくことの大切さ

秋田 今の保育の情報は、計画の立て方にしてもそうですが、すぐにはさみとのりでできるようなものが求められるというか、どうしても直接的な成果を求めるものが多いように感じますね。

増田 手あそびなどは、手順通りにしていけば、どの子も行うパターン化した保育になりがち。よく本や保育雑誌にも載っていますしね。でも、それをただ提示されたようにするだけでなく、保育の現場で、どう自分なりにやろうか、工夫しようか、つまり、どういうふうに子どもとかかわるのか、どのくらい変化をつけられるのかといったことを考えることが保育なのです。考えなければ一歩も進まない。

秋田 この歌をうたうことや、このあそびをすることで、子どもの経験にどんな意味があるのかを考えることが大切。また、本や保育雑誌も、そのきっかけを提供する役割が求められていると思います。

増田 それから、考えるためには、まず感じること、「心動かされること」が必要。「あ、おもしろい」、「なぜ、次はどうするのかしら」と感動を受けると、保育者はその感動を子どもと共有したいと思うし、じゃあどうしたらよいかと考えて生活をデザインしようとする意欲が生まれるのですね。子どもひとりひとりのことが思い起こされて、義務からではなく、「保育のなかでどう取り組んでいこうか」、じゃあ、「こんな計画を作ろう」となっていきますよ。

そのためには、これはおもしろいな、美しいなという本物と出合うことが必要。音楽や絵でもいいし、自然でもいい。どんなに忙しくても、保育以外のもので、心動かされるものとの出合いを見つけてほしいし、見つけようとするアンテナをもってほしいですね。常に様々なものに興味をもつこと、感動する心をもつこと、そして新たなものを見つけようとする保育者の姿勢が、豊かな生活やあそびを作り出す基本になると思うのです。それは決して保育の「〇〇学」という学問や手あそびをたくさん知っているということだけではないのです。

秋田 自分の専門的な教養を高められる刺激は大切ですね。

子どもが出合う世界の先がどういうものかが見えてくる、というのが大事か

> 「おもしろい」と思ったものは、
> 子どもと共有したいと思うのが保育者。
> だから常に感動を見つけてほしいですね。
> （増田）

なと。子どもだから子どもっぽいものを与える、大人が考えるかわいらしいものを与える、だからそれにかかわる保育者も子どもっぽく、ということではなく、みんなが深く良質の「本物」を作っていくという方向が、保育を本当に意味あるものにしていくのではないでしょうか。

増田 あとは、自分の保育を振り返ること。どの保育者も、日誌や連絡帳などに毎日記録していると思うのですが、やり方が問題なのです。振り返ることはイコール「考える」ことなのですが、深く考えずにただ書くだけになってしまうと、「こういうことがありました」となってしまう。でも、心を動かされたときの記録は違うのです。振り返りながら、ほかの保育者とも、園内研修などでぜひ話し合ってほしいですね。「そうそう、こんなことがうちのクラスにもあってね……」と話がつながっていきますよ。

秋田 そこから、子どもの姿をどう読めばよいかということもわかってくるかもしれませんね。

子どもが原点になって、子どもの声に耳を澄ませて聞くような理念のなかで、指導計画が見通しをもって作られ、実践されていくことが大事かなと思います。

増田 これからの保育は、つながりをもち、相互作用しながら考えていくことが求められています。

秋田 たくさんのつながりの輪の中で、子どものかたわらにいて、子どもと一緒に育っていくという関係ができるというのは、とても素晴らしいことだし、それこそが保育の本質だと思います。

✻ 保育を「振り返る」とは

より質の高い保育を行っていくために必要な「振り返り」について、秋田先生と増田先生にポイントをうかがいました。

秋田先生より…

「振り返り」は、明日の保育への架け橋に

「明日の保育をよりよいものに」という保育者ひとりひとりの気持ちが、振り返りの出発点になります。「振り返り」は過去の反省というだけでなく、今日の保育が明日の保育へつながるための架け橋の役目をします。でも心にとどめておくだけだと忙しさに流れて、おざなりになりがちです。

そこで、第一に必要なのが、記録用紙や記録方法の工夫。長続きして実際に実践につなげるためにはこれがとても大事なのです。週案用紙の裏、翌日の日案の横など、つながりが具体的にわかりやすい記録方法、色ペンや矢印、下線など、手を動かして自分なりの工夫を入れることで、考えを目に見えるようにしていくことが大切です。書くことで保育の場面がイキイキと思い出され、明日の保育の予想ができるようになるでしょう。先輩や同僚の記録を見せてもらい、書き方の工夫を知ることで「マイ保育記録」による振り返りの工夫をしてみましょう。

第二は、同僚との話しやすい関係作りを心がけることです。ちょっとしたことでも共有し話せるようになると振り返りの質は向上し、視野が開けます。経験年数にかかわらず本音で話し合い支え合い、悩みやうれしさを共感し合える職場になるとよいですね。

増田先生より…

「振り返る」ことによる変容を楽しむ

1日の保育を終えたひとときの「振り返り」。そこで気づきを得た「わたし」は昨日の「わたし」とは異なり、新たな思いで今日の保育に取り組み、1週間、1か月、そして1年が経過していきます。「子ども理解に基づく計画、実践、振り返り、改善」という「保育の過程」が、らせんを描くように継続していくことが、保育者の意識や記録、実践などに生かされ、保育の質を高めること、そして保育者の育ち、変容へつながっていきます。そうなのです。「振り返り」は過去に向けたベクトルが、主体的に取り組む記録や仲間との対話により、未来に向かうベクトルへと変容していくことに意義があります。

保育中は、ひたすら子どもと共にある保育者です。多様な援助（直接的、間接的）を意識して行うほかに、無意識に繰り返し行っていること、体が動くことがあるでしょう。また保育の現場では、経験を重ねるにつれ、暗黙のうちに理解し合い、同じような受け止めや行為をすることがしばしばあります。こうした「経験の知」を尊重しつつ、記録や対話を意識的に積み重ねていくという「振り返り」を大変で苦しいことではなく、実践者であることの喜びにつなげていってほしいと思います。

指導計画の書き方 Q&A

指導計画が大切だということはわかっていても、どこに、何を、どのように書いたらよいのか、いつも迷いながら作成しているという人が多いようです。
ここでは、そんな指導計画に関する5つの疑問・悩みについて、実例を交えながら、お答えしていきます。

監修・秋田喜代美(学習院大学教授)

Q1 「指導計画」って?

A 保育を行ううえで指導計画は不可欠です。保育者は、子どもの育ちに見通しをもって保育にあたることが大切ですが、この「見通しをもった保育」に必要なのが、指導計画なのです。

保育の指導のための計画としては、まず園の全体的な計画として「全体的な計画(保育所)」・「教育課程(幼稚園・幼保連携型認定こども園)」があり、これは園の理念・方針、目標や、子どもの育ちに基づく保育(教育)内容を示すものです。幼保連携型認定こども園の場合、教育及び保育の内容に関する全体的な計画としては、①満3歳以上の園児の教育課程に係る教育時間の教育活動のための計画、②満3歳以上の保育を必要とする子どもに該当する園児の保育のための計画、③満3歳未満の保育を必要とする子どもに該当する園児の保育のための計画、④地域の実態や保護者の要請により、教育を行う標準的な時間の終了後等に、希望する者を対象に一時預かり事業などとして行う活動の計画が必要になります。ただしそれぞれに作成するのではなく、教育及び保育の内容の相互関連を図り、統一した全体的な計画を作ります。なお、「幼稚園教育要領」においては、「各幼稚園においては、教育課程を中心に、第3章に示す教育課程に係る教育時間の終了後等に行う教育活動の計画、学校保健計画、学校安全計画などとを関連させ、一体的に教育活動が展開されるよう全体的な計画を作成するものとする。」と明記されています。

さらに指導計画には、長期的な計画(年・期・月の計画)と、短期的な計画(週・日の計画)があり、いずれも、「子どもの姿」「ねらい・内容」「環境構成・保育者の援助」などから構成されています。長期的な計画で立てた「ねらい・内容」がより着実に達成できるように具体的な内容を入れ、実際に生かせるものにするのが、短期的な計画です。

このように保育の計画には、長期を見通して大きくとらえることも、短期で区切って具体的な実践を組み立てていくことも必要です。そして、これらの計画すべてが、大きな流れのなかでつながっていることが大切なのです。

Q2 「子どもの姿」は、どのようにとらえればよいの？

A 指導計画は、子どもの姿を把握し、理解することから始まります。そのときに重要なのは、「子どもひとりひとり」と「集団」の育ちをとらえること。まず「ひとりひとりの育ち」をとらえるうえで大切なのは、「～ができる」「～をしている」という外面的なことだけではなく、その子どもの心情・意欲・態度といった内面を見ていくことです。例えば、みんながゲームをしている時に仲間に入らない子どもがいた場合、別のあそびに夢中になっているのか、仲間に入りたい気持ちはあって、じっとゲームの様子を見ているのか、この2つでは、子どもの姿は全く違うものになります。そういった内面をとらえることが重要なのです。

次に、「集団としての育ち」ですが、まず、ひとりひとりの異なる姿から共通する育ちを見いだすことが必要。右の例のように、あそびの内容は違っても、「友達と一緒にあそぶことを喜ぶ」という共通点を見いだして、「集団の育ち」としてとらえていく目が求められます。そしてもうひとつ、子ども同士の関係性を見ることも大切。いざこざも含めた試行錯誤の段階を経て、一緒にあそぶ楽しさを知り、共通の目的が実現する喜びを味わう……といった関係性の育ちも、「集団としての育ち」における重要ポイントです。巻頭Ⅳ～で解説した、「10の姿」を意識してとらえてみましょう。

●「子どもの姿」記述例

1-子どもの内面をとらえる

・集団あそびができるようになってきたが、仲間に入らない子どももいる。

↓

・集団であそぶことを喜ぶようになっているが、仲間に入りたくてもその思いを伝えられない子どももいる。

など

2-集団に共通する育ち・関係性の育ちをとらえる

・友達と一緒に、積み木で基地を作ってあそんでいる。
・友達同士、砂場でお店屋さんごっこを楽しむ。

↓ ↓

・いろいろな見立てあそびを楽しむ。　または　・友達と一緒にあそぶことを喜ぶ。

など

指導計画の書き方 Q&A

Q3 「ねらい・内容」は、どのように立てるの？

A 指導計画における「ねらい」は、全体的な計画・教育課程に基づき、**子どもの発達過程や姿を踏まえて、その時期に育てていきたいことを表します**。そして、その**「ねらい」を達成するために必要な経験など、より具体化したものが「内容」**となります。いずれも、**家庭生活との連続性や季節の変化、行事との関連性などを考慮して設定すること**が大切です。

「ねらい」と「内容」については、よく「違いがわからない」といった声が聞かれますが、前述の通り、この2つにはそれぞれに意味があり、双方のつながりを考えたうえで立てていく必要があるものなのです。

また時折、「ねらい」や「内容」に、保育者が主語になったものが含まれていることがありますが、本来、子どもの心情・意欲・態度を記述するものです。そのあたりも間違えないように気をつけましょう。

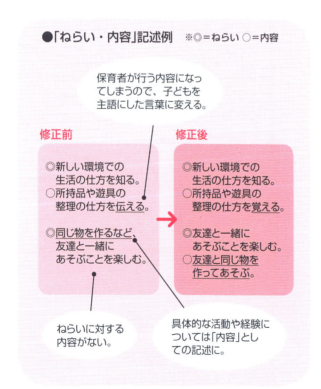

●「ねらい・内容」記述例　※◎＝ねらい　○＝内容

保育者が行う内容になってしまうので、子どもを主語にした言葉に変える。

修正前
◎新しい環境での生活の仕方を知る。
○所持品や遊具の整理の仕方を伝える。

◎同じ物を作るなど、友達と一緒にあそぶことを楽しむ。

ねらいに対する内容がない。

修正後
◎新しい環境での生活の仕方を知る。
○所持品や遊具の整理の仕方を覚える。

◎友達と一緒にあそぶことを楽しむ。
○友達と同じ物を作ってあそぶ。

具体的な活動や経験については「内容」としての記述に。

Q4 「環境・援助・配慮」を考えるうえでのポイントは？

「環境」といっても、ただ遊具や素材を用意すればいいということではありません。「環境」には、遊具、素材といった物的環境だけでなく、自然事象、時間、空間、人とのかかわりなど、様々な要素があります。保育者は、活動の様子を予想して、置き方、提示の仕方など、あらゆる観点から工夫し、**子どもがかかわりたくなるような、魅力ある環境**を構成していくことが大事です。

ただ、実際に活動が進むと、計画通りにいかないことが多々あります。保育者は、その都度現れる子どもの気づきや興味・関心の方向をとらえ、**環境を再構成していくことも大切**です。

なお、指導計画では、「環境」同様、「保育者の援助・配慮」も大切な要素です。これは、人的環境のひとつともいえますが、**「ねらい」「内容」達成のために行う、子どもたちへの言葉かけやかかわり**です。活動を予測したうえで、どのような援助・配慮が必要か、具体的に挙げておくことも、保育者にとって重要です。

●「環境・援助・配慮のポイント」記述例
※表の形式は本書に掲載する指導計画に準じています。

前週末の子どもの姿	●友達のすることに関心をもち、まねしてあそぶ。 ●遠足を思い出し、再現して楽しむ。	そのときの子どもの姿や状況から、数人が一緒に、バスなど大きな物を作ることを想定。積み木やブロックが、いつもより少し多めに必要だと考えた。
ねらい(◎) 内容(○)	◎友達と一緒にあそぶことを楽しむ。 ○友達と同じ物を作ってあそぶ。	
環境・援助・配慮のポイント	◆大型積み木やブロックなど多めに用意して、友達と協力しながら作れるようにする。 ◆あそびに必要な物が作れるように、廃材や描画材など、取り出しやすい所に出しておく。	遠足ごっこが発展することを想定して、ハンドルやお弁当などが作れるような素材や道具を用意するということ。
	◆友達同士で意見の衝突があったときは、様子を見て間に入って双方の思いを聞き、相手に伝えるように促していく。	友達と協力することに、まだ慣れていないので、かかわり方を丁寧に伝えることが必要な時期だと考え、保育者の援助として挙げている。

指導計画の書き方 Q&A

Q5 「指導計画」はその後どのように生かせばよいの？

A 「指導計画」は、保育に生かすためのものですから、書きっぱなしでは意味がありません。

「計画」を立てて「実践」し、その「実践」を「評価」して「反省」点を洗い出し、「改善」点を明確にして次の「計画」に生かす、この繰り返しが大切です。

評価や反省は、1人で行うのではなく、保育者同士で話し合い、相談しながら行っていきましょう。そのためにも、毎日の振り返りや職員会議、研修を、うまく活用していくことが大切です。複数の目が入ることで、1人では気づけない課題や改善点に気づくことができ、こうした取り組みは、保育者の質の向上にもつながります。

保育に生かす エピソード記録

保育の現場で起こったことを生き生きとえがくエピソード記録。子どもの姿や状況がわかりやすいエピソード記録とはどういうものか、また、どんなふうに保育に生かしていけばよいのでしょうか。

監修＝増田まゆみ（元東京家政大学・大学院教授）

エピソード記録
- はっとしたり、強く印象に残ったりした出来事を題材にする。
- 出来事とともに、子どもの心の動きや、それを保育者がどう受け止めたかを書く。

●エピソード記録とは？

子どもと接するなかで、はっとしたり強く印象に残ったりしたことを、出来事や行動やかかわりなどを簡潔にまとめるのがエピソード記録です。起こったことを具体的に書き、それについて自分の感じたことや思ったことも書きましょう。エピソード記録では、書いた人のとらえ方が正しいとか間違っているとかではなく、ほかの人と記録を基に対話を重ねることで、さまざまな感じ方や考え方があると知ることが大事です。

●まずは、書いてみよう

エピソード記録というと、「日常生活のなかで、そんなにエピソードなんてないから、書くのは難しい」という人がいます。また、何かのために書かなくてはならないと思うと、どうしても負担に感じてしまいます。
しかし、ワクワクしたり、ドキッとしたり、ヒヤッとしたり、子どもと接していると、心が揺さぶられる瞬間があるはずです。そんなとき、ほかの人に話したくなりますよね？　それを文章化すればよいのです。
エピソード記録には、書き方の形式はありません。大切なのは、子どもの心の動きとそれを保育者がどう受け止めたかが書いてあるということです。まずは気負わずに、子どもの姿やつぶやきを書いてみましょう。少し慣れてきたら、背景・考察を書くようにしましょう。

● 保育に生かすエピソード記録

エピソード記録の書き方

事例をもとに、エピソード記録の書き方について、考えてみましょう。

事例① 「1月の種採り」（4歳児）　執筆＝藤原幼稚園（福島県）

背景

　これまでわたしたちは、無意識のうちに「種採りは『秋』」と思い込んでいるところがあったかもしれません。
　環境構成と言いながら季節を先取りし、枯れてしまったり汚れてしまったりした物は、きれいに撤去。見た目も美しく、すっきりと整えることで、保育者自身の心地よさのようなものに満足もしていました。
　でも、もしかしたら、それは子どもたちの「新たな気づき」や「季節を巡る感覚」、「時を経ての再発見・再挑戦」の機会を奪っていたのかもしれない……。そんな思いにさせてくれたのが、4歳児の「1月の種採り」です。

エピソード

　秋にアサガオやフウセンカズラの種を採り、「片付けなければ」と思いながら、軒下のネットをそのままにしていました。そのネットの上のほうにあった、採り残した種を4歳児が見つけたのです。
　4歳児は、背伸びしても届かなかった高い所の種を、運んできたいすに乗って採り始めました。たちまちクラス全体に種採りが広がって、1月のよいお天気の日に目をキラキラさせ、夢中になって「アサガオ」「フウセンカズラ」「ナスタチューム」「ワタ」などの種を集めている姿が見られました。

考察

　わたしは園の花壇やプランターに、子どもたちと一緒に季節ごとに植え替えなどをして、「四季折々の花々がきれいに咲いている状態を保とう」としてきました。でも子どもたちにとって『意味のある環境』だったのでしょうか？　大いに反省させられました。
　「種の魅力」にはまってからは、「サルビア」や「ペチュニア」「マリーゴールド」などの種が、しっかりできて子どもたちが採取してから、次の植え替えをするようになりました。そうすると、そのからからに枯れた花の姿もすてきに見えて、子どもたちと十分味わうことが大切なのだと思えるようになってきたのです。
　畑も、取り残した野菜はそのままにするようになり、サニーレタスはタンポポに似た花が咲きました。翌年、その種をまき、おいしいサラダをいただきました。

事例①に対する
増田先生からのコメント

　「1月に種を採った」という記録だけでは、何も伝わってきません。しかし、この事例では、種採りのときのエピソードをきっかけに、保育者の価値観や保育観が変容したことが読み取れます。「四季折々の花々がきれいに咲いている状態を保つ」ことが大切だと思っていた保育者は、自分たちでいすを持ってくるなどの工夫をしてまで、夢中になって種採りをする子どもたちの姿にはっとさせられます。それまで意味がないととらえていた枯れた草花が、子どもにとって魅力ある環境のひとつであるというとらえ方に変わったのです。
　それまでの保育の過程や保育観（背景）と、保育者自身の考え方の変容（考察）が盛り込まれているために、保育を深く見つめる記録になっています。

書き方のポイント

具体的には、どのようなことに注意してエピソード記録を書いていけばよいのでしょうか。

ポイント 1
子どものつぶやきや表情をメモする

　保育ではっとさせられることがあっても、後からだと、思い出せなくなってしまうこともあります。そこで、いつもポケットに小さなノートと筆記用具を用意しておいて、心が動かされることや、忙しい保育の合い間に「これは」と思うことがあったらメモをとりましょう。保育中のことなので、メモはなるべく簡単に。子どものつぶやきやそのときの表情だけでもメモしておけば、エピソードを思い出す手がかりになります。

ポイント 2 …左ページ A
なぜ、心が動かされたのかを考える

　はっとさせられる出来事を振り返ったとき、「あのとき、自分はどうしてはっとしたのだろう?」と、考えてみましょう。そうすると、それまでの保育のプロセスが自然に思い浮かび、その後の気持ちの変化を整理しやすくなります。それまでのプロセスがエピソードの背景であり、記録の多様な読み取りが保育の考察につながります。そこにそれぞれの子ども観や保育観が表れます。

ポイント 3 …左ページ B
自分の気づきから「今」を考える

　エピソード記録を通して、保育のプロセスを改めて考えることが、現在の自分の保育を客観的に振り返ることにつながります。こうした振り返りによる自己評価が、保育の改善に生かされていくのです。

ポイント 4
具体的に書く

　同じエピソードでも、感じ方は様々です。エピソード記録は、子ども観や保育観の善しあしを決めるものではありません。経験の少ない人と豊富な人では、とらえ方が違ってくることもあります。
　書きっぱなしにするのではなく、仲間と共有して様々なとらえ方があることを知るのが、とても大切です。そこで、その場にいない人でもその場の状況が目に浮かぶように、具体的に書きましょう。

エピソード記録の事例

いろいろな園のエピソード記録から、どのようなことをとり上げ、どんなことを書けばよいのか、考えていきましょう。

事例②「ママがいい……」（2歳児）　執筆＝中央保育園（佐賀県）

背景
Aちゃんは最近、登園時に「ママがいい」と、母親と別れるまでに時間がかかったり、みんなで活動をしているときに、保育者に「イヤイヤ」という気持ちをぶつけたりすることで関心を引きたいような姿が見られていた。

エピソード
その日は朝から小雨が降る日。「せんせーい！　Aちゃんが外に出とんさー！」と、Bちゃんがびっくりした顔で教えにきてくれた。外を見ると、さっき登園してきたばかりのAちゃんが、水たまりの前に座っている。ほかの友達も「Aちゃん、戻っておいでー」と声をかけるが、聞こえないふりをしている様子。水たまりの中に手を入れて、泥水の感触を確かめるように、何度も何度もかき混ぜている。最近のAちゃんのことを思うと、ここで迎えに行っても「イヤイヤ」と言うだろうなと思い、しばらく様子を見ることにした。

そんな状態が続き、そろそろ迎えに行こうと思ったそのとき、Aちゃんが自分から部屋の中に戻ってきた。自分で気持ちを立て直して戻ってきたことに驚き、「おかえり、Aちゃん待っていたよ」と声をかけると、わたしの目を見てニコッと笑い、広げた手の中に飛び込んできた。

考察
その瞬間、Aちゃんとわたしとの距離が少し近くなった気がした。わたしの「Aちゃんのこと、わかっているからね」という思いが、Aちゃんにも伝わったようでうれしかった。

事例②に対する
増田先生からのコメント

2歳児の自我の芽生えがよく出ている事例です。保育者がAちゃんの今このときの思いを理解して、Aちゃんが戻ってくるのを待っている情景が生き生きと書かれています。Aちゃんの心をとても大事にしていることがよく伝わってきます。

事例③「Y君とS君の朝の会話」（3歳児）　執筆＝はっと保育園（兵庫県）

背景
Y君とS君は、共に2歳児からの進級児。
5月の下旬、先に登園していたY君。保育室が変わったせいか、母親と離れるのが嫌で泣いて登園したS君。Y君はS君が落ち着いた後、声をかけに行く。

エピソード
　Y君「何で朝、泣いとったん？」
　S君「……（お母さんと）離れるのが嫌やってん」
　Y君「……うん。……あそぼうか？」
　S君「うん」

考察
普段から仲がよく、一緒にあそぶことの多い2人だからこそ、出てきたエピソードだと思います。最近になり朝の登園時に泣くことが少なく、我慢している表情が見られるY君は、自分と同じように泣いて登園することの多いS君が気になっていたようです。

S君も仲のよいY君に、泣いているところを見られた恥ずかしさがあるのか、何事もなかったように平気な顔をしてY君に答えていました。照れくささがあるのか、2人とも目を合わさないようにしながら会話をしていました。

2人のやり取りを見て、3歳児がここまで友達に共感し、自分の心を表現できるものなのかと感動しました。

事例③に対する
増田先生からのコメント

3歳児が相手を気遣い、ストレートには言わない、Y君のS君に対する思いやりがよく伝わってきます。相手のことを気遣えるという心の育ちは、子どもにとって大切です。「3歳児でも微妙な心の動きを表現できるのか」という保育者の驚きが、この記録を書くきっかけになっています。

事例④「大地震の新聞記事を読んで」(5歳児) 執筆=宮前幼稚園(神奈川県)

背景

子どもたちに、中国の四川省で起きた大地震を伝えるために、5歳児クラスの保育室に新聞記事を持っていくと、5〜6人の子どもたちが集まってきました。

エピソード

家が崩れ、がれきの上にテーブルを置き、御飯を食べている人の写真を見ているときに、

Aちゃん「Bちゃんがいきなりぶってきた！」

Bちゃん「だって、Aちゃんが写真を見て、『おいしそ〜』って言ったんだもん」

わたし（なぜたたいたのかは、もうわかりましたが）
「なんで、『おいしそ〜』って言うのがだめなの？」

Bちゃん「本気で、おいしそうなんて言っている場合じゃないんだよ」

Bちゃんは、大地震で多くの人が亡くなったりけがをしたりしたこと、家が崩れたり、食べ物が少なかったりすることなども知っていました。だから、そんな状況で御飯がおいしそうなどと言うのはおかしいと伝えたかったのです。

それを聞いたAちゃんは、はっとした表情をしていました。大地震の大変さを知る機会になったと思います。

考察

ひとつのニュースが話題になったなかで、他人に自分の思いを伝えようとする姿、人の話を聞いて気づくこと、刺激を受けるという姿が見られました。

いろいろな人の気持ちも考えられるようになったり、自分の思いを言葉で表現できるようになったりしてきた年長児と、あそびだけでなく、米作りなどの仕事、そして、ときにはニュースなどを通して、いろいろなことを友達と一緒に考えられるような場を大切にしていきたいと思いました。

事例④に対する 増田先生からのコメント

身の回りのことだけではなく、社会で起きていることにも目を向けるように意図して、保育室に新聞記事を持ち込んだ保育者にとって、Bちゃんは予想もしていなかった反応をしました。

子どもの心の育ちが保育の世界を広げ、多様な経験ができる場へと変化しています。

エピソード記録を日々の保育に生かすには

エピソード記録は、どのように日々の保育に生かすことができるのでしょうか。

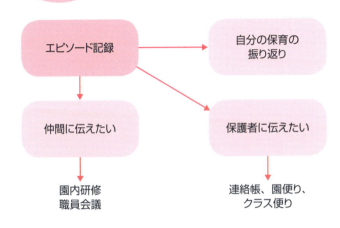

エピソード記録は、自分の保育を振り返るためにとても大切です。エピソード記録で明らかとなった驚きや気づきをほかの保育者や保護者と共有するために活用しましょう。

例えば、園内研修の場でエピソード記録を基に話し合うことで、互いの子どもの見方の違いや保育観の違いに気づかされることも多く、大きな学びとなります。

また、保護者に子どもの成長を報告するときには、具体的なエピソードと、それに対する保育者の思いを合わせて書くようにします。保護者と子どもの心身の育ちを共に喜び合い、保護者が子育ては大変だけれども楽しいものであると気づくことにつながります。

CD-ROMの使い方

CD-ROMには、下記のファイルが収録されています。Windows 10/8.1/7のパソコンで使いましょう。

■ CD-ROMに入っているもの

Excelのファイル 指導計画（月間、年間）のファイルです。編集して利用できます。記入欄が空白の「ひな型」ファイルもあります。本文ページのCDマーク、収録フォルダー名、ファイル名を参照し、CD-ROMからパソコンにコピーしてお使いください。

収録ファイル一覧

フォルダー	フォルダー	ファイル
保育園	月間	5歳月間指導計画_保_ひな型
		P022_5歳4月_保
		P026_5歳5月_保
		⋮
		P106_5歳3月_保
	年間	5歳年間指導計画_保_ひな型
		5歳保育園年間
幼稚園	月間	5歳月間指導計画_幼_ひな型
		P024_5歳4月_幼
		P028_5歳5月_幼
		⋮
		P108_5歳3月_幼
	年間	5歳年間指導計画_幼_ひな型
		5歳幼稚園年間

ヒント　Windows、Excelのバージョンについて

ここでは、Windows 10のOS（環境）でExcel 2016での操作を中心に説明しています。Windows 8.1/7や、Excel 2013/2010で操作が異なる部分は解説を加えていますので、お使いのパソコンに合わせてご覧ください。Excelのバージョンは、Excelを開いたときの画面左上の表示で確認できます。

Excel 2016

Excel 2013

Excel 2010

オリジナルの指導計画を作ってみよう！

CD-ROMに収録されているExcelファイルを使って、オリジナルの指導計画を作ってみましょう。ファイルは、あらかじめ内容が記入されているものと、記入欄が空白になっている「ひな型」があります。

ファイルをパソコンにコピーして開く

CD-ROMに収録されているファイルを、パソコンにコピーして開いてみましょう。ここでは、保育園 − 月間 にある P022_5歳4月_保 を、「ドキュメント」（「PC内」）にコピーします。

❶ CD-ROMを、パソコンのCDドライブにセットする

➡ 画面右下にCDの名前が表示されます。
● Windows 8.1…画面右上にCDの名前が表示されます。
● Windows 7…［自動再生］画面が表示されます。手順❸に進みます。

❷ CDの名前をクリックする

➡ 画面右上に操作選択画面が表示されます。

CD-ROMの使い方

❸ フォルダーを開いてファイルを表示 をクリックする

→ CD-ROMの中が表示されます。

❹ 保育園 をダブルクリックする。続けて、月間 をダブルクリックする

→「月間」フォルダーの中が表示されます。

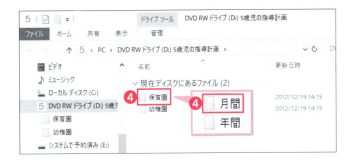

❺ コピーしたいファイルをクリックして選択する

❻ ホーム をクリックし、コピー をクリックする

● Windows 7 … 整理 ▼ → コピー をクリックする

❼ 画面左側の ドキュメント(「PC」内)をクリックする

→ [ドキュメント](「PC」内)画面が表示されます。

❽ ホーム をクリックして、貼り付け をクリックし、コピーする

● Windows 7 … 整理 ▼ → 貼り付け をクリックする

❾ ファイルをダブルクリックして開く

このあと、146ページ以降を参照してファイルを編集してみましょう。

困った CDの名前が消えた！(Windows 10/8.1) 操作選択画面が表示されない！

CD-ROMがCDドライブに正しくセットされていない可能性があります。一度CDドライブから取り出し、もう一度セットしてみましょう。それでも画面が出ないなら、次のようにしてCD-ROMの中を表示しましょう。

❶ デスクトップ画面で、下部の ▭(エクスプローラー)をクリックする

❷ [エクスプローラー]画面で、左側の PC をクリックし、DVD RW ドライブ をクリックする

困った [自動再生]画面が表示されない！(Windows 7)

CD-ROMがCDドライブに正しくセットされていない可能性があります。一度CDドライブから取り出し、もう一度セットしてみましょう。それでも画面が出ないなら、次のように操作します。

❶ 左下の [スタート] → コンピューター をクリックする

❷ 5 DVD RW ドライブ (G:) 5歳児の指導計画 をダブルクリックする

ファイルを編集する

開いたファイルを編集しましょう。

■ 表示を拡大する

表示を拡大しましょう。文字が大きくなり、作業しやすくなります。

❶ 右下の ＋（拡大）を数回クリックして、拡大する

❷ 縮小したいときは、－（縮小）を数回クリックする

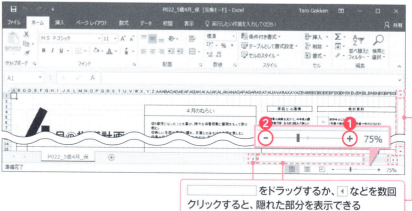

＿＿＿＿をドラッグするか、◀ などを数回クリックすると、隠れた部分を表示できる

■ 文章を追加・修正する

あらかじめ入力されている文章を消して、打ち換えましょう。

❶ 編集したい枠（セル）をダブルクリックする

➡ 枠内の文字を編集できるようになります。

❷ 消したい文字をドラッグして選択する

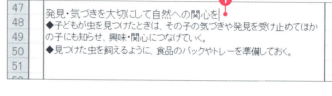

❸ Delete （デリート）を押し、文字を消す

- 枠内すべての文字を消したい場合は、文字をドラッグせず、枠を選択した状態で Delete （デリート）を押す

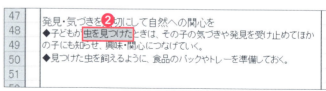

❹ 文章を入力する

- 日本語は、半角/全角 （半角/全角）を押して画面右下の A を あ に変えてから入力する

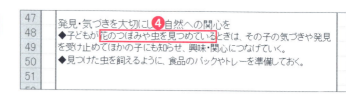

ヒント 枠の中で改行する

改行したい位置で、Alt （オルト）を押したまま Enter （エンター）を押します。

Alt （オルト）を押したまま Enter （エンター）を押す

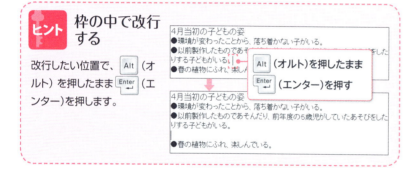

ヒント 記号を入力する

次の読みを入力して変換しましょう。コピーして貼り付けることもできます（147ページ参照）。

記号	読み	記号	読み
○	まる	◆	しかく
◎	まる	■	しかく
●	まる	★	ほし

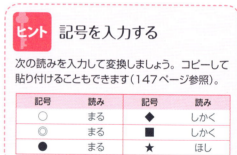

CD-ROMの使い方

■ 文章をコピーして使う

書いた文章をほかの場所にコピーしてみましょう。コピー元では コピー 、コピー先では 貼り付け を使ってコピーします。

❶ 文章をドラッグして選択する

❷ ホーム をクリックし、 (コピー)をクリックする

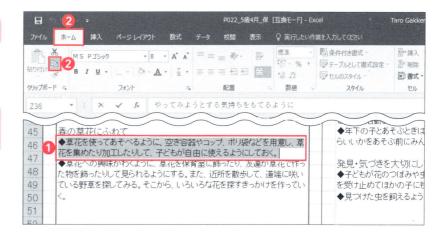

❸ 貼り付けたい枠の中をクリックして選択する

❹ 貼り付けたい場所をダブルクリックして、|(カーソル)を表示する

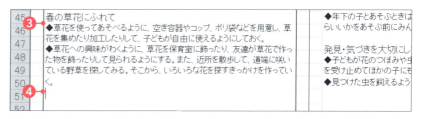

❺ (貼り付け)をクリックすると、文章がコピーされる

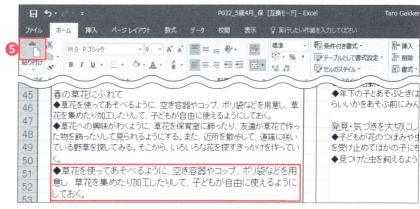

困った 枠から外れて入力された！元に戻したい！

間違った場所に入力してしまったり、誤って操作をしてしまったときは、元の状態に戻し、作業し直しましょう。

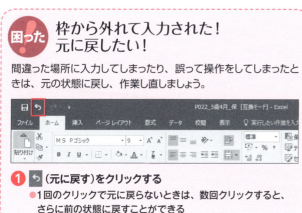

❶ (元に戻す)をクリックする
- 1回のクリックで元に戻らないときは、数回クリックすると、さらに前の状態に戻すことができる

困った 枠内の文字が切れている！

枠内に文章を入力中、入力した文字すべてが表示されますが、確定すると一部が隠れることがあります。文字サイズを小さくして、すべてを表示させましょう(148ページ参照)。

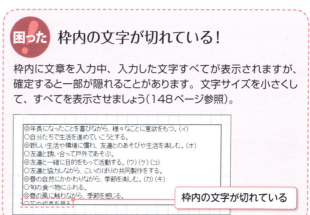

147

■ 編集のヒント

必要に応じて下記の内容を参考にし、編集しましょう。

文字を小さくする

枠内の文字すべてを小さくすると、入力できる文字数を増やせます。

① 文字をクリックして枠を選択する
- 一部の文字を小さくする場合は、ドラッグして選択する

② ホーム をクリックし、8 (フォントサイズ)をクリックする

③ 文字サイズを入力する。
ここでは、「7」を入力する
- 右横の ▼ をクリックして、一覧から選ぶこともできる

➡ 文字が小さくなります。

枠内の文字が切れている

切れていた文字が枠内に表示された

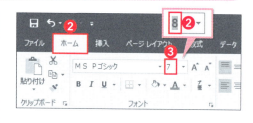

書体を変える

書体(フォント)を変えてみましょう。

① 文字をドラッグして選択する

② ホーム をクリックし、MS Pゴシック ▼ (フォント)の ▼ をクリックする

③ 変えたい書体をクリックする。
ここでは、MS P明朝 をクリックする

➡ 書体が変わります。

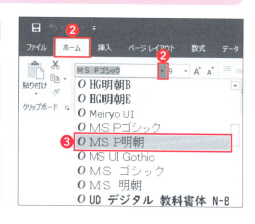

太字にする

一部の文字を太くしましょう。

① 文字をドラッグして選択する

② ホーム をクリックし、B (太字)をクリックする
- 太字をやめたいときは、もう一度、B (太字) クリックする
- U (下線)では、文字に下線が付く

➡ 文字が太くなります。

CD-ROMの使い方

文字の色を変える
一部の文字の色を変えてみましょう。

① 文字をドラッグして選択する

② ホーム をクリックし、A▼（フォントの色）の▼をクリックする

③ 変えたい色をクリックする
- 元の色に戻す場合は、自動 をクリックする

➡ 文字の色が変わります。

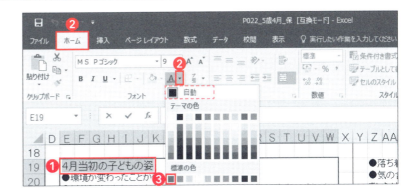

枠をつなぐ
枠（セル）をつなげて、広く記入できるようにしましょう。

枠をつなぎ、はみ出ている線を消す

① つなげたい枠をドラッグして選択する

② ホーム をクリックし、▭▼（セルを結合して中央揃え）の▼をクリックする

③ セルの結合(M) をクリックする

➡ 枠がつながります。

④ ▭▼[下罫線]の▼をクリックし、罫線の削除(E) をクリックする

➡ カーソルが になります。

⑤ で、消したい線をクリックする。消し終えたら、 をクリックして にし、解除する

➡ はみ出ている線が消えます。

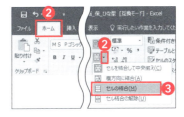

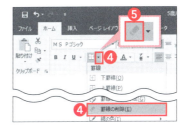

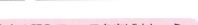

⚠ **文章が入ったままの枠同士をつなげない！**
文章が入っている複数の枠をつなげると、左上端の枠の内容だけが残り、ほかの枠の内容は消えてしまいます。枠内は空白の状態でつなぎ、あとから文章を入力しましょう。

枠内の記入スペースを広げる
記入枠の周囲にあるマスをつなげて、枠内の記入スペースを広げましょう。

① つなげたい枠をドラッグして選択する。
ここでは、記入枠の右側、下側を含めて選択する

② 上記の「枠をつなぐ」の手順②〜③と同じ手順で枠を結合し、広くする

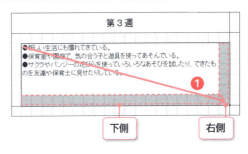

下側　　右側

149

「ひな型」を使おう

記入欄が空白になっている「ひな型」のファイルを活用してみましょう。

空白の記入欄に、自由に文字を入力できる

ファイルを保存する

作ったファイルを保存して、パソコンに残しましょう。

① **ファイル** をクリックする

② **名前を付けて保存** をクリックする

→ [名前を付けて保存] 画面が表示されます。
● Windows 7 … 手順 ④ に進みます。

③ 保存する場所をパソコンに指定し、保存の画面を表示する

● Windows 10 … **この PC** → **参照** をクリックする
● Windows 8.1 … **コンピューター** → **参照** をクリックする

→ [名前を付けて保存] 画面が表示されます。

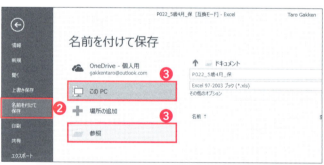

④ 保存する場所を確認する。
ここでは、「ドキュメント」に保存する

⑤ ファイル名を確認する

● ファイル名を変えることもできる

⑥ **保存(S)** をクリックする

→ ファイルが「ドキュメント」に保存されます。

> **ヒント　保存したあとで、編集した！**
> 画面左上の 🖫 (上書き保存) をクリックしましょう。最新の状態に更新されます。編集の合間に 🖫 (上書き保存) をクリックすると、それまでの作業が保存され、作業内容が消えてしまうことを防げます。

CD-ROMの使い方

ファイルを印刷する

作ったファイルをA4用紙（2枚）に印刷しましょう。画面に表示されている薄いグレーの区切り線は、印刷されません。

❶  をクリックする

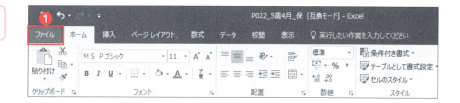

❷ 印刷 をクリックする

❸ プリンター名を確認する
  - プリンター名は使用しているものによって異なる

❹ 用紙サイズを確認する

❺ 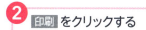（印刷）をクリックする
  ➡ A4サイズの用紙2枚に印刷されます。

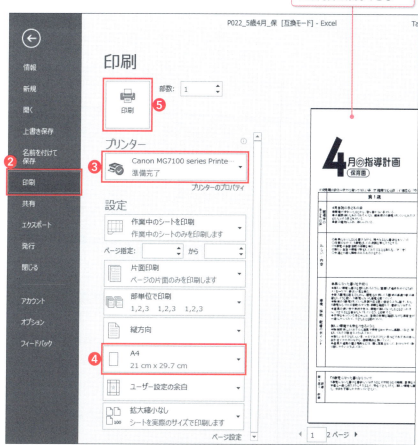

印刷プレビューで、印刷される内容を確認できる

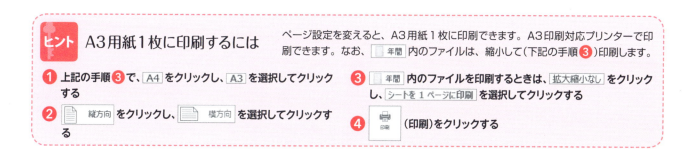

ヒント　A3用紙1枚に印刷するには

ページ設定を変えると、A3用紙1枚に印刷できます。A3印刷対応プリンターで印刷できます。なお、 年間 内のファイルは、縮小して（下記の手順❸）印刷します。

❶ 上記の手順❸で、 A4 をクリックし、 A3 を選択してクリックする

❷ 縦方向 をクリックし、 横方向 を選択してクリックする

❸ 年間 内のファイルを印刷するときは、 拡大縮小なし をクリックし、 シートを1ページに印刷 を選択してクリックする

❹ （印刷）をクリックする

監修・執筆

総監修

秋田喜代美 ●学習院大学教授、東京大学名誉教授。
専門は、保育学、発達心理学、学校教育学。主な著書に『保育の心理学』（編著　全国社会福祉協議会）、『保育の温もり』（単著　ひかりのくに）、『育み支え合う保育リーダーシップ』（監訳　明石書店）、『学校教育と学習の心理学』（共著　岩波書店）など。

「保育に生かすエピソード記録」(P.139〜143)監修

増田まゆみ ●元東京家政大学・大学院教授。
現在、湘南ケアアンドエデュケーション研究所所長。
専門は保育学。長年保育者養成に携わる。主な著書に『乳児保育』（編著　北大路書房）、『自己評価につながるMYふりかえりノート』（学研）、『保育園・認定こども園のための保育実習指導ガイドブック』（編著　中央法規出版）、DVD「ある認定こども園の挑戦」Ⅰ、Ⅱ、Ⅲ、「協働する保育実習」（すべて、監修・解説　岩波映像）など。

「0〜5歳児の姿」(P.12〜13)、「5歳児の姿」(P.14〜18)執筆

高辻千恵 ●厚生労働省子ども家庭局保育課保育指導専門官。
専門は、保育学、発達心理学。主な著書に『保育者のストレス軽減とバーンアウト防止のためのガイドブック』（共訳　福村出版）、『大学1・2年生のためのすぐわかる心理学』（共著　東京図書）など。

「年間指導計画」(巻頭)、「指導計画・保育資料」(P.22〜119)執筆

佐賀市公立保育所　ワーキンググループ（佐賀県）
学校法人 亀ヶ谷学園　宮前幼稚園（神奈川県）

STAFF

- 編集協力／小林留美　小杉眞紀　佐々木智子
- デザイン／長谷川由美　千葉匠子
- ＤＴＰ(P.144〜151)、CD-ROM検証／株式会社コスモメディ
- ＣＤ-ＲＯＭ製作／蟻末 治
- 本文イラスト／もり谷ゆみ　西片拓史　長谷川まき　中小路ムツヨ
- 表紙撮影／田口周平
- 表紙撮影協力／升水柚希(セントラル子供タレント)、藤森 杏
- 校閲／佐々木智子　小林留美(巻頭Ⅰ〜Ⅷ)

※この本は、月刊誌『こどもと』(2011年度4月号〜3月号)、2011年4月号別冊付録、2010年4月号別冊付録に掲載したものを再構成し、新たなページを加えたものです。
※第2版刊行(2018年)に当たり、各執筆園において、記述の見直し・確認、加筆等を行いました。